★ 翱翔圆梦科技知识普及丛书 ★

敢下五洋捉鳖

田战省 编

西北工业大学出版社
西安

图书在版编目（CIP）数据

敢下五洋捉鳖/田战省编. —西安：西北工业大学出版社，2019.11
（翱翔圆梦科技知识普及丛书）
ISBN 978-7-5612-6426-3

Ⅰ. ①敢… Ⅱ. ①田… Ⅲ. ①航海-普及读物 Ⅳ. ①U675-49

中国版本图书馆 CIP 数据核字（2019）第 273213 号

GAN XIA WUYANG ZHUOBIE
敢下五洋捉鳖

策划编辑：李　杰
责任编辑：张　友
责任校对：朱晓娟
出版发行：西北工业大学出版社
通信地址：西安市友谊西路 127 号　　邮编：710072
电　　话：（029）88491757　　88493844
网　　址：www.nwpup.com
印 刷 者：陕西金和印务有限公司
开　　本：787 mm×1 092 mm　　1/16
印　　张：15
字　　数：395 千字
版　　次：2019 年 11 月第 1 版　　2019 年 11 月第 1 次印刷
定　　价：78.00 元

前言 Foreword

　　人类总是对未知的世界充满好奇。那神奇的海洋深处，更是我们一直都希望探索的地方。早在新石器时代晚期，人类就开始了航海活动。随着大航海时代的来临，西方人开辟了许多重要的航路和通道。在这些探险、掠夺与贸易的过程中，他们发现美洲、完成环球航行，一个个陌生的角落接连被发现，世界逐渐被连在一起；迪亚士、哥伦布、达·伽马、麦哲伦……一个个人们熟悉的名字被永久地载入航海史册。

　　中国是最早利用海洋、征服海洋的国家之一，航海与航海文化的发展几乎贯穿了中华文明史。郑和七下西洋，成为大航海时代的先驱，也开启了中国人的航海梦。从沿海航行到周游世界，从小舢板到万吨轮，中国人的航海梦想几经浮沉。经历过蹒跚前行的萌芽、举世瞩目的辉煌、不堪回首的沉痛和中国的复兴，如今，五星红旗船队正在航海时代新坐标上进发，在蓝色世界勇创辉煌。

　　航海是人类历史上一页宏伟的篇章，从早期的筏子到大型油轮的出现，以及舰艇、航空母舰等军用船舶的发展，人们对于航海的认识不断深入，促进了世界文明的进步。让我们沿着时间的轨迹和航海家们的足迹，来遨游广阔的海洋，了解发生在浩渺大海中的那些点滴过往吧！

梦想起航,无惧风浪滔天:
蓝色海洋篇

大海从哪里来 /2

海与洋 /4

彼此相连的大洋 /6

靠近陆地的海域 /8

大陆的延伸 /10

海底深处有什么 /12

大洋深处的脊梁 /14

海底深渊 /16

水与火的融合 /18

点缀大海的"宝石" /20

搭乘信风去远航 /22

与海浪搏斗 /24

奔腾的洋流 /26

汹涌的潮汐 /28

未知的危险航程 /30

战胜飓风 /32

大海在咆哮 /34

肆虐的风暴潮 /36

在海雾中前进 /38

海上"白色灾害" /40

神秘的"圣婴" /42

坚定信念，开启追梦航程：航海知识篇

早期的船 /46

借助风来航行 /48

古老的战船 /50

最初的探索 /52

探索地中海 /54

汉代的航海技术 /56

中国航海的飞速发展 /58

航行路上的标识 /60

航海图的出现 /62

海上星空 /64

指南针用于航海 /66

大航海时代 /68

郑和下西洋 /70

迪亚士的远航 /72

达·伽马和东方航行 /74

发现新大陆 /76

第一次环球航行 /78

库克的远航 /80

航海禁闭时期 /82

航海单位的出现 /84

海上航线 /86

最初的轮船设想 /88

蒸汽机船的发展 /90

旅途中的"家" /92

运送货物的船 /94

液体运输工具 /96

扫除冰层障碍 /98

船身上的标志 /100

北冰洋探险 /102

寻找南极大陆 /104

水下定位和追踪 /106

现代导航仪器 /108

卫星导航系统 /110

航海技术的发展 /112

保障航行安全 /114

航海自动化 /116

梦圆海上，共筑辉煌奇迹：航海应用篇

对海洋的开发 /120

利用海洋水资源 /122

最大的盐库 /124

蛋白质加工厂 /126

海底金属矿产 /128

海洋化学资源 /130

海洋里的能源 /132

海洋测绘 /134

漂洋过海来贸易 /136

海边的港口城市 /138

船舶制造 /140

海洋科考船 /142

海洋领土 /144

捍卫领海安全 /146

现代军舰的特点 /148

军舰的动力装置 /150

水面舰船的结构 /152

曾经的海上霸主 /154

海上的浮动战场 /156

远洋作战 /158

"海上多面手" /160

"海上守护神" /162

登陆战的主角 /164

水下布雷 /166

最早的登陆舰 /168

海岸警卫 /170

军用快艇 /172

舰船的"物资仓库" /174

海上"医院" /176

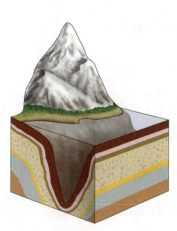

潜艇的结构 /178

水下作战武器 /180

核潜艇的诞生 /182

水底深处的炸弹 /184

水中爆炸性武器 /186

"水中导弹" /188

舰载火炮 /190

舰艇上的导弹 /192

其他舰载武器 /194

海上侦察设备 /196

清除水雷障碍 /198

应对潜艇的威胁 /200

海上防空武器 /202

水下机器人 /220

海底实验室 /222

海底的城市 /224

濒危海洋动物 /226

整治海洋污染 /228

保护海洋环境 /230

梦想无尽,再创美好未来:航海未来篇

海水淡化 /206

海上油气开采 /208

跨海大桥 /210

海底隧道 /212

未来的船 /214

建在海上的机场 /216

人工岛屿 /218

梦想起航,无惧风浪滔天:蓝色海洋篇

要说航海,自然要从海洋说起。人类最早的航海梦想从大海起航,从古至今所有的航海活动也离不开对海洋的认识和利用。广阔的大海并不总是风平浪静的,人类向前探索的脚步总是伴随着无数风浪,但这滔天巨浪并不能阻止人们探索海洋的决心。如今,人们已经对海洋有了许多探索和发现。在探索的过程中,勤劳勇敢的航海人以大无畏的勇气和精神踏浪而歌,在大海深处留下了自己追梦的身影。

翱翔圆梦科技知识普及丛书

大海从哪里来

地球诞生后，海洋就随之出现，海洋的面积占了地球总面积的70%以上。人类出现时，海洋已经在地球上存在了几十亿年。从第一次见到大海的那天起，人类的祖先就开始对着海洋生发出无限梦想。他们梦想着能到大海深处去看一看，梦想着能潜入海底，梦想着能跨越这无边的海洋，看看海洋的尽头是什么。那么，大海究竟从哪里来？

地球的起源

讨论大海从哪里来，当然要追溯到地球从哪里来的问题。古人的科学知识有限，因此创造了各种创世神话，来解释天地万物的起源。直到近几百年来，人们才对地球的形成有了科学的认识，得知地球起源于约46亿年以前的原始太阳星云。原始地球形成后，各种高山、平原、河床、海盆等地形才逐渐形成。

▲ 形成初期的地球

水从哪里来

地球上的水是从哪里来的？关于这个问题，直到今天人们还存在着不同的看法。最普遍的一种看法认为，地球从原始太阳星云中凝聚出来时，便携带着部分水。由于星云的碰撞和收缩，原始地球的温度不断升高。高温下地球内部的水分变成蒸汽，与其他气体一起冲出来飞升在空中，又由于地心引力的作用围绕在地球周围，成为水、气合一的圈层。在很长一段时间里，天空中的水、气共存于一体，地球上浓云密布，天昏地暗。

原始海洋

◀ 原始海洋的形成

随着地壳逐渐冷却，地球大气的温度也在慢慢降低。空中的水气依附在尘埃与火山灰上变成水滴，并越积越多，最终变成了降雨。这雨越下越大，一直下了很久，在地球上形成了滔滔的洪水，又通过千川万壑汇集成巨大的水体，形成了原始的海洋。

早期的海水

原始海洋中的海水量大约只有现在海水量的 1/10。在几十亿年的地质过程中，水不断从地球内部逸出来，地表水量不断增加。原始海水略带酸性，又缺氧，水分不断蒸发，反复地成云致雨，重回地面的水把陆地和海底岩石中的盐分溶解，不断汇集于海水中。随着水量和盐分的逐渐增加，经过地质历史上的沧桑巨变，原始海洋才逐渐演变成今天的海洋。

新的假说

现在，美国科学家又提出了一种新的假说，认为地球上的海水来自外太空的冰彗星雨。大量的冰彗星进入地球大气层，每颗小彗星大约释放 10 万千克的水，一段时间后，地球表面累积了非常多的水，于是形成了海洋。但这种理论缺乏海洋在地球形成发育的机理过程，而且这方面的证据也很不充分，因此并没有获得人们的普遍认同。

▲ 地球之水来源于冰彗星的说法还有待于科学家们的进一步探究

新知词典
"隼鸟 2 号"探测器

地球上的生命起源于海洋，因此，海洋形成的奥秘直接关系到生命的起源问题。直到今天，天文学家仍在茫茫太空努力寻找可能含有水的星球，为解开生命以及海洋起源的奥秘而不断努力着。

为了更好地探索地球海洋形成的原因，日本政府在 2014 年发射了一颗名为"隼鸟 2 号"的宇宙探测器，探测目标是小行星 1999JU3。小行星 1999JU3 位于地球和火星之间的小行星带上。根据初步的观察，这颗小行星上有有机物和含水量较多的矿物质。

"隼鸟号"是日本研究开发的小行星探测器。"隼鸟 1 号"于 2003 年发射至小行星 25143 上，2010 年返回地球，在宇宙中旅行 7 年，航行了近 60 亿千米的路程，并将小行星 25143 上的物质带回了地球。后来，日本宇宙开发机构又将"隼鸟 2 号"送入太空，这颗探测器会在小行星 1999JU3 表面采取岩石样本，希望能为海洋的起源问题提供一些现实的依据。

▲ "隼鸟号"探测器

★ 翱翔圆梦科技知识普及丛书

海与洋

　　随着科学的进步，人们往大洋深处的旅途也越走越远。人们发现，靠近陆地的海域和更深处的水域是不一样的，于是将海洋分为海和洋两个部分。洋是海洋的中心部分，是海洋的主体；海是洋的边缘部分，与陆地相连。海洋是一个统称，包括海内生物、邻近海面的大气、围绕海洋边缘的海岸以及海底等部分。海和洋彼此沟通，组成统一的世界海洋。

▲ 地球上的海

　　地球表面有70%为水所覆盖，而这70%的水大部分是洋，海只是其中一小部分，可分为边缘海、内陆海和陆间海。海的面积狭小，水不深，海水透明度低，颜色浑浊，受陆地的影响也较大。海是人类最先通向大洋的桥梁，它不仅为人类提供了丰富的可用资源，也为调节整个地球的水平衡发挥出重要的作用。世界上有很多著名的海，如太平洋边缘的东海、南海、日本海，大西洋边缘的北海、地中海，印度洋边缘的阿拉伯海、红海等，它们都是人们进行生产生活的重要海区。

▶ 海

▲ 深远的大洋

　　洋是比海更广、更深、更丰富的水域，它们占据了地球表面积的大部分，将我们的地球装扮成一颗蔚蓝色的星球。大洋的面积大，离陆地遥远，受陆地的影响较小，水温和盐度的变化也不大。大洋的水深一般在3 000米以上，最深处可达1万多米。大洋海水的颜色特别蓝，水中的杂质也很少，各个大洋之间的水还可以自由流通。

海洋的划分

关于世界海洋的划分,人们的观点并不完全一致。大多数人都同意四大洋的分法,即太平洋、大西洋、印度洋和北冰洋。也有人认为应该分为五大洋,除了上述的四大洋之外,还有南冰洋。

南冰洋是围绕南极洲的海洋,是太平洋、大西洋和印度洋南部的海域,以前一直被视为南极海。后来海洋学上发现南冰洋有重要的不同洋流,于是国际水文地理组织于2000年确定其为一个独立的大洋,成为五大洋中的第四大洋。但在学术界依旧有人依据大洋应有其对应的中洋脊而不承认南冰洋这一称谓。

海洋分割陆地

地球上的海洋是相互连通的,构成统一的世界大洋;而陆地是相互分离的,因此没有统一的世界大陆。在地球表面,是海洋包围、分割所有的陆地,而不是陆地分割海洋。

海洋在地球表面分布是不均匀的,以赤道附近为标准,可以将地球分成南、北两个半球,南半球海洋面积大,北半球海洋面积小,因此,南半球被称作水半球,北半球被称作陆半球。

▲ 从北极俯视北半球　　▲ 从南极俯视南半球

经典问答

海水为什么是蓝色的?

晴朗的夏日,面对浩瀚的大海,蔚蓝色的海面辉映着蔚蓝色的天穹,极目远眺,水天一色,极为壮观。即使从太空中看,地球也是个蔚蓝色的星球。而事实上,海洋水和普通水并没有两样,都是无色透明的。那为什么看起来海水呈蓝色呢?

其实,这是由于海水对光线的吸收、反射和散射的缘故。人眼能看见的七种可见光,其波长是不同的,它们被海水吸收、反射和散射程度也不相同。其中波长较长的红光、橙光、黄光,穿透能力较强,最容易被水分子吸引,射入海水后,随海洋深度的增加逐渐被吸收了。而波长较短的蓝、青光束射入海水后,遇到海水分子或其他微细的、悬在海洋里的浮体,便向四面散射和反射。特别是蓝色的光,被海水吸收最少,反射最多,越往深处越有更多的蓝光被折回到水面上来,因此,我们看到的海洋里的海水便是蔚蓝色一片了。

▲ 蔚蓝的海水

彼此相连的大洋

地球上海洋的面积十分广阔，深入茫茫大海的中心，是许多人心中的梦想。一般来说，人们将地球上的海洋分为四个彼此相连的海域，即太平洋、大西洋、印度洋和北冰洋，统称为"四大洋"。在人类的辛勤探索下，四大洋已经在我们面前露出了基本的面貌。如今，每个大洋都曾留下过人们航行的痕迹，但仍有许多未知的秘密等待着人们去进一步发掘。

太平洋

太平洋在亚洲、大洋洲、南极洲和美洲之间，东西最宽约1.9万千米，南北最长约1.6万千米，面积达1.8亿平方千米，占全球面积的35%，比地球上所有陆地面积加起来还要大。太平洋是四大洋中最深的，平均深度为4 028米，最深可达上万米。除此之外，太平洋还是目前地球上最大、最温暖以及岛屿、珊瑚礁最多的海洋。太平洋地区有30多个独立国家，以及十几个分属美、英、法等国的殖民地。

▶ 位于南太平洋上的巴厘岛有"南太平洋上的明珠"之称。图为巴厘岛上能歌善舞的居民

▲ 位于太平洋上的夏威夷岛是世界游人向往的旅游胜地

探索之旅

"太平洋"的来历

"太平洋"一词出现于16世纪20年代,最早是由麦哲伦船队命名的。1519年9月20日,葡萄牙航海家麦哲伦率领270名水手组成的探险队从西班牙的塞维尔启航,经直布罗陀海峡,沿大西洋向西,开始环球航行。

人心多变,大海无情,新的航路也充满了危险和挑战。一年以后,他们的船队来到了南美洲的南端。在沿南美海岸航行的过程中,他们突然发现海岸陡分为二,麦哲伦便命令船队顶着惊涛骇浪驶进了一个海峡,这就是后来的麦哲伦海峡。狂风巨浪加上险礁暗滩,海峡里的环境十分险恶。船队经过整整38天的艰苦奋战,损失了大半队员,终于平安到达了麦哲伦海峡的西端。

这时,一片茫茫无际的大洋出现在他们的眼前。只见这里的海水浩浩荡荡,舒缓平静。麦哲伦的船队又经过3个月的航行,从南美洲越过关岛,来到菲律宾群岛,航行中却再也没有遇到过一次大的风浪。饱受了先前滔天巨浪之苦的船员高兴地说:"这真是一个太平洋啊!"从此,人们就把美洲、亚洲和大洋洲之间的这片大洋叫作"太平洋"了。

大西洋

在四大洋中,大西洋是最年轻的一位。虽然年纪最小,但它的面积却仅次于太平洋居第二位。大西洋位于欧洲、非洲和南北美洲之间,自北至南约1.6万千米,东西最短距离2 400多千米。大西洋周围几乎都是世界各大洲最为发达的国家和地区,因此与它有关的航海业、海底采矿业、渔业、海上航运业等非常发达。

▲位于大西洋中洋脊上的冰岛地热资源十分丰富

北冰洋

北冰洋位于北极圈内,处于地球的最北端,被欧洲大陆和北美大陆环抱着,是世界四大洋中最小、最浅的。它的面积约为1 479万平方千米,还不到太平洋的1/10。由于这里人类活动较少,因而它又充满了神秘的色彩。北冰洋洋面上有常年不化的冰层,占北冰洋面积的2/3,厚度多为2~4米。这些冰层像被子一样盖在北冰洋上,使它整体看起来是白色的。当海水向南流进大西洋时,瓦解的冰山随之流入大西洋,给航运带来威胁。

▲北冰洋上随处可见漂浮的巨大冰块

印度洋

印度洋位于亚洲、非洲、大洋洲和南极洲之间,是世界第三大洋,总面积7 491.7万平方千米,约为海洋总面积的1/5。它的大部分地区在热带,因此也称为"热带的洋"。印度洋的地理位置非常重要,向东通过马六甲海峡可以进入太平洋,向西绕过好望角可达大西洋,向西北通过红海、苏伊士运河,则可进入地中海。印度洋的生物资源和矿产资源都非常丰富,西北部的波斯湾地区是世界石油储量最丰富的地区之一。

▼印度洋上的石油开采平台

靠近陆地的海域

与人们生活的陆地相比,大海是那么宽广,仿佛永远都看不到尽头。最初,人们梦想着能深入探索这一望无际的大海,但由于知识有限,只能先了解一些靠近陆地的海域。人们将两块陆地之间连接两个海或洋的狭窄水道称为海峡,将三面环陆的海洋称为海湾。由于地理位置特殊,海峡往往都是水上重要的交通咽喉,而且历来都是兵家必争之地,人们常把它称为"海上走廊""黄金水道"。

海峡

海峡通常位于两个大陆、大陆与邻近的沿岸岛屿、岛屿与岛屿之间。其中有的沟通两海,如台湾海峡沟通东海与南海;有的沟通两洋,如麦哲伦海峡沟通大西洋与太平洋;有的沟通海和洋,如直布罗陀海峡沟通地中海与大西洋。全世界有上千个海峡,其中比较著名的有马六甲海峡、直布罗陀海峡、白令海峡等。

海峡的特征

海峡是由海水通过地峡的裂缝,经历长期侵蚀,或海水淹没下沉的陆地低凹处而形成的,一般水较深,水流较急且多涡流。海峡内的海水温度、盐度、水色、透明度等变化较大,海峡底部多为坚硬的岩石或沙砾,细小的沉积物较少。

海运最繁忙的海峡

英吉利海峡位于英国和法国之间,在法语中它称为"拉芒什海峡"。它西临大西洋,向东通过多佛尔海峡连接北海,地处国际海运要冲,也是欧洲大陆通往英国的最近水道。因此,它理所当然地成了世界海运最繁忙的海峡。

▼ 英吉利海峡是沟通大西洋与北海的重要国际航运水道

▲ 直布罗陀港口和机场

欧洲的"生命线"

"直布罗陀"一词源于阿拉伯语，是"塔里克之山"的意思。直布罗陀海峡位于欧洲伊比利亚半岛南端和非洲西北角之间，全长约90千米。它是沟通地中海和大西洋的唯一通道，是连接地中海和大西洋的重要门户，被誉为欧洲的"生命线"。

海湾

海湾是海和洋伸进陆地的部分，对调节气候和海洋运输有很重要的作用。此外，海湾也是人类从事海洋经济活动及发展旅游业的重要基地。海湾主要分布于北美、欧洲和亚洲沿岸，比较著名的有几内亚湾、阿拉伯海，还有我国的大连湾、胶州湾、北部湾等。

▲ 波斯湾储藏着世界三分之一的石油资源

世界最大的海湾

隶属印度洋的孟加拉湾是世界上最大的海湾，面积约为217万平方千米，是印度洋向太平洋过渡的第一湾，也是两大洋之间的重要海上通道。沿岸重要港口有加尔各答、金奈（旧称马德拉斯）和吉大港等。

▲ 孟加拉湾地图

探索之旅

横渡英吉利海峡

海峡比较狭窄，但深度较大，且水流湍急，因此自古以来就有不少勇士想要征服它。在世界上许多著名的海峡中，难度最大、横渡人数最多、影响最大的当数英吉利海峡。

马修·韦伯出生于1848年，12岁就开始海上生涯，退休后专攻耐力游泳。1875年8月24日，韦伯涂上防冻油、穿上丝制的防寒衣之后从英国的多佛尔下水，21小时45分钟后抵达法国的加来，成为第一个成功横渡英吉利海峡的勇敢者。

这之后，越来越多的勇士加入到横渡英吉利海峡的行列，从英国多佛尔到法国加来的这部分海峡也成为英国海峡协会认可的横渡区域。1926年8月5日，美国奥运游泳冠军格楚德·厄德勒从法国内兹出发，耗时14小时39分钟，抵达多佛尔，成为第一个成功横渡英吉利海峡的女性。而凯文·默菲则凭借着32次成功横渡英吉利海峡的经历，赢得了"渡海之王"的桂冠。2001年7月30日，北京体育大学的教师张健历时近12小时，横渡英吉利海峡成功。他也是第一个横渡英吉利海峡的中国人。

大陆的延伸

生活在海边的人终日与海为伴，面对着浩瀚的大海，不免心中生出许多疑问：海洋和陆地的分界线到底在哪里？如果顺着岸边一直向海里走，什么时候能走到真正的海底？实际上，在海面以下，大陆仍以极为缓和的坡度延伸至大约200米深的海底，这一部分就是大陆架。它曾经是陆地的一部分，只是由于海平面的升降变化，陆地边缘的这一部分在一个时期里沉溺在海面以下，成为浅海的环境。

大陆架的形成

大陆架是地壳运动或海浪冲刷的产物。地壳的升降运动使陆地下沉，淹没在水下，形成大陆架；海水冲击海岸，产生海蚀平台，淹没在水下，也能形成大陆架。如果把大陆架海域的水全部抽光，使大陆架完全成为陆地，那么大陆架的面貌与大陆基本上是一样的。

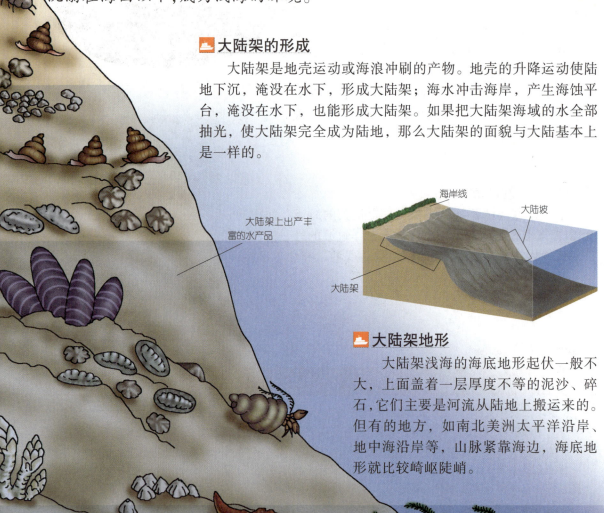

大陆架上出产丰富的水产品

大陆架地形

大陆架浅海的海底地形起伏一般不大，上面盖着一层厚度不等的泥沙、碎石，它们主要是河流从陆地上搬运来的。但有的地方，如南北美洲太平洋沿岸、地中海沿岸等，山脉紧靠海边，海底地形就比较崎岖陡峭。

探索之旅
大陆架上的河谷

在很多大陆架浅海海底,都可以发现蜿蜒曲折的水下河谷。有趣的是,它们常常可以同陆地的河谷相接对应起来。例如,北美的哈德逊水下河谷就很明显,它沿东南方向伸到大西洋底,顶端是浅平的半圆形,向"下游"逐渐变深,最深处达到海面以下100米,而河谷两旁的海底平均深度只有40米。哈德逊水下河谷的下游出口处呈三角形散开,就好像河流入海的宽大入海口一样。

在欧洲西北部围绕着英伦三岛的一片广阔的大陆架浅海海底,也有几条极为明显的水下河谷。从地图上看,易北河、莱茵河、威悉河都是分开单独入海的。把它们各自的水下河谷连接起来,就可以看到,它们入海后通过各自海底的河谷向北延伸,最后三条河谷汇合在一起"注入"北海了。从法国、英国注入大西洋的河流,不少能在海底水下河谷相连接。甚至英吉利海峡的本身,就是一条通向大西洋的海底谷地。

大陆坡

大陆架以下是大陆架向大洋底过渡的斜坡,这就是大陆坡。大陆坡介于大陆架和大洋底之间,大陆架是大陆的一部分,大洋底是真正的海底,因而大陆坡是联系海陆的桥梁,它一头连接着陆地的边缘,一头连接着海洋。大陆坡的表面极不平整,而且分布着许多巨大、深邃的海底峡谷。由于隐藏在深水区,很少受到破坏,大陆坡基本保持了古大陆破裂时的原始形态。

▲ 海底的沉积物为我们提供了丰富的能源——石油

大陆坡上的沉积物

大陆坡上的沉积物主要是来自陆地河流的淤泥、火山灰、冰川携带的石块和亿万年来海洋生物残体的软泥。概括地说,整个大陆坡的面积约有25%覆盖着沙子,10%是裸露的岩石,其余65%覆盖着一种青灰色的有机质软泥。在火山活动地带,软泥中夹杂有火山灰,高纬度地区则混有大陆水流带来的石块、粗沙等。

大陆架与人类关系密切

大陆架浅海靠近人类的住地,与人类关系最为密切。永不停息的江河就像传送带一样,把陆地上的有机物质源源不断地带到大陆架上,使大陆架成为最富饶的海域。这里盛产鱼虾,还有丰富的石油、天然气储备。大陆架浅海的水产品占整个海洋水产品的80%,我们吃的鱼虾等海产品主要是从大陆架浅海捕到的。随着生产的发展,人们又在这里开辟浴场、开采石油,利用这里的阳光、沙滩和新鲜空气,开辟旅游度假区。

▼ 大陆架是良好的渔场

海底深处有什么

通常人们只能看到蔚蓝的海面,能去海底看一看,也是人们长久以来的梦想。古时候,人们以为海底如同海面一样平坦。后来,越来越多的证据显示海底如同陆地上一样,也有高耸的海山、起伏的海丘、深邃的海沟,有坦荡的深海平原,甚至有河流和热泉。虽然世界各大洋的洋底形态各不相同,但基本上都是由大陆架、大陆坡、海沟、海盆和中洋脊几个部分组成。崎岖不平的海底,更增添了大海的神秘。

基本地貌

整个海底基本可分为大陆边缘、大洋盆地和中洋脊三大基本地貌单元,以及若干次一级的海底地貌单元。大陆边缘是大陆和洋底之间的过渡地带;大洋盆地位于中洋脊和大陆边缘之间,包括海盆、深海丘陵、深海平原、海岭等地形;中洋脊则是贯穿整个世界大洋的洋底山系。

海底河流

海底河流是指在重力的作用下,经常或间歇地沿着海底沟槽呈线性流动的水流。像陆地河流一样,海底河流也有纵横交错的河渠、支流、冲积平原、急流甚至瀑布。海底河流也能够冲出深海平原,只是深海平原就像海洋世界中的沙漠一样荒芜。海底河流能够将生命所需的营养成分带到这些沙漠中来。因此,这些海下河流非常重要,就像是为深海生命提供营养的动脉要道。

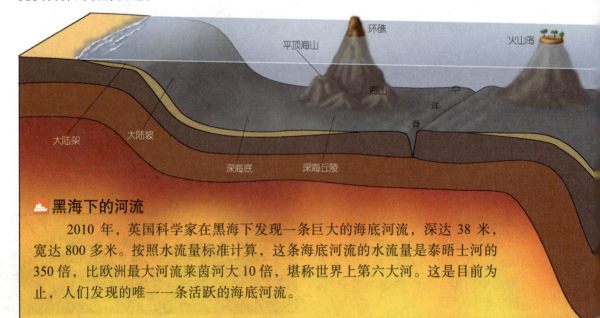

黑海下的河流

2010 年,英国科学家在黑海下发现一条巨大的海底河流,深达 38 米,宽达 800 多米。按照水流量标准计算,这条海底河流的水流量是泰晤士河的 350 倍,比欧洲最大河流莱茵河大 10 倍,堪称世界上第六大河。这是目前为止,人们发现的唯一一条活跃的海底河流。

海盆

在海洋的底部有许多低平的地带，周围是相对高一些的海底山脉，这种类似陆地上盆地的构造叫作海盆或者洋盆。海盆有些属于大洋与大陆交接处的边缘海海盆，有些是在大洋里的洋盆。

▲ 中太平洋海盆地貌

深海平原

深海中也有如同陆地平原一样的地貌，这就是深海平原。深海平原在世界各大洋中均有分布，它一般位于水深3 000~6 000米的海底，面积较大，可以延伸几千平方千米。深海平原的表面光滑而平整，有的深海平原向一定方向微微倾斜，有的则有一定的起伏。

探索之旅
海底的"烟囱"

1979年，在加利福尼亚湾的外太平洋海底，比肖夫博士等人乘坐"阿尔文"号潜水器向深海下潜。当他们快接近海底时，忽然看到了一幅十分奇异的景象：只见这里蒸汽腾腾、烟雾缭绕、烟囱林立，好像重工业基地一样。经过仔细观察，他们发现这片"烟囱林"中竟然还有大量生物生存。"烟囱"里冒出烟的颜色也大不相同，有的呈黑色，有的是白色的，还有清淡如暮霭的轻烟……

原来这些"烟囱"是海底热泉的出口。海底热泉是地壳活动在海底反映出来的现象，分布在地壳张裂或薄弱的地方。海水沿着海底的裂隙下渗，在地壳深部加热升温，溶解了周围岩石中多种金属元素后，又沿着裂隙对流上升并喷发在海底。海底热泉冷却后，会在海底及其浅部通道内沉淀形成由多种矿物组成的硫化物颗粒。这些海底硫化物堆积成直立的柱状圆丘，并且不断加高，就形成了一种烟囱状的地貌，称为"黑烟囱"。

▲ 海底黑烟囱

▲ 深海风貌

深海平原分布

大西洋是深海平原分布最多的海洋。因为大西洋的陆源沉积物特别丰富，而且它的边缘没有海沟阻隔，所以为深海平原的形成提供了最有利的条件。与大西洋相反，太平洋因周围有许多海沟，所以深海平原就十分少见，仅在东北部有所分布。

★ 翱翔圆梦科技知识普及丛书

大洋深处的脊梁

世界各大洋的深处到底有什么？这是人们一直想要知道的事情。经过长时间的探索，人们发现大洋深处有一个规模宏大的洋底山系——中洋脊。中洋脊又称洋脊、洋中脊、中央海岭，是位于全球海中张裂性板块边界的一系列火山结构系统，也是世界上最长的山脉——海底山脉。它是一个世界性体系，横贯各大洋，就像海洋的脊梁一样，决定着海洋的成长。

🌋 中洋脊的分布

中洋脊从北冰洋开始，穿过大西洋，经印度洋进入太平洋，其中最有名的是大西洋中洋脊。大西洋中洋脊在大西洋中心处，走向与大西洋东西两岸大体平行，呈 S 形展布；印度洋中洋脊分成三支，犹如"人"字分布在大洋中部；太平洋中洋脊则位于偏东的位置上。三大中洋脊在南端彼此相连，而北端却分别伸进大陆或岛屿。

大西洋中洋脊

▶ 海底扩张示意图

🌋 海底扩张说

人们发现海底岩石离中洋脊越近年龄越小，离中洋脊越远年龄也越大，而且在中洋脊两侧对称分布，由此提出了海底扩张说，认为中洋脊是新的大洋地壳诞生处。位于地壳之下的地幔物质沿着中洋脊、中轴部位的洋壳岩石圈裂缝处不断地涌喷出来，形成新的海底地壳，这些滚热的岩浆源源不断地涌出，形成了火山喷发或是引发地震，把原有的洋壳向裂缝两侧推移扩张，新的洋壳就在这里生成了。

中央裂谷

中央裂谷是中洋脊的中央顶部两个脊峰之间的深陷裂谷,裂谷两侧是陡峻的平行脊峰。中央裂谷一般深度在 1 000~3 000 米不等,宽度在 200 米以上。许多观测表明,中央裂谷一带经常发生地震,而且还经常释放热量。这里是地壳最薄弱的地方,也是产生新洋壳的地方。较老的大洋底不断地从这里被新生的洋底推向两侧,更老的洋底被较老的洋底推向更远的地方。

▲ 当熔岩从洋底涌出时,它所包含的磁铁矿晶体记录了当时的磁场方向,图中的箭头指示岩石形成时的地磁方向

太平洋中洋脊

太平洋中洋脊偏侧之谜

海底地貌最显著的特点是连绵不断的中洋脊纵横贯通四大洋。根据海底扩张假说,中洋脊两侧的扩张应该是平衡的,大洋中洋脊应位于大洋中央,但太平洋中洋脊却偏侧于太平洋的东南部,太平洋中洋脊为什么偏侧一方,还有待进一步的探索。

冰岛

在有些地方,中洋脊会露出海面形成岛屿,如冰岛、亚速尔群岛等。冰岛位于北大西洋和北冰洋的交汇处,因靠近北极圈,冰岛的气候十分寒冷,年平均气温不到5℃,岛上有 13%的地方常年被冰雪覆盖着。然而由于地处大西洋中脊上,冰岛又是一个多火山、地质活动频繁的国家,几乎整个国家都建立在火山岩石上。

▶ 冰岛史托克喷泉

探索之旅
探索中洋脊

早在 19 世纪 70 年代,英国"挑战者"号考察船在环球考察的过程中,利用测深锤测量深度,就发现大西洋中部有一条南北向的山脊。1925—1927 年间,德国"流星"号考察船又对南大西洋进行了历时 2 年零 3 个月的考察。考察队员用电子回声测深法对这片海域进行了探测,取得了 7 万多个海洋深度数据,揭示了大洋底部崎岖不平的地形,发现了纵贯整个大西洋的中洋脊。到 20 世纪 30 年代末,科学家们又相继发现了印度洋中洋脊和太平洋中洋脊。

20 世纪 70 年代,法国和美国联合实施了法摩斯计划,又联合墨西哥实施了里塔计划,分别对大西洋中洋脊和太平洋中洋脊进行了综合调查,揭示了中洋脊的地壳性质、火山活动和构造运动。这些发现对地质科学的研究有重大的意义,但关于中洋脊的形成机制和动力等问题,仍有待人们继续深入探索。

海底深渊

海底最深的地方在哪里？能不能去那里一探究竟？带着这样的梦想，人们来到海沟和海底峡谷，发现这里比陆地上的峡谷还要深邃、巨大。海沟也叫海渊，是位于海洋中的两壁较陡、狭长的、水深大于5 000米的沟槽，多分布于活动的海洋板块边缘，一般认为它是地球板块相互挤压作用的结果，所以地震、火山活动频繁。海底峡谷则是起伏很大、谷壁陡峻、横剖面呈V形、类似陆上大峡谷的海底谷地。

海洋中最深的地方

海沟不仅是海洋中最深的地方，也是海底最古老的地方，但它却不在海洋的中心，而是偏安于大洋的边缘。世界大洋约有35条海沟，其中有28条都分布在环太平洋带。而超过万米深的6条深海沟，全都分布在太平洋。地球上最深也最知名的海沟是马里亚纳海沟，它位于西太平洋马里亚纳群岛东南侧。马里亚纳海沟西北角的查林杰深渊是世界海洋的最深点，深约11 034米，比世界屋脊——珠穆朗玛峰的高度还要多2 000多米。

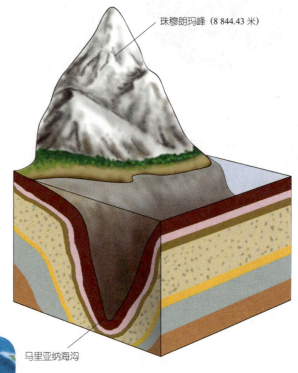

珠穆朗玛峰（8 844.43米）

马里亚纳海沟

▲ 千岛海沟

海沟的宽度

海沟的宽度一般在40~120千米之间，全球最宽的海沟是太平洋西北部的千岛海沟，其平均宽度约为120千米，最宽处远远超过这个数，距离相当于北京至天津那么远。这看上去够宽了，但在大洋底的构造里，只能算是很窄的地形。

海槽

海底比海沟规模小、相对宽浅、两侧坡度较平缓的长条形洼地称为海槽。海槽一般深度在5 000米以内，主要分布在边缘海中，具有较陡的边坡和较平坦的槽底。海槽的形成原因有很多种，如由弧后扩张形成的冲绳海槽和由裂谷发育而成的西沙海槽等。

▲ 冲绳海槽

海底峡谷

海底峡谷又称水下峡谷，多出现在大陆坡上、大陆坡前缘或大陆坡与大陆坡之间。有的海底峡谷上端可达大陆架上，甚至大的河口，然后向下延展，及于洋底。大多数海底峡谷与大陆坡的横向延展成直角，少数与其平行。大西洋洋底的海底峡谷最多，也最为著名，如圣劳伦斯海底峡谷、刚果河海底峡谷、亚马孙河海底峡谷等。

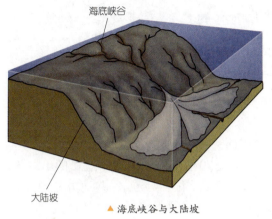
▲ 海底峡谷与大陆坡

最长的海底峡谷

在北美洲北部拉布拉多半岛的大陆坡和格陵兰岛大陆坡东南侧衔接处，有一条南北延伸的海底峡谷，叫作北大西洋洋中峡谷。它北起戴斯海峡，东南绕过纽芬兰外侧的大陆坡，折而偏西南，直抵北纬40°左右，没入索姆深海平原，全长约6 000千米，是世界上最长的海底峡谷。

新知词典

世界十条最深海沟

世界上最深的海沟是位于北太平洋西方海床的马里亚纳海沟，它的最深处约有11 034米，把珠穆朗玛峰投入海沟，也不能露出山顶来。马里亚纳海沟同时也是地壳最薄之所在。

第二深的是位于太平洋中南部汤加群岛以东的汤加海沟，最深处约10 882米，平均深6 000米。

第三深的是位于太平洋西北部、日本群岛东侧的日本海沟，它的最深处在伊豆诸岛东南侧，约有10 682米。

第四深的是位于太平洋千岛群岛附近的千岛海沟，最深处约有10 542米。

第五深的是位于太平洋菲律宾群岛以东的菲律宾海沟，它是由于板块的碰撞形成的，最深处约有10 497米。

第六深的克马德克海沟位于南太平洋底，最深处约有10 047米。

第七深的波多黎各海沟位于大西洋北部、波多黎各岛北侧，最深处约有9 219米。

第八深的新赫布里底海沟位于太平洋新赫布里底岛与新喀里多尼亚岛之间的珊瑚海边缘，最深处约有9 174米。

第九深的布干维尔海沟位于太平洋西南面、布干维尔岛以西，最深处约有9 140米。

第十深的雅浦海沟位于太平洋西部、帕劳群岛与马里亚纳海沟之间，最深处约有8 850米。

水与火的融合

我们常说水火不相容，但大自然总会给我们带来很多惊奇。在遥远的海水深处，竟然存在着海底火山。据统计，全世界共有海底火山约 20 000 多座，太平洋就拥有一半以上。这些火山中有的已经衰老死亡，有的正处在年轻活跃时期，有的则在休眠，不定什么时候苏醒又"东山再起"。人们一直梦想着，有一天能解开这些海底火山的所有秘密。

海中的火山

海底火山是大洋底部形成的火山，分布非常广泛。全世界的活火山有 500 多座，其中在海底的近 70 座，约占活火山总量的 1/8。绝大部分海底火山位于中洋脊和太平洋周边区域。这些地方是地壳最活跃的地带，当熔融岩浆经过地幔沿着裂谷喷溢时，就产生海底火山爆发。熔融岩浆冷却后，就在洋脊裂谷两侧出现新火山。尽管多数海底火山位于深海，但是也有一些位于浅水区域，在喷发时会向空中喷出物质。

◀ 海底火山喷发在海面产生的水汽

◀ 海底火山喷发出的熔岩表层被海水急速冷却，形成了牙膏状的表面，内部却仍是高热状态

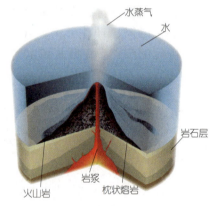

▲ 海底火山示意图

海底火山的分类

海底火山可分为边缘火山、洋脊火山和洋盆火山。边缘火山指沿大洋边缘的板块俯冲边界分布着的弧状的火山链，是岛弧的主要组成单元；洋脊火山指顺中洋脊走向成串出现的海底火山与火山岛；洋盆火山则指散布于深洋底的各种山脉构造，包括平顶海山和孤立的大洋岛等。

探索之旅

海里长出的岛

1963年11月15日,一艘渔船正驶向冰岛西南面,船员们突然看到一股高高的烟柱从水面升起。他们以为是另一艘船着火了,其实这是海底火山突然爆发了。当天晚上,火山喷出的水汽柱高达数百米,火山灰、烟尘被冲到几千米的高空。

经过一天一夜的喷发,到了11月16日,人们发现海里竟然长出了一个小岛。小岛高约40米,长约550米,海面的波浪在不断冲刷着新形成的小岛。人们担心年轻的小岛会被海浪吞掉,它却在火山喷发下不断扩大长高,一年后已经长到170米高、1 700米长了。人们以神话中守卫火界的巨神的名字为小岛命名,称它为"苏尔特塞岛"。两年后,这座火山再度喷发,苏尔特塞岛也再次成长,最快时每个昼夜竟能增加4 000平方米的面积。从1972年第一颗小白菊在岛上扎根,各种野草、野花和莎草科植物也开始在岛上生长。

海底平顶山的形成

海底平顶山是海底火山喷发之后形成的山体,如果它的顶部高出海面很多,任凭海浪怎样拍打冲刷,都无法动摇它,就形成了真正的海岛。倘若海底火山一开始就比较小,离海面很远,海浪也无法冲击。只有那些山头略高于海面的,由于海浪的冲刷,日久天长就形成了略低于海面、顶部平坦的平顶山。

▲ 新西兰火山岛

千姿百态的火山岛

火山岛是由于海底火山喷发后,熔岩、火山灰等喷发物堆积形成的岛屿。岛的面积一般都不大,既有单个火山岛,也有群岛式的火山岛。火山岛经过漫长的风化剥蚀,岩石破碎并逐步土壤化,因而岛上可以生长多种植物。但因形成时间、面积大小、物质组成和自然条件的差别,火山岛的自然条件也不尽相同。

海底火山的杰作

美国的夏威夷岛就是海底火山的杰作。它的面积有1万多平方千米,气候湿润,森林茂密,土地肥沃,盛产甘蔗与咖啡,山清水秀,有良港与机场,是旅游的胜地。夏威夷岛上至今还留有5个火山,其中世界著名活火山冒纳罗亚火山海拔4 170米,它的大喷火口直径达5 000米,常有红色熔岩流出。

▼ 夏威夷群岛上的火山公园

点缀大海的"宝石"

在广袤无垠的碧海中散落着一些岛屿，它们像璀璨的宝石一样点缀着美丽的大海。岛屿是比大陆小而完全被水环绕的陆地，在河流、湖泊和海洋里都有，面积从很小的几平方米到非常大达几万平方千米不等。海洋里的岛屿是最多的，人们为了寻找这些海岛进行了艰辛的探索，这些海岛也让人们在航程中途得以休息和补充给养，为人类航海梦想的实现起到了十分重要的作用。

什么是岛屿？

岛屿是指四面环水并在涨潮时高于水面的自然形成的陆地区域。岛与屿是有所不同的，岛的面积一般较大，屿是比岛更小的海洋陆块。世界岛屿面积约占陆地总面积的7%，最大的岛屿是北美洲东北部的格陵兰岛。在狭小的地域集中2个以上的岛屿，即成"岛屿群"，大规模的岛屿群称作"群岛"，列状排列的群岛即为"列岛"。

岛屿的分布

全球岛屿总数有5万个以上，总面积约为997万平方千米，大小几乎和我国面积相当。从地理分布情况看，世界七大洲都有岛屿，其中北美洲岛屿面积最大，南极洲岛屿面积最小。

探索之旅

格陵兰岛名字的来历

格陵兰岛是世界上最大的岛屿，位于北美洲东北，北冰洋和大西洋之间。它的意思是"绿色的大陆"。这块千里冰冻、银装素裹的陆地为什么会有这么春意盎然的名字呢？

关于格陵兰岛名字的来历，有一个有趣的故事。相传公元982年，挪威有一个叫埃里克·德雷德的海盗，一天，他一个人划着小船从冰岛出发，打算远渡重洋。朋友们认为他胆子太大了，都为他的安全捏一把汗。后来，他在格陵兰岛南部的一个小山谷里发现了一块不到一平方千米的水草地，绿油油的，十分喜爱。回到家乡以后，他骄傲地对朋友们说："我不但平安地回来了，我还发现了一块绿色的大陆！"从此，"绿色的大陆"就作为这世界第一大岛的名称流传至今。

▲ 格陵兰岛

岛屿的类型

从成因上来看，岛屿可以分为三种类型：火山岛、大陆岛、珊瑚岛。火山岛是由于海底火山喷发物质堆积，并露出海面而形成的岛屿；大陆岛指的是地质构造与邻近的大陆相似，原属大陆的一部分，由于地壳下沉或海水上升致其与大陆相隔而成的岛；珊瑚岛则是海中的珊瑚虫遗骸堆筑的岛屿，一般分布在热带海洋中。

火山岛

火山岛按其属性分为两种，一种是大洋火山岛，它与大陆地质构造没有联系；另一种是大陆架或大陆坡海域的火山岛，它与大陆地质构造有联系，但又与大陆岛不尽相同，属大陆岛与大洋岛之间的过渡类型。火山岛形成后，由于长年的风化剥蚀，岛上岩石破碎成土壤，可以生长植物。

▲ 火山岛

珊瑚岛

珊瑚的石灰质骨骼加上单细胞藻类的残骸以及双壳软体动物、棘皮动物的甲壳，日积月累，就形成了珊瑚礁和珊瑚岛。珊瑚礁主要有三种：岸礁、环礁、堡礁。珊瑚岛主要分布在太平洋和印度洋近赤道地带的热带水域，在较寒冷的水域中只有单个珊瑚虫。

▶ 珊瑚礁

岛国

如果一个国家的整个国土都坐落在一个或数个岛之上，那这个国家就可以被称为岛屿国家。斯里兰卡是最典型的岛国，那里景色优美，几乎一半的面积被森林覆盖，是个典型的热带国家，没有四季差别。斯里兰卡位于印度洋至太平洋的航运线上，地理位置十分重要。

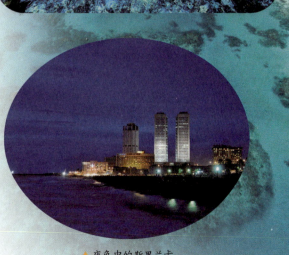
▲ 夜色中的斯里兰卡

搭乘信风去远航

在人类航海的历史上，风起着不可忽视的作用。人们很早就发现海上有一种规律出现的风，它十分守信用，总是按时出现，因此被称为"信风"。古代商人们利用信风的规律性进行航海贸易，因此信风也被称为"贸易风"。海上信风对人类航海贸易有很大的影响，人们研究海上信风对航海也有重要的意义，人类最初的航海梦想，就是从搭乘信风去远航开始慢慢实现的。

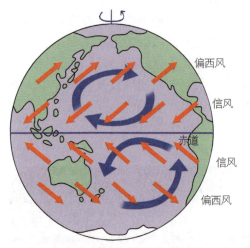
▲ 信风与洋流。洋流流动的方向和风向一致，在赤道附近洋流向西，在两极洋流向东

借信风远航

人们发现信风的规律后，就开始利用它进行航海，它也是古代人能够远航的重要因素。中国古人已经能很好地利用信风来远航，唐代时人们就熟知亚洲东南方的信风季风规律。古时，一些商人掌握了这个规律，他们依靠信风的吹送来往于海洋上，进行各种贸易经商活动。哥伦布是第一个全面了解并充分利用了大西洋信风的航海家。

▶ 哥伦布是意大利著名航海家，他不断地进行探索，最终发现了新大陆，并在发现新大陆的过程中观测到指南针并不指向正南，由此发现了地磁偏角

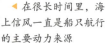
◀ 在很长时间里，海上信风一直是船只航行的主要动力来源

信风的形成

赤道地区由于太阳的长期照射而终年炎热，产生旺盛的上升气流，气流到了高空后便开始往两极扩散。因为气体是从高压流向低压，在高压带沉降的气流便在低空流回赤道区，在北半球形成北风，在南半球形成南风。在地转偏向力的影响下，信风的运行又会发生偏向，造成北半球吹东北信风、南半球吹东南信风的现象。

信风对气候的影响

由于副热带高压在海洋上表现得特别明显,终年存在,所以在海上终年盛行稳定的信风。信风常将海洋的暖湿空气带往陆地,使当地的气候较为温和,如副热带湿润气候区的下半年降雨,就是来自于信风带来的水汽。

▶ 在信风影响下,加勒比海诸岛的东部雨量经常多于西部

信风带

人们把终年吹着信风的地带称为信风带。从气候观点来看,地球上有几个主要的风带:低纬度的信风带、中纬度的西风带与极地东风带。信风带一般分布在南北纬5°~25°附近,并仅限于对流层的下层,平均厚度在4 000米左右。由于信风是向纬度低、气温高的地带吹送,所以没有水汽凝结的条件,有些沙漠和半沙漠都分布在信风带。

信风的周期

南北半球上的信风带会随着季节的变化而发生有规律的南北移动,如北半球太平洋上的东北信风带,每年3月份位于北纬5°~25°,到了9月份,整个风带会向北移动到北纬10°~30°。这样,在信风带活动范围的特定区域内,就会出现信风周期性变化的现象。

◀ 大西洋赤道区域称无风带,这里的年气温变化小,气流比较稳定

探索之旅
搭乘信风的古老航海家

太平洋小岛上的拉皮塔人是勇敢的远洋探险家,他们四海漂泊,随身带着开创新生活所需的一切——家人、牲畜、芋头苗和石制工具。数百年间,拉皮塔人的足迹就从巴布亚新几内亚丛林密布的火山,扩展到了汤加群岛最荒寂的外露珊瑚礁,向东深入太平洋至少3 000千米。他们沿途经过了数百万平方千米的未知海域,发现了许多人类前所未见的热带岛屿并定居下来。这些拉皮塔人将自己的语言、风俗和文化留给了这些岛屿,而他们的后代又将这些带到了整个太平洋地区。

在考察了拉皮塔人的生活习性后,考古学教授杰夫·欧文提出:古老的拉皮塔人正是靠着盛行的信风去远航的。拉皮塔人向东深入太平洋,这与盛行信风的方向相反。欧文教授认为逆风或许正是拉皮塔人成功远航的关键。他们可以连续数日深入未知的海域侦察,要是什么都找不到,就调转船头,搭乘信风快速回航。也有人认为是当时发生的一连串厄尔尼诺现象逆转了信风的风向,也许正是这些信风,将太平洋上的古老航海家加速送上了那帆影碧空尽、汪洋肆意行的漫漫航程。

与海浪搏斗

海浪就像是大海跳动的"脉搏",周而复始,永不停息。正因为有了海浪,大海才显得生机勃勃,令人无限神往。"无风不起浪",海浪其实是风引起的波浪。风吹到海面,与海水摩擦,海水受到风的作用,随风飘荡,海面开始起伏,形成波浪。随着风速加大和吹风时间增加,海面起伏越来越大,就形成了海浪。纵观整个人类航海历史,与海浪搏斗绝对是从始至终贯穿其间的壮丽篇章。

浪花的形成

一朵朵美丽的浪花,就像大海上的精灵。浪花是由水薄膜隔开的气泡组成的。在淡水中气泡相互靠近、融合,而在咸水中气泡相互排斥、分离。在咸水中形成的气泡比淡水中更细小,存在的时间也更长些。气泡上升到海面时破裂,并将咸水珠抛到比气泡直径大千倍的高处,就产生了浪花。

涌浪

海浪包括风浪、涌浪和海洋近岸波。涌浪是风停止后或风已削弱,改变了原来风向,在海面上留下的波浪,也就是说,它是远处的风或已经过去的风所引起的波浪。涌浪具有较规则的外形,在传播过程中,由于受到空气阻力和海水的内摩擦作用,加上涌浪传播时波动能量被散布在越来越大的区域内,所以随着传播距离的增加,涌浪的能量会不断减小而逐渐减弱。

▲ 冲浪就是利用涌浪的冲力,乘着浪板与涌浪一起冲向前方

▼ 海岸中蕴藏着巨大的能量,一个近岸波对海岸的压力可达50吨/平方米

敢下五洋捉鳖

🔺 海洋近岸波

风浪或涌浪传播到海岸附近，会受地形的作用改变波动性质，这时的海浪就称为近岸波。随着海水变浅，近岸波的传播速度变小，波长和波速也逐渐减小。在传播过程中，近岸波的波形会不断变化，波峰前侧不断变陡，后侧不断变得平缓，波面变得很不对称，以至于发生倒卷破碎现象，且在岸边形成水体向前流动的现象。

🔺 海浪与战争

海浪对海上航行、海洋渔业、海战都有很大影响。它能改变舰船的航向、航速，甚至产生船身共振使船体断裂，破坏海港码头、水下工程和海岸防护工程，影响雷达的使用、水上飞机和舰载机的起降、水雷布放、扫雷、海上补给、舰载武器使用和海上救生打捞等。

▼ 小浪利于潜艇隐蔽接近敌方；大浪则影响鱼雷发射和舰艇安全航行，不利于登陆作战

🔺 咆哮的巨浪

好望角一带因为巨浪滔天，也被大家称为"咆哮西风带"。这里经常刮起11级的大风，众多的小波浪被不断地叠加汇合，最终形成暴虐的巨浪。而暴风雨所搅起的波浪，可能移动数百千米才抵达岸边。在暴风雨中，波浪可以高得惊人。1933年，人们就曾在太平洋观测到高达37米左右的巨浪。

▲ 好望角海域几乎终年大风大浪，遇难海船难以计数

探索之旅
海浪的力量

1894年12月的一天，美国西部太平洋沿岸的哥伦比亚河入海口发生了一件奇怪的事。

入海口有一座大灯塔，底部还有一座小房子，那是灯塔维护员的房子。一天，看守人忽然听到有打雷似的声音，他想去外面看看是不是下雨了，突然，只见一个黑色的怪物带着噼里啪啦的声响，穿透房顶落到屋里。

看守人吓坏了，他颤颤巍巍地走到那黑色怪物的面前，简直不敢相信，这竟然是一块大石头！他试着用手搬，没有搬起来，后来称了一下，这块石头竟有64千克。科学家们经过鉴定，认为这块石头是被海浪卷到天空中，抛到看守人的房顶上的。

海浪竟有如此巨大的力量！大浪拍到岸上时的冲击力产生的压力可达50吨/平方米。在一场暴风雨中，巨浪曾把一个1370吨的水泥块推移了10米。它能把100斤的石块抛得比十层楼还要高，把1吨的巨石抛到20米高的空中。说起来，这真有点让人难以置信。

奔腾的洋流

海水总是一刻不停地流淌着。起先,人类梦想着能借助海流行船,到达远方。在近代,随着远洋航海的展开,人们发现大洋上也有有规律流动的水流,这就是洋流。洋流就像陆地上的河流那样,长年累月沿着比较固定的路线流动着。不过,河流两岸是陆地,而洋流两岸仍是海水。洋流遍布整个海洋,既有主流,也有支流,它们不断输送着盐类、溶解氧和热量,使海洋充满了活力。

什么是洋流?

洋流也称海流,是具有相对稳定的流速和流向的大规模的海水运动。其中比较有名的是墨西哥湾流,它是世界上第一大海洋暖流,最狭窄处也宽达 50 千米,流动速度可达 4 千米/时。墨西哥湾流沿北美洲海岸北上,横过北大西洋,调节北欧的气候。北太平洋海流是一道类似的暖流,从热带向北流,它使北美洲西岸的气温提高了。

洋流的形成原因

风是使洋流运动不息的主要力量。海水密度差也是洋流的成因之一,冷水的密度比暖水高,因此冷水下沉,暖水上升。两极附近的冷水下沉,在海面以下向赤道流去,抵达赤道时,这股水流便上升,代替随着表面洋流流向两极的暖水。此外,岛屿与大陆的海岸以及地球自转对洋流也有影响。

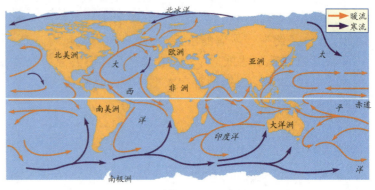

▲ 洋流示意图

寒流与暖流

洋流可以分为暖流和寒流。若洋流的水温比到达海区的水温高,则称为暖流;若洋流的水温比到达海区的水温低,则称为寒流。一般由低纬度流向高纬度的洋流为暖流,由高纬度流向低纬度的洋流为寒流。寒流和暖流对沿海地带的气候有重要的影响。

暖流交汇处拥有丰富的鱼类资源

洋流对气候的影响

洋流是地球上热量转运的一个重要动力,它使低纬度的热量向高纬度传输,这主要是暖流的贡献。洋流调节了南北气温差别,在沿海地带等温线往往与海岸线平行就是这个缘故。总体来说,暖流升高温度和湿度,寒流降低温度和湿度,它们会使经过的大陆沿海气温升高或降低。

▶ 由于受到秘鲁寒流和克伦威尔洋流的共同影响,科隆群岛的环境气温远低于赤道其他地区,这使得加拉帕戈斯企鹅可以在此生存

◀ 受暖流的影响,墨西哥湾气候温暖湿润

利用洋流

在航海中洋流得到了很好的利用。哥伦布第二次顺着加那利寒流和北赤道洋流航行,比第一次逆着北大西洋暖流航行少花了十几天时间。美国爱克松公司利用洋流流向来航行,既解决了航行速度问题,又节约了燃料,减少了事故。1975 年,该公司的六艘船在海洋气象局的帮助下利用"洋流"助航,全年共节约了 1 万多桶燃油。

▶ 轮船借助于洋流航行省时省力

新知词典

新仙女木事件

距今大约 1.7 万年前,地球上的冰河世纪结束,气候开始变暖,两极、北美和北欧的冰川开始消融。到了 1.3 万年前,北美和北欧的冰雪已经融化了相当大一部分,南北半球春暖花开,一片繁荣景象。但就在这时,却突然发生了气温骤降的事件,在短短十年内,地球平均气温下降了 7~8℃。人们以生长在寒冷苔原的典型植物——仙女木为这次事件命名,称为"新仙女木事件"。

在欧洲大陆的西边,大西洋的东北区域,有一支自西南向东北流动的洋流——北大西洋暖流,它给欧洲带去了温暖湿润的空气和丰富的降雨,几乎整个欧洲、北美大陆的温和气候都受惠于它。冰河世纪结束时,全球气温的升高导致北美大陆的冰架开始融化,大量的寒冷淡水在这里汇入北大西洋。北大西洋暖流因此被稀释,密度变低,不能下沉而中断。它的中断引起了冰川的发育,冰川以此为中心在大陆上铺展开来,覆盖北欧和北美的广大地区,形成冰盖。冰盖生长过程中,还会由于冰雪大量反射太阳光而造成地球对太阳能的吸收能力下降,引起进一步降温。新仙女木事件正是由于北大西洋暖流减弱、中止而造成的一系列后果。

汹涌的潮汐

潮起潮落是大海的正常现象，是海水重要的运动形式。而在所有的海水运动形式中，最早被人们注意到的就是潮汐。地球上的海水或江水，受到太阳、月球的引力以及地球自转的影响，在每天早晚会各有一次水位的涨落。人们把白天的涨落称为"潮"，夜间的涨落叫作"汐"，合起来叫作"潮汐"。汹涌不停的潮汐现象，与人类航海梦想的实现有着十分密切的关系。

有规律的潮汐

凡是到过海边的人们，都会看到海水有一种周期性的涨落现象：到了一定时间，海水"推波助澜"，迅猛上涨，达到高潮，这一过程叫涨潮；这时，在短时间内，海水不涨也不落，叫平潮；平潮后一些时间，上涨的海水又自行退去，留下一片沙滩，出现低潮，这叫退潮。低潮后也有一个短时间出现不落不涨，叫停潮。如此循环往复，永不停息，海水的这种运动现象就是潮汐。

▲ 海潮

探索之旅

郑成功巧妙利用潮汐

1624年，荷兰殖民者占领了我国的台湾岛，他们烧杀抢掠，令人民苦不堪言。1661年4月21日，民族英雄郑成功率领2.5万将士从厦门金门岛出发，到达澎湖列岛，驻守在台湾外线海上，准备攻打赤崁城，将侵略者赶出中国。

进出赤崁城的大港水道港阔水深、进出方便，但有重兵把守。为了不引起敌人注意，郑成功舍弃了大港水道，选择了设防薄弱的鹿耳门水道。鹿耳门水道水浅礁多，航道狭窄，而且水道底部堆积着荷军凿沉的破船，因此很难通过。

郑成功却胸有成竹，他告诉将士们，只要静静等候潮汛到来就好。原来，他早就经过周密的计算，算出这天将会有一个月只有两次的大潮出现。果然，不久大潮来到，海水突然升高，鹿耳门水道也变得又宽又深。郑成功趁机率领大军通过水道，直奔赤崁城，一举登陆成功。在郑成功的努力下，荷兰殖民者不得不从台湾岛撤出，被强占了38年的台湾终于又回到了祖国的怀抱。

多样的潮汐

海洋潮汐现象是相当复杂的。由月球的引潮力引起的潮汐叫太阴潮，由太阳的引潮力引起的潮汐叫太阳潮。除此之外，还有由于气象原因引起海面升降的气象潮，由于热带风暴、温带气旋等风暴过境而引起的风暴潮，在河口海区受河床变形、摩擦效应及上游下泄径流的影响形成的河口潮汐等。

▶ 海上台风与大潮联合作用形成风暴潮

潮汐与人类密切相关

潮汐与人类的关系非常密切，海港工程、航运交通、军事活动、近海环境研究与污染治理，以及渔、盐、水产业等，都与潮汐现象密切相关。永不休止的海面垂直涨落运动蕴藏着极为巨大的能量，这一能量的开发利用对解决能源问题意义重大。

▲ 在著名的诺曼底登陆中，盟军考虑到潮汐的因素，制订了不同的登陆计划，成功抢滩

潮汐与战争

掌握潮汐发生的时间和高低潮时的水深是保障舰船航行安全、进出港口、通过狭窄水道及在浅水区活动的重要条件，也是建设军港码头、水上机场，进行海道测量、布雷扫雷、救生打捞，构筑海岸防御工事，组织登陆、抗登陆作战和水下工程建设等必须考虑的重要因素。

涌潮景观

世界上有两大涌潮景观地：一处在南美洲亚马孙河的入海口，另一处则在中国钱塘江北岸的海宁市。每年农历八月十八，浙江海宁的海潮最有气魄，它的潮头高度有35米，潮差可达89米，蔚为壮观。而南美的亚马孙河口的涌潮比我国钱塘江大潮还要壮观。

▼ 钱塘江大潮

未知的危险航程

　　船只在平静美丽的大海面临着各种各样的危险，如冰山、暗礁、暗流、搁浅等等。人类在海上航行时，总会遇到这些危险，由此而产生航海事故。但人类没有因为危险而停止对海洋探索的脚步，一代又一代的航海家不断征服这危险而神秘的海洋。

在海上迷路

　　在海上也有可能迷路，比如当海面被大雾所笼罩，很有可能导致船只无法分辨方向，进而迷航。在早期航海中，如果发生迷航，船长会通过观测星空，确定船只方位。现在有了多种导航方式，船只迷航的可能性小了很多。

冰山

　　冰山是指从冰川或极地冰盖临海一端破裂落入海中漂浮的大块淡水冰，通常多见于南极洲与格陵兰岛周围。漂浮在海上的冰山一向是轮船的克星，历史上有无数轮船因撞上冰山导致船舱内积水过多最终沉没。冰山都是非常巨大的，北冰洋的冰山高可达数十米，长可达一二百米，形状多样。南极冰山的体积更是巨大无比，很多冰山的长度都超过8千米，有些甚至高达数百米。巨大的冰山对船只航行造成极大的威胁，而有些冰山露出水面的部分过小不易被发现。目前，人们常使用雷达和声呐探测的方法跟踪冰山，每日向过往船只提供两次报告。现在的科学技术已经可以很大程度地避免相撞事件的发生。

▲ 冰山

 经典问答

冰山是怎么形成的？

　　冰山是一块大若山川的冰，脱离了冰川或冰架，在海洋里自由漂流，它多为纯水结冰形成，自由漂浮的冰山约有90%的体积沉在海水表面下。因此，人们无法根据它在水面上的形状来猜测它在水下的形状，这也是为何人们用"冰山一角"来形容严重的问题只显露出表面的一小部分。冰山大多在春夏两季内形成，那时较暖的天气使冰川或冰盖边缘分裂的速度加快。在冰川或冰盖与大海相会的地方，海水不断拍击冰层，使冰川或冰盖末端断裂入海成为冰山。还有一种冰川伸入海水中，上部融化或蒸发快，使其变成水下冰架，断裂后再浮出水面。

▲ 珊瑚和其他石灰质藻类形成的珊瑚礁也是暗礁的形式之一

🚢 隐秘的拦路石——暗礁

暗礁指经常位于海面以下的岩体或礁体，多孤立地分布在海岸带的下部，是海上航行时的禁区，常对海上航运造成危害和损失。为保证航运安全，人们常在海图上标记出它的确切位置，指示船舶行驶经过暗礁时需减速或绕航。在航海史上，因触到暗礁而导致的沉船事件也不在少数。

🚢 暗流

在古代，因为船只吨位小，如果在水流湍急的海峡中遇到暗流，船只很有可能被这股暗流摧毁。在现代，因为船只吨位的增加，航海技术及设备性能的提高，暗流很难对大型客船造成危害。然而在今天，还有许多渔民驾驶轻吨位的小船出海捕鱼。这类船只抗风险能力较差，当灾难来临时，几乎没有有效的躲避手段。因此及时了解相关海域的天气情况，可以帮助避免大部分的海上风险。

▲ 看似平静的海面，海面下实则暗流涌动，给来往的小型船只造成灾难

🚢 搁浅

搁浅曾经是轮船失事的主要原因之一，因为不了解当地的潮汐规律，经常有船只会驶上礁石或沙滩，一旦潮水退去，船只就可能搁浅在上面。即使是现在，船只搁浅的事故也时有发生。

▶ 搁浅的船

战胜飓风

飓风指的是在大西洋或北太平洋东部发生的强大而深厚的热带气旋，广义的飓风也泛指任何热带气旋以及风力达到12级的任何大风。飓风是个脾气暴躁的"坏家伙"，每次发脾气都会给人类带来巨大的灾难。它可以掀起十多米高的巨浪，推进到岸边会叠起一片浪墙，汹涌上岸，席卷一切。但人们并没有在可怕的飓风面前放弃自己的航海梦想，几千年来，人们为了战胜飓风做出了无数努力。

飓风的形成

热带海洋是飓风的老家，飓风形成的条件主要有两个：一是比较高的海洋温度，二是充沛的水汽。热带洋面上空气非常潮湿炎热，如果这时大气里发生一些扰动，就会使空气迅速上升，同时四周的冷空气会补充进来形成旋涡状气团，这种气团就是飓风的温床。如果气团运动更剧烈一些，就会成为飓风。炎热洋面向上翻涌的水汽又为飓风推波助澜，使它能延续比较长的时间。

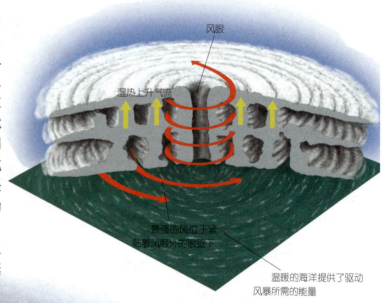

▼ 飓风

没有风的风眼

飓风实际上是范围很大的一团旋转的空气，边转边走，四周的空气绕着它的中心旋转得很急。空气旋转得越急，流动速度越快，风速也越大。飓风中心都有一个风眼，一般风眼越小，破坏力就越大。但因为外围的空气旋转得太厉害，外面的空气不易进到里面去，因此风眼处是没有风的，它就好像一根孤立的大管子一样，几乎不旋转。

飓风的等级与命名

飓风依据对建筑、树木以及室外设施所造成的破坏程度不同而被划分为5个等级。5级为最高级别,即风速大于248千米/时。当大西洋上的热带风暴风速达到63千米/时的时候,人们就会为它们命名。飓风通常以人的名字命名,如阿琳、布雷特、辛迪、卡特里娜等。

▲ 飓风预警信号共分5级,分别是白色、绿色、黄色、红色和黑色。黑色飓风信号最强,表示热带气旋12小时内可能影响本地,平均风力12级以上

飓风的危害

飓风经常给人类带来较大灾害,它一般伴随着强风和暴雨,经常破坏建筑物及设施,并造成车辆的颠覆、失控、无法运行,船舶的流失、沉没,树木、农作物的毁坏等,还会引发山洪暴发,严重威胁人们的生命及财产安全。飓风会对民生、农业、经济等造成极大的冲击,是一种影响较大、危害严重的自然灾害。

▲ 被飓风损毁的船只

▼ 飓风引发的海啸会造成二次灾难

探索之旅
勇斗飓风的故事

2005年8月,"卡特里娜"飓风袭击美国新奥尔良,造成1 000多人遇难。这是美国有史以来经济损失最惨重的一次自然灾害,但在这场灾难中也发生了一些感人的故事。

在新奥尔良,不少居民在房屋被淹之后自发组成了救援团队,积极救助其他灾民。31岁的拜伦·雷恩就是其中之一,他和朋友迈克尔在房屋被淹之后乘坐小船逃生,然后他们在周围的房屋中展开救援,前后大约救出了200人。

飓风过后,幸存者们开始寻找失踪的亲人。年轻的母亲斯科特与1岁的小女儿利娅在洪水中失散。洪水退去后,这位母亲返回灾区寻找自己的孩子。在漫无目的地走了两天后,她竟然在街头意外见到了利娅。当时孩子正躺在一名女警察怀中,据女警察说,在斯科特到她这里之前,已经至少有5家人照顾过这名婴儿。

飓风虽然可怕,但人们并没有退缩。这些故事中表现出来的爱和勇气,会一直给人们希望,提醒人们永远不要放弃。

▲ 卡特里娜飓风造成新奥尔良被洪水淹没

大海在咆哮

在海上扬帆远航、深入各大洋的中心,这样的梦想十分美好,但过程却充满了艰辛。海洋并不总是风平浪静的,有时,它会对着人类发出愤怒的咆哮。海啸是发生在海洋里的一种可怕的自然灾难。它能以每小时上千千米的高速在毫无阻拦的洋面上驰骋,掀起高达几十米甚至上百米的海浪,不仅会掀翻海上的船舶,造成人员伤亡,还会破坏沿海陆地上的建筑。

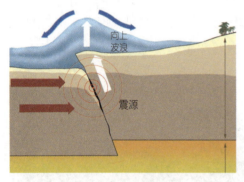

▲ 海底地震引发海啸示意图

海啸形成的原因

海啸是一种具有强大破坏力的海浪,通常由震源在海底 50 千米以内 6.5 级以上的海底地震引起。地震时震波的动力引起海水剧烈的起伏,形成强大的波浪,向前推进。此外,海底火山爆发、陨石撞击、土崩及人为的水底核爆也能造成海啸,不过陨石造成的海啸发生可能性很小。

遥海啸

有一种海啸能横越大洋或从很远处传播而来,使远离海啸发生地的地方遭受灾害,这就是遥海啸,也称为越洋海啸。遥海啸的海啸波属于海洋长波,一旦在源地生成后,在没有岛屿群或其他障碍阻挡的情况下,能传播数千千米并且只衰减很少的能量。1960 年智利发生的海啸也曾使遥远的夏威夷、日本等地遭受严重灾害。

▼ 海啸

世界海啸多发区

全球的海啸发生区大致与地震带一致，如阿拉斯加区域、印度尼西亚区域、日本及周围区域、中国及邻近区域、地中海东北部沿岸区域、新西兰—澳大利亚和南太平洋区域、哥伦比亚—厄瓜多尔北部及智利海岸、中美洲及美国、加拿大西海岸等，另外夏威夷群岛、菲律宾群岛、所罗门群岛等也是世界海啸多发区。

海啸时掀起的狂涛骇浪，高度可达几米至几十米不等，形成"水墙"

海啸带来的危害

海啸给人类带来的危害是十分巨大的。海啸引起的巨浪以摧枯拉朽之势，越过海岸线，越过田野，迅猛地袭击岸边的城市和村庄，瞬间一切都消失在巨浪中。港口设施、被震塌的建筑物，在狂涛的洗劫下被席卷一空。海啸过后，海滩上一片狼藉，到处是残木、破板和人畜尸体。

▲ 海啸掀起的巨浪摧毁城市、村庄

海啸预警的意义

目前，人类对地震、火山、海啸等突如其来的灾变，只能通过预测、观察来预防或减少它们所造成的损失，但还不能控制它们的发生。在大地震之后如何迅速、正确地判断该地震是否会引发海啸，这仍然是个悬而未决的科学问题。但当前的科学技术还是可以为预防和减轻海啸灾害做出一定的贡献。

新知词典

印度洋海啸

印度洋海啸发生在2004年12月26日，是由强达里氏9.3级的大地震引起的。这次地震发生的范围主要位于印度洋板块与亚欧板块的交界处，持续时间长达10分钟。这次地震成为史上第二强震，仅次于1960年智利的9.5级大地震。

这场突如其来的灾难给印度尼西亚、斯里兰卡、泰国、印度、马尔代夫等国造成了巨大的人员伤亡和财产损失。地震引发的海啸甚至波及了远在索马里的海岸居民。海啸发生的地点位于旅游热点附近，加上正值圣诞节的旅游旺季，受灾地区聚集了大量的本地居民和游客，很多旅客成了这次灾难的受害者。在印度洋海啸中死亡的人数高达29万人，这在海啸死亡人数中排名第一。仅印度尼西亚的死亡人数就有23万人，斯里兰卡也有超过4万人死亡。海啸把很多在海边工作的当地人和在沙滩享受假期的旅客卷到海底，因此导致不少人失踪。此外，海啸还造成了印度、印度尼西亚、斯里兰卡、缅甸、泰国、马尔代夫和东非等地200多万人无家可归。

肆虐的风暴潮

在人类几千年实现征服海洋梦想的过程中,与风暴潮的搏斗也是其中值得浓墨重彩的一笔。风暴潮是发生在海洋沿岸的一种严重自然灾害,它的破坏力不亚于飓风和海啸,世界上绝大多数特大海岸灾害都是由风暴潮造成的。风暴潮的影响区域会随大气扰动而移动,因而有时一次风暴潮过程可影响一两千千米的海岸区域,影响时间多达数天之久。

什么是风暴潮?

风暴潮是由热带气旋、温带气旋、冷锋的强风作用和气压骤变等强烈的天气变化引起的海面异常升降现象,又称"风暴海啸""气象海啸"或"风潮"等,我国古代将它称为"潮灾"。风暴潮会使受影响海区的潮位大大超过正常潮位。如果风暴潮恰好与影响海区的天文潮位高潮相重叠,就会使水位暴涨,海水涌进内陆,造成巨大破坏。

风暴潮的分类

科学家通常把风暴潮分为由热带飓风引起的飓风风暴潮和由温带气旋引起的温带风暴潮两大类。飓风风暴潮多见于夏秋季节,其特点是来势猛、速度快、强度大、破坏力强;温带风暴潮多发生在春秋季节,夏季也时有发生,它的一般特点是水位变化较平缓,高度低于飓风风暴潮。

▼风暴潮

风暴潮的危害

风暴潮引起的潮灾不仅在发生时会造成沿海居民巨大的生命财产损失，还可能在过后引起瘟疫、土地盐碱化、粮食失收、耕地退化等，并污染沿海地区的淡水资源，而使人畜饮水出现危机，生存受到威胁。沿海某些海岸也因风暴潮多年冲刷而遭到侵蚀。这种因潮灾带来的灾害，往往几年内都很难消除。

▲ 风暴潮造成的灾难

风暴潮预警

如果能提前预警，就能大大降低风暴潮灾害带来的损失。我国目前已经针对风暴潮建立了完备的应对方案及措施。首先，建立了海洋领域应对气候变化业务化监测和评估体系；其次，建立了风暴潮预警预报系统，增加新的观测站点和观测的密度；最后，针对高风险区提出了具体的应急预案。

探索之旅
千里防潮长城——范公堤

在我国，千百年来沿海风暴潮肆虐最甚的地方往往是在平原海岸地带，因此，筑堤防潮是沿海群众防御潮灾最有效的方法之一。在过去已建成的防潮堤坝中，最负盛名的莫过于范公堤。

范公堤是当地群众为纪念北宋时期范仲淹主持修建的捍海堤坝而命名的。范仲淹调任泰州西溪盐仓监时，发现这一带风暴潮成灾，百姓连年饥荒，因此上书建议修复捍海堰。有人指责他越职言事，范仲淹回敬道："我乃盐监，百姓都逃荒去了，何以收盐？筑堰挡潮，正是我分内之事！"他不顾这些人的反对，征集兵夫开始兴筑海堰。筑堰期间又遇到风暴潮来袭而不得不暂时停工，反对的声音就更大了。范仲淹却始终坚持，并表示若朝廷追究，他愿一人独担其咎。几年后，捍海堰终于完工。这条防潮堤坝挡住了伤害庄稼的潮水，百姓的生活逐渐安定下来，以前外出逃荒的几千民户也回归了家乡。

斗转星移，沧海桑田。如今的范公堤虽然已经失去了捍海的功能，但范公堤和范仲淹"先天下之忧而忧，后天下之乐而乐"的精神，已永载史册，流芳百世。

我国的风暴潮灾害

在我国，几乎一年四季均有风暴潮灾害发生，并遍及整个中国沿海区域，其影响时间之长、地域之广、危害之重均为西北太平洋沿岸国家之首。据史料记载，有一次风暴潮曾淹死10万余人，海水侵入内陆30~40千米。新中国成立后发生的风暴潮灾害也屡见不鲜，2005年由此造成的经济损失为历年之最。

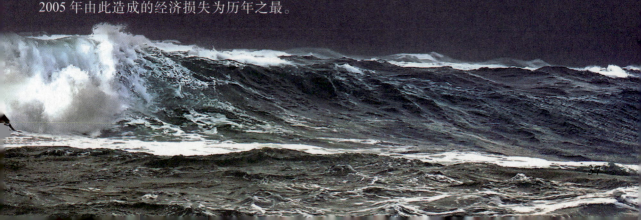

在海雾中前进

海雾是海洋上的危险天气之一,是在海洋影响下生成于海上或海岸区域的雾。它对海上航行和沿岸活动有直接影响,能使客船、商船、渔船和舰艇等偏航、触礁或搁浅。人们的航海活动常因海雾而受阻,甚至造成海难。但人们并没有因此停下脚步,而是积极探索,研究海雾的成因、类型和特点等,在迷蒙的海雾中踽踽前行,继续着心中永不停止的航海梦想。

海雾的形成条件

海雾是海面低层大气中一种水蒸气凝结的天气现象。因它能反射各种波长的光,所以常呈乳白色。雾的形成要经过水汽的凝结和凝结成的水滴(或冰晶)在低空积聚这样两个不同的物理过程。在这两个过程中还要具备两个条件:一是在凝结时必须有一个凝聚核,如盐粒或尘埃等,否则水汽凝结是非常困难的;另一个是水滴(或冰晶)必须悬浮在近海面空气中,使水平能见度小于1千米。

▲ 大多数常见的海雾为平流冷却雾

海雾的类型

海雾因产生的原因不同,可分成4种类型:平流雾、混合雾、辐射雾和地形雾。平流雾是因空气平流作用在海面上生成的雾,包括平流冷却雾和平流蒸发雾两种;混合雾是由于海上风暴后水汽达到饱和状态的空气与从别处来的冷、暖空气混合而形成的;辐射雾包括浮膜辐射雾、盐层辐射雾、冰面辐射雾三种;地形雾则是由于岛屿、海岸等不同的地形造成的。

平流冷却雾

海雾的类型很多,但范围大、影响严重的,主要是平流冷却雾。这种海雾的特点是雾浓,持续时间长,严重的大雾可持续1~2个月。在世界众多著名海雾区出现的海雾,大都是平流冷却雾,其中以中高纬度大西洋的纽芬兰岛为中心和以北太平洋千岛群岛为中心的两个带状雾区最为显著。此外,大洋东岸低纬度信风带上游的雾,如太平洋东岸的加利福尼亚外海和秘鲁外海,大西洋东岸加拿利群岛以南的海域,也都是这类雾区。这些海域的海雾多在春夏盛行,以夏季为最。

探索之旅

雾沉东海的考察船

"向阳红16号"考察船是我国于1981年建造的,排水量4400吨,最大航速19节,续航力达1万海里,抗风力12级。船上装有先进的通信导航设备,以及海洋各学科的实验室和仪器,可在除极区以外的大洋海域进行海洋综合科学考察研究工作。它曾5次赴太平洋进行多金属结核资源的考察任务,并多次在我国近海执行海洋科考工作。

1993年5月2日清晨,"向阳红16号"考察船在浓密的海雾中艰难行走。突然,只听"咣"的一声巨响,考察船的船身开始剧烈震动,船舱里的东西也纷纷落地。船上的人以为是触礁了,但很快就发现,他们是和塞浦路斯"银角号"货轮在雾中相撞了。考察船的右舷受损,很快就沉没在了东海之中,有3名科考人员因舱门变形无法打开,与船体一起沉入了海底。这次海雾中的事故造成了近亿元的经济损失,严重影响了我国向国际有关组织承诺的大洋锰结核考察任务的完成,是中国海洋地质调查史上首次重大的海难事故。

平流蒸发雾

平流蒸发雾是由于海水蒸发使空气中的水汽达到饱和状态而形成的雾,多见于冷季的副极地或冰山和流冰的外缘水域,雾层薄,形似炊烟。但当它在春秋季节与平流冷却雾在中、高纬度海域交替出现时,也常构成大片浓雾区。

▶ 平流蒸发雾

雾断金门

来自西侧太平洋上的海雾乘西风经大桥进入南北向的旧金山海湾时,常常把大桥突然淹没。当雾区边缘经过大桥时,便会出现"断桥"的奇景,这就是所谓的"雾断金门"的美景。

▼ 雾断金门景观

海上"白色灾害"

海水的温度并不是一直不变的,当周围的气温降低时,海水就可能冻结成冰,对人们的航海活动造成威胁。人们将海冰称为海上的"白色灾害",它也是海洋的主要灾害之一。海冰主要是指直接由海水冻结而成的咸水冰,也包括进入海洋中的大陆冰川(冰山和冰岛)、河冰及湖冰。为了减轻海冰对航海的影响,人们对海冰进行了探索和研究,梦想着有一天能完全克服这种海上"白色灾害"。

▲ 海冰

海冰的形成和发展

最初形成的海冰都是针状或薄片状的细小冰晶,称为初生冰;随后大量冰晶聚集和凝结,并在风力、海流、海浪和潮汐的作用下,互相堆叠而成重叠冰和堆积冰;进一步冻结后,成为漂浮于海面的冰皮或冰饼,也叫莲叶冰;继而形成糊状或海绵状的冰;海面布满这种冰后,便向厚度方向延伸,形成覆盖海面的灰冰和白冰。

海冰的分类

海冰按运动状态可分为固定冰和漂浮冰。前者与海岸、岛屿或海底冻结在一起,多分布于沿岸或岛屿附近,其宽度可从海岸向外延伸数米至数百千米;后者自由漂浮于海面,随风、浪、海流而漂泊。漂浮冰也有海冰和陆冰之分,海冰由海水冻结而成,陆冰则是大陆上的冰破裂后流入海中的,也称为冰山。

▼ 海面漂浮冰

海冰的盐度

海冰的盐度是指其融化后海水的盐度，它的高低取决于冻结前海水的盐度、冻结的速度和冰龄等因素。冻结前海水的盐度越高，海冰的盐度也越高。结冰时气温越低，结冰速度越快，来不及流出而被包围进冰晶中的卤汁就越多，海冰的盐度自然要高。在冰层中，由于下层结冰的速度比上层要慢，所以盐度随深度的加大而降低。而当海冰经过夏季时，冰面融化也会使冰中卤汁流出，导致盐度降低。在极地的多年老冰中，盐度几乎为零。

海冰的抗压强度

海冰的抗压强度主要取决于海冰的盐度、温度和冰龄。通常新冰比老冰的抗压强度大，低盐度的海冰比高盐度的海冰抗压强度大，所以海冰不如淡水冰坚硬。当然，冰的温度越低，抗压强度也越大。1969年渤海特大冰封时期，为了解救船只，空军曾在60厘米厚的堆积冰层上投放30千克炸药包，结果还没有炸破冰层。

冰山属于陆冰，是海冰的一种

海冰的危害

海冰对港口和海上船舶等都有很大的破坏力。海水结成冰时的胀压力可以使冰中的船只变形而受损。此外，冻结在海上建筑物四周的海冰受潮汐升降引起的竖向力，往往会造成建筑物基础的破坏。海冰运动时的推力和撞击力也是巨大的，它能将好几百吨重的钢筋完全割断摧毁。可见，海冰的破坏力对船舶、海洋工程建筑物带来的危害是多么严重。

▲ 海冰造成的海难

新知词典

渤海大冰封

1969年2月，渤海发生百年不遇的大冰封灾害，整个渤海被几十厘米至几米厚的坚冰封堵了50天之久。浩瀚的渤海在冷空气持续不断的袭击下开始出现海冰，并且范围迅速扩大。汹涌澎湃的渤海沿岸顿时凝固，变成了一个"冰塑"的世界。

渤海大冰封灾害给人们的生产生活带来了巨大的损失。当月进出天津港的100多艘客货轮中，有7艘被海冰推移搁浅，19艘被海冰夹住不能动，25艘由破冰船破冰后才得以逃脱，还有5艘万吨级货轮螺旋桨被海冰碰坏，1艘巨轮被海冰挤压破裂进水，引水船螺旋桨也被海冰碰坏、船体变形，航标灯全部被海冰挟走。不仅如此，天津港务局观测平台也被海冰推倒，海洋石油1号钻井平台支座拉筋被海冰割断而倒塌，2号钻井平台也被海冰推倒。不冻港的塘沽港、秦皇岛港也遭海冰灾害，损失惨重。

神秘的"圣婴"

相传很久以前，居住在秘鲁和厄瓜多尔海岸一带的古印第安人很注意海洋与天气的关系。他们发现如果在圣诞节前后，附近的海水比往常格外温暖，不久便会天降大雨，并伴有海鸟结队迁徙等怪现象发生。古印第安人出于迷信，称这种反常的温暖潮流为"圣婴"，即"厄尔尼诺"。厄尔尼诺是一种海洋中的异常天气现象，人们至今对这种现象仍有许多不解之处。这一切未解的谜团，仍在等待着人们继续探索。

厄尔尼诺暖流

在南美洲西海岸、南太平洋东部，自南向北流动着著名的秘鲁寒流。正常情况下，这个区域盛行东南信风，风把表层暖水向西太平洋输送，使那里的海水温度升高，东太平洋则由于下层冷海水上涌而导致海面温度降低。可是每隔数年，这种模式就会被打乱一次，这时东南信风减弱，东太平洋冷水上翻现象消失，表层暖水向东回流，导致秘鲁寒流水温反常升高。这股不固定向东回流的洋流，就是"厄尔尼诺暖流"。

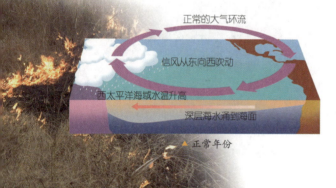

周期性现象

厄尔尼诺现象是大自然气象循环的一部分，它的反复出现具有一定的周期性，每2~7年循环发生一次，对全球天气产生的影响可能长达1年。近30年以来，厄尔尼诺现象的出现规律大致是：1986—1987年、1991—1994年、1997—1998年、2002—2003年、2004—2005年、2006—2007年、2009—2010年、2014—2016年。

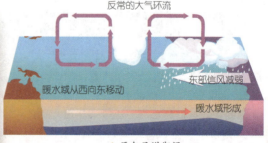

▲ 厄尔尼诺期间

◀ 厄尔尼诺期间，气候反常造成的森林火灾

新知词典

"拉尼娜"现象

"拉尼娜"是西班牙语"圣女"的意思,指的是赤道太平洋东部和中部海面温度持续异常偏冷的现象,是热带海洋和大气共同作用的产物。它的特征是和厄尔尼诺现象完全相反的,而且总是出现在厄尔尼诺现象之后,因此也被称为"反厄尔尼诺现象"。

拉尼娜现象常与厄尔尼诺现象交替出现,但发生频率要比厄尔尼诺现象低。随着厄尔尼诺的消失和拉尼娜的到来,全球许多地区的天气与气候灾害也将发生转变。拉尼娜的"性情"也并非是十分温和的,它的气候影响与厄尔尼诺大致相反,其强度和影响程度虽然不如厄尔尼诺,但它的到来也可能会给全球许多地区带来灾害。现在,拉尼娜现象与厄尔尼诺现象已经成为预报全球气候异常的最强信号。

形成原因

厄尔尼诺现象维持3个月以上,人们就会认定是发生了厄尔尼诺事件。对于形成厄尔尼诺现象的原因世界上至今尚无定论。目前,科学界大致有三种观点:第一种认为厄尔尼诺现象是由大气层或是海洋运动周期性变化而成;第二种认为厄尔尼诺现象与地球自转速度的变化有某种对应关系;第三种认为厄尔尼诺现象与太平洋海底地壳的活动,如火山、地震等有关。另外,也有人指出,厄尔尼诺现象的产生与温室效应有一定的关系。

▲ 厄尔尼诺现象带来的洪水淹没村庄

巨大的灾难

厄尔尼诺现象给人类带来了一系列灾难。上一次较严重的厄尔尼诺现象发生在1998年,它致使澳大利亚和亚洲上千人死亡,对农作物、基础设施和采矿业造成的损失高达数十亿美元;它还直接引发了东南亚的森林大火,导致南美渔业资源骤减,引发巴布亚新几内亚的大旱,致使70万人受到威胁。而我国也受到厄尔尼诺现象的影响,遭遇了一场多流域的特大洪水。如今,厄尔尼诺现象已成为气象和海洋界研究的重要课题。

◀ 厄尔尼诺现象造成的北美暴雪天气

▼ 厄尔尼诺现象造成的干旱现象

坚定信念，开启追梦航程：航海知识篇

广阔的海洋犹如一张蓝色毯子铺在地球表面，生活在陆地上的人类，一直梦想着去看看海洋的另一边是什么。于是，他们带着坚定的信念，开启了自己的追梦航程。他们越过了大片海洋，发现了一个又一个小岛、一片又一片海域……在这漫长的历程中，人们积累了丰富的航海知识，从指南针的发明、航海图的出现，到海上丝绸之路、郑和下西洋，再到轮船的出现和发展，人们在长期的航海实践中展现了开发海洋、利用海洋的执着和勇气。

早期的船

在探索和认识世界的过程中，人类的脚步越迈越大。看到一湾清水或一片汪洋将自己生活的地方与其他地方隔离，人们便想打破这重水的障碍，到水的那一端去看一看。通过长时间的观察了解，人们渐渐发现，其实很多东西都可以成为他们通过水面的工具。于是，人们充分利用身边的各种材料，开始了不断的尝试。

原始材料的使用

芦苇、树皮、原木等可以浮在水面上，慢慢向前移动，人类或许从这里受到启发，开始研究这些东西，于是这些天然的材料就成为人们制作水上交通工具的宝贝。有人把芦苇扎成一个巨大的包，双手紧紧地抱着芦苇包顺利地过河了；也有人用原始的石斧、石刀等将树木砍倒，静静地趴在上面，也安全地过河了。这样，原始水上交通工具就诞生了。

▲ 芦苇船

奇妙的葫芦船

葫芦在人们的日常生活中用途非常广泛，可以做容器、做装饰、做乐器、收藏物品、作为舀水的器皿，甚至未成熟的葫芦还是人们餐桌上的一道佳肴。在早期，人们将多个葫芦串在一起，拴在腰间，就可以过河了，这种葫芦叫作"腰舟"。过河的时候，人借助葫芦这种非常有趣的渡水工具，漂浮在水面上，缓缓驶向目的地。

船的雏形

很早的时候，中国就有"伏羲氏刳木为舟，剡木为楫"的记载。这种方法就是将整个树木砍倒后，利用火烧或者石斧砍凿，直接将其掏空形成。它已初步具备了船的基本特征，拥有船底、船舷和船舱，可以方便地运载人和物。可以说，独木舟是现代船只的雏形。

◀ 在非洲的赞比西河两岸，居民们仍然在使用独木舟渡河

独木舟的发展

人们在独木舟的基础上,给上面加上了木板,就形成了早期的"木板船"。它的结构很简单,仅仅加装了一块木板用来扩大装载量。但它的出现使船舶的发展向前迈了一大步,其形态和功能更加接近于现代的船舶。

▲ 独木舟

▶ 木板船

舒适的皮囊船

人们经过不断探索,发现给皮囊里充满气体,皮囊也可以漂在水面上。于是,人们就开始骑着这样的皮囊渡河。皮囊充气后非常柔软,即使长时间骑着也会很舒服。后来,人们在皮囊上绑上了木板或竹板,这样双腿就不用长时间地浸泡在水里了。皮囊的出现使人们在渡河的过程中也可以随心所欲地欣赏沿岸的美景,陶冶性情。

▲ 皮囊船

探索之旅
大禹造舟的传说

在中国古代,关于独木舟的诞生有很多传说,而其中最为著名、流传最广的就是大禹造舟治水的传说了。

在上古的尧、舜时代,洪水经常泛滥,淹没了大片土地。大禹的父亲名叫鲧,他接受了当时的部落联盟首领尧的命令,负责治水。然而,他治水方法不得当,不懂得兴修水利,用了整整9年时间,也没有能够控制洪水的泛滥。

舜继承了尧的王位后,便命令鲧的儿子禹继承父亲未竟的事业,负责全国的治水。禹的治水方法极其有效,但为了指挥治水工程,禹需要一个可以载着他在水上来回航行的工具。于是,他决定找一棵很大的树,以便可以浮起他及随从。可他找了许多地方,都没有找到一棵足够大的树。后来,他听说四川梓潼尼陈山上有一棵直径一丈多的大梓树,就带着木匠去砍伐。并用这棵大梓树造了一只既宽大又轻巧的独木舟。禹乘坐这只独木舟,辗转各地,经过13年的努力,终于制服了洪水,消除了水患。

借助风来航行

早期的船主要依靠人力划水前进,帆船的出现对人力是一次巨大的解放。在广阔的河面和海洋上,没有任何障碍物的遮挡,风能是取之不尽、用之不竭的能源。帆就好像是船的翅膀一样,船在风的作用下航行得更快更好了。从此,人们扬帆起航,开始了更远的航海旅程。

帆的出现

没有人能够确切地说出帆到底是什么时候在哪里出现的。似乎在长期的实践中,帆就这样不知不觉地走入了人类的生产和生活。也有观点认为,发明帆的人是受了一种叫鲎的动物的启发。风帆要借助于桅杆在船上升起,将风力收集,带动船体顺风而行。一般情况下,帆的面积越大,收集到的风力就越大,船的航行速度就越快。

▶ "五月花"号帆船模型

传奇的故事

关于帆的起源,还有一个传奇的故事。巴比伦英雄吉尔加麦西在渡海时遇到死水,摆渡的人让他制作一根长 5.5 米的篙。可是由于海实在是太深了,120 根这样的篙接在一起都没能撑到海底。吉尔加麦西急中生智,用自己的衣服做帆,借助风力使船开始航行。

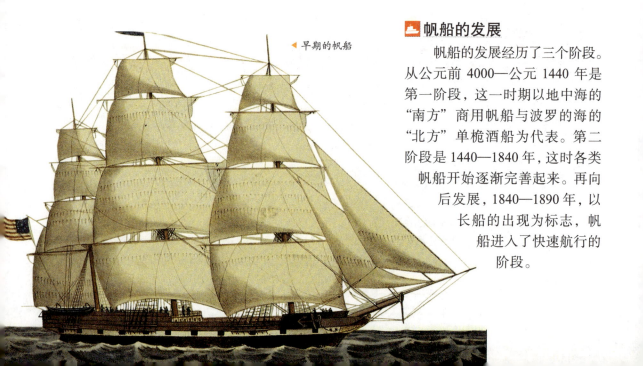

◀ 早期的帆船

帆船的发展

帆船的发展经历了三个阶段。从公元前 4000—公元 1440 年是第一阶段,这一时期以地中海的"南方"商用帆船与波罗的海的"北方"单桅酒船为代表。第二阶段是 1440—1840 年,这时各类帆船开始逐渐完善起来。再向后发展,1840—1890 年,以长船的出现为标志,帆船进入了快速航行的阶段。

可逆风行驶

借助风力也有它的不足之处，就是必须得顺风航行。到了公元886年，人们制造出了可以逆风行驶的"三角帆船"，也有人称它为"纵帆"。这种方法是把船帆调整到特殊的角度，将风的推动力转化成为一种吸力，船舶可迎着风走"之"字形路线。

▲ 三角帆船

中国的帆船

东汉出现的平衡纵帆是中国独创的。这种帆在桅前后面积的比例不同，使风的压力中心移至桅后，而又距桅杆很近，故帆的转动较省力。这种帆的出现标志着中国木帆船逆风航行能力已达到成熟阶段。我国航海技术的发展基本与帆船的发展同步，帆船是我国古代海洋社会经济与文化发达的物质基础，直到清代以后才被西方生产的洋轮取代。

▲ 早期的水手

水手工作

帆船的航行需要特殊的工作人员来控制，这种特殊的工作人员就是水手。在人们眼中，水手是一个充满传奇色彩的工作，它甚至是很多年轻人梦寐以求的职业。其实水手的工作并不简单，他们要适时观察水面的情况对船做出调整，还要接受水面上各种恶劣天气条件的考验。因此要做一名合格的水手，需要具有很好的身体素质与反应能力。

帆船运动

如今的帆船已不仅仅局限于交通运输了，帆船运动成为一项全球性的体育项目。比赛用的不是大型帆船，而是一种结构非常简单的单桅船，由船体、桅杆、舵、稳向板、索具等部件构成。这个项目最早源于16—17世纪的荷兰，现已发展成为世界级的体育赛事。

▼ 帆船运动

新知词典

国际帆船联合会

国际帆船联合会，简称"国际帆联"。国际帆联的正式用语为英语，1907年成立于法国巴黎，创始国是英国。现在国际帆联的总部设在英国伦敦，有协会会员121个。代表大会是国际帆联的最高权力机构，每4年召开一次，讨论国际帆联的有关工作。在大会闭幕期间，则由理事会行使代表大会的权力。理事会由国际帆船联合会主席、6名副主席、30名以内的理事，以及4个专门委员会代表和无表决权的司库组成。

古老的战船

自古以来，人类就没有停止过战争。为了取得战争的胜利，每一个古老的民族都创造了自己的战争工具和武器，其中包括战船。战船是古人进行海上作战的重要装备，有些由商船改造而成，有些由政府专门打造。不像现代人，古人的科技水平有限，他们的战船都是靠人力、风力或洋流来驱动，所以在实际运用中有很大的局限性。

古希腊战船

早在公元前1000多年的"特洛伊战争"中，古希腊人就已经利用战船进行海上作战了。古希腊的战船是由人力来驱动的，负责划桨的大多是奴隶。这些战船都装有削尖的长木柱和长木板，前者可以用来撞击敌方的船只，后者可以帮助士兵登上敌方的战船与敌人进行肉搏。

▲ 萨拉米湾海战是希波战争期间波斯海军和希腊联军之间进行的一场战争

三列桨座战船

三列桨座战船是古代腓尼基人、古希腊人和古罗马人使用的一种战船，由早期的一边一排桨或一边两排桨的战船改造而成。由于大大增强了"发动机"的驱动力，三列桨座战船行动更加快速和敏捷。公元前7世纪—公元4世纪，三列桨座战船在地中海的海战中起主导作用。在著名的波斯战争中，三列桨座战船帮助雅典树立了海上强国的地位。后来，罗马共和国决定打造海军，也是以三列桨座战船为主要作战船只。

▲ 公元前480年的希腊三列桨座战船

大翼战船

中国最早大规模使用战船可追溯到武王伐纣时期（公元前1000年左右）。武王为了推翻残暴的商纣王，动用了47艘战船横渡黄河。到了春秋时期，中国已经发展出各种各样的战船，其中最大的是"大翼战船"。大翼战船最早出现于吴国，总长近30米，宽4米，相当于后来秦始皇巡游的"巨型龙舟"的大小。船上可以容纳90多人，靠人力划桨来驱动。大翼战船船体修长，疾行如飞，作战威力很大，是当时的主要战船。

▲ 楼船

楼船

楼船是中国古代的一种战船，因船体高大、外观似楼而得名。楼船最早出现于春秋战国时期的越国，但最早投入战争则是在吴国。公元前525年吴楚长岸之战时，吴军的指挥战船"余皇"就是一艘大型楼船。两汉时期，楼船开始成为水战主力，在汉武帝发兵攻打越南和朝鲜的战争中，楼船发挥了重要作用。楼船以摇橹的方式驱动船只，并且用舵进行操控，这一技术远远领先于同时期的古希腊、古罗马的技术水平。

龟船

1591年，朝鲜全罗左道水军节度使李舜臣将军为了应付外敌入侵，打造了一种战船，形状极像乌龟，所以叫"龟船"。龟船长30多米，船首竖立着一个龙头，可以喷出像雾气一样的硫黄气体，不仅能扰乱敌人的舰队阵型，还有助于船只在敌军舰队中穿梭时隐蔽自身。龟船人员组成通常包括70名划桨手和50~60名水兵，另外还有一名指挥官。在朝鲜王朝抵抗日本战船的侵略中，龟船发挥了重要作用，因而威名远播。

▲ 龟船

探索之旅
赤壁之战

东汉末年，诸侯割据，社会混乱。曹操统一北方之后，一心想消灭南方的蜀国和吴国，一统天下。

公元208年，曹操率领20万大军南下，对外号称80万人。那时，蜀国的刘备只有2万人，而东吴的孙权也只有3万人，如何抵挡得了曹操的"80万"大军呢？有的大臣主张投降，有的大臣主张抗击，还有的犹豫不决，拿不定主意。

曹操的士兵多是北方人，不习惯坐船，也不会水战。曹操为了方便士兵作战，命人把所有的战船用铁链连在一起，然后在上面铺上木板。诸葛亮是刘备的军师，他和东吴的周瑜都看出了曹操这一举动的致命危害，于是决定联合起来，用火攻的办法对付曹操。

▲ 赤壁之战遗址

首先，他们用反间计除掉了曹操部下熟悉水战的蔡瑁和张允。曹操没有了水军将领，再加上本来就有点骄傲自满，丝毫没有察觉到即将到来的灾难。开战那天，借着强劲的东风，蜀吴联军将几艘火船推向曹操。曹操的战船由于被铁链连着，无法自由行动，在猛烈的火势之下，被烧得片甲不留。最终，曹军大败而逃。

古人云："满招损，谦受益。"原来一点都不假啊！

最初的探索

航海是人类在海上航行，跨越海洋，由一方陆地去到另一方陆地的活动。人类在新石器时代晚期就已有航海活动，但很早以前航海是一种冒险行为，因为人类的地理知识有限，彼岸是不可知的世界。随着航海技术的发展，航海逐渐地从冒险行为转变为一种商业行为，出现了航海贸易，世界也被连通起来。

▲ 古希腊航海家

最早的航海

人类在新石器时代晚期就已有航海活动，当时中国大陆地区制造的一些物品在台湾岛、马来群岛等地均有发现。公元前4世纪希腊航海家皮忒阿斯就驾船从现在的马赛出发，由海上到达易北河入海口，成为西方最早的海上远航。中国在汉代时就已远航至印度，把当时的罗马帝国与中国联系起来。

早期航海特点

在早期的科学技术条件下，航海是靠山形水势及地物为导航标志，属地文航海；而以星辰日月为引航标志的，则属天文航海技术的一种。指南针是古代中国四大发明之一，宋代将其应用到航海上，解决了海上航行的定向问题，也开创了仪器导航的先河。现代船上使用的罗盘，是12世纪船用罗盘传入欧洲后，由英国人开尔文改进了的海军型罗盘。

▼ 指南针

▲ 指南针、星盘、海上地图等工具，是早期的航海家们必备的装备

勇敢的探索者

早期的远洋航行意味着冒险,因为人们无法准确测量经度,而木制船壳无法抵抗船蛆的侵蚀,船上储备的食物不适于长期航行,船上的卫生与生活条件也十分糟糕。然而冒险家们依然勇敢地对未知世界进行探索,他们的探索极大地扩展了人类对整个世界的了解。

▲ 麦哲伦(1480—1521年),葡萄牙航海家,第一个做环球航行的人

◀ 1492年,意大利航海家、探险家哥伦布发现美洲大陆

沟通世界的航海

在大航海时代,伴随着新航路的开辟,东西方之间的文化、贸易交流开始大量增加,殖民主义与自由贸易主义也开始出现。欧洲在这个时期快速发展起来,这也奠定了其超过亚洲繁荣的基础。新航路的发现对世界各大洲在数百年后的发展也产生了久远的影响。对除欧洲以外的国家和民族而言,地理大发现带来的影响则是复杂而矛盾的。

▲ 随着新航路的开辟,许多土著居民被奴役、杀害,他们的资源被掠夺,文化遭到重创甚至毁灭

探索之旅
开尔文的贡献

开尔文(1824—1907年),英国著名的物理学家,他从小聪明好学,尤其是对数学特别热爱。很小的时候,他就和父亲一起在格拉斯哥大学旁听数学课,这段时光对他来说是非常难忘的。后来大学毕业后,开尔文有幸回到自己喜爱的格拉斯哥大学执教,而且在这里一待就是53年。在执教的过程中他发明和改进了许多新奇有趣的东西,其中有一部分还对人们安全航海产生了重要的影响。

早期远洋航海充满各种不确定因素,可以毫不夸张地说是用生命在冒险,因为没有先进的航海仪器,人们只能凭借经验在海洋中一次次地去探索。但是开尔文以后的时代就大不一样了,他为人们的远洋航海提供了很多便利。为了航海的需要,他发挥自己的聪明才智改进了航海罗盘,制造了潮汐预报器和潮汐分析器。有了这些先进仪器的帮忙,人们远洋航行时,就有了更大的把握。

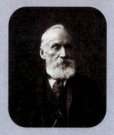

▲ 开尔文

探索地中海

地中海因其重要的地理位置及优越的自然环境，航海事业起步较早，发展得较为繁荣。地理大发现对全世界尤其是欧洲产生了前所未有的巨大影响，它让地中海沿岸的经济活动进入了数千年来最活跃的时期。

地中海的变迁

起初，地中海的权力和财富掌握在意大利人与希腊人手里。随着15世纪君士坦丁堡的陷落，阿拉伯人开始在地中海上占据主导地位。后来，葡萄牙与西班牙进行了收复失地运动，发现了新航路并进行了环球航行，意大利城邦失去了他们对东方贸易的垄断，欧洲的重心转移到伊比利亚半岛上。

▲ 地中海作为陆间海，风浪较小，沿岸海岸线曲折，岛屿众多，拥有许多天然良港

航海的民族

古希腊是一个热爱航海的民族，航海使希腊文明从爱琴海向整个地中海扩散。地中海最早的、最有名的航海民族是腓尼基人，他们航遍了整个地中海。那么腓尼基人有没有走出地中海呢？据西方历史学之父希罗多德的一个有趣记载，很多学者推断腓尼基人曾经用3年的时间绕航非洲一圈。

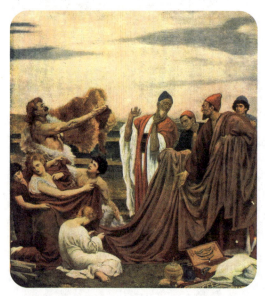

▲ 腓尼基人凭借先进的航海技术，成为地中海上的精明商人

▲ 腓尼基人胸像

敢下五洋捉鳖

地中海与古罗马文明

罗马人统一整个地中海后，地中海成为当时罗马帝国的内海。罗马人不仅在地中海航行，其航行触角还远远超出地中海。罗马征服埃及后，红海就在罗马人的控制之下，他们不仅继承了托勒密王朝的航海事业和航海遗产，而且掌握了印度洋信风的秘密，所以可以航行到很远，直到印度东海岸，乃至越南南方河口。

▲ 托勒密王朝时期的亚历山大港不仅是埃及的第二大城市和亚历山大省的省会，也是地中海上著名的港口

地中海与阿拉伯帝国

阿拉伯帝国史称"大食"，为了建立横跨三大洲的大帝国，半牧半商的阿拉伯人东征西讨。他们沿着地中海西征，一直到达大西洋。之后阿拉伯人又挥师北上，占领整个伊比利亚半岛，翻过比利牛斯山，到达法国南部的都尔，在那里遭到欧洲基督教联军的抗击才退了回去。

▶ 15世纪中期，阿拉伯人攻破拜占庭首都君士坦丁堡后，地中海地区的霸权从罗马人手中被分割为二

经典问答

为什么说地中海是地球上最古老的海域之一？

陆间海又称陆间地中海，即由几块陆地所环绕的海。在地球上，陆间海的面积大约占大洋总面积的8.2%。在所有陆间海中，最为著名的则要数位于欧、亚、非三大洲之间的地中海。

地中海的西端通过直布罗陀海峡与大西洋相通；东北部由爱琴海通过达达尼海峡、马尔马拉海和博斯普鲁斯海峡与黑海相连，东南面通过苏伊士运河出红海可达印度洋。关于地中海的成因，海底扩张和板块构造说认为今天的地中海是特提斯海（古地中海）的残存水域。中生代时，特提斯海的范围逐渐缩小，海底扩张造成大陆板块不断漂移，形成了地中海。所以，许多地质学家认为，今天的地中海，实际上是中生代（距今22 500万年）到新生代中新世（距今1 200万年）间，非洲板块和欧亚板块经历了非常复杂的相对运动而形成的。因此他们认为地中海是地球上最古老的海域之一。

汉代的航海技术

汉代是中国历史上第一个航海盛世。这个时期开辟了著名的陆上丝绸之路,以及后来被称为海上丝绸之路的中国通向印度洋的海上通道。这两条伟大通道开辟的标志分别是张骞出使西域和汉使南航。其中汉使南航充分体现了汉代先进的航海技术,也充分体现了人们为追寻梦想所做出的不懈努力。

南航经过

据《汉书·地理志》记载,汉武帝派"属黄门"的"译长"作为使者,带着黄金等物品出访东南亚和印度等国家。汉朝使者从中国最南端日南(今越南中部)、徐闻等港口出发,南航到马来半岛南端转而西航,穿过马六甲海峡,抵达印度南部和锡兰(今斯里兰卡),然后从锡兰返航,经过苏门答腊,回到日南上岸,整个航程大约历时2年。

▲ 中国最南端的徐闻县距离东南亚最近,又可绕着海边船,安全可靠。因此,这里就成为中国汉代海上对外经商交往的最早港口,成为汉朝的重要口岸,现代人称之为"海上丝路始发港"

▲ 汉武帝极力开辟海上交通,致力于与海上各国往来。在汉武帝的努力下,汉朝先后开辟出两条重要的海上航线

收获

《汉书·地理志》中还记载,汉朝使者在所访问的国家都受到了热情的接待,"所至之国皆禀食为藕,蛮夷贾舶,转送致之"。汉朝使者所带去的黄金等物品,除了作为礼物相赠之外,还在当地市场上用来交换当地物品,一些明珠、琉璃、奇石、异物等纷纷被带回国。

汉代的引航术

在沿海航行中，根据山水地势来引航在航海学上称为"地文引航"或者"引航术"。然而当船舶在看不见大陆的海洋中航行时，人们则会采用天文航海技术来引航。《汉书·艺文志》的"天文类"中有"海中占验"存目136卷，尽管只有卷目而无内容，但是不难判定它应该是当时的天文导航著作。比如《海中二十八宿国分》有28卷，《海中二十八宿臣分》也有28卷。中国古代天文学把天空划分为28个星空区，称为"二十八宿"，并按照列宿划分它们所对应的地面区域。航海有了这样的"海中占验"的卷册，就很容易判定船舶所在的地域和知道航行的方向了。当时人们能否在海上做出精确的船舶定位，我们今天还不能确定，但是它至少可以保证船舶不会在海上迷航。

▲ 中国古代天文学中的二十八宿

意义非凡

汉代航海在中国古代航海史上具有划时代的意义。汉使南航标志着中国与东南亚、南亚国家海上友好交往开始了。这是中国历史上第一次有准确、详细记载的海上远航，也是中国有史记载以来第一次从海路向国外派遣使节，更是中国有史记载的第一次从海路抵达印度、第一次从太平洋进入印度洋。此外，这次远航所到达的印度半岛的南部和今天的斯里兰卡，刚好可以使中国和西方的罗马帝国连接起来，从而构成了一条贯通欧、非、亚的海上航线。

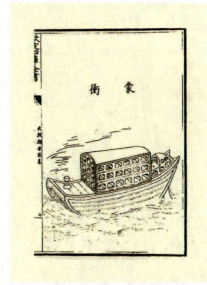

▶ 汉代已掌握了帆舵配合的季风航海术，据《汉书》记载，在季风盛行期，汉代的楼船曾攻打南越和东越。右图所示为汉代的三层楼船——艨艟

新知词典

海上丝绸之路

丝绸之路是当时对中国与西方所有来往通道的统称，实际上并不是只有一条路。除了我们所熟知的陆上丝绸之路以外，还有一条经过海路到达西方的路线，这就是所谓的海上丝绸之路。其实，在陆上丝绸之路之前，已有了海上丝绸之路。它主要有东海起航线和南海起航线，形成于秦汉时期，发展于三国隋朝时期，繁荣于唐宋时期，转变于明清时期，是已知的最为古老的海上航线。

海上丝绸之路不仅仅运输丝绸，而且也运输瓷器、糖、五金等出口货物和香料、药材、宝石等进口货物。其中，陶瓷为主要出口物品。

中国航海的飞速发展

唐、宋、元时期中国的航海有了飞跃式的发展。海上航线不断扩展,乐于在海上探索的人越来越多,除了我们熟知的法显、鉴真,还有周达观、汪大渊等人。航海家们一次次的远行,以及他们留下的珍贵笔记,无不显示了当时的中国人在航海领域所取得的巨大成绩。

唐朝时的航海

作为中国古代的巅峰时代,唐朝的航海发展也进入一个鼎盛时期。初年,唐朝联合新罗(今朝鲜半岛上国家之一)征讨百济(当时朝鲜半岛西南部国家),大将刘仁率唐海军全歼来援的日本舰队。日本人被唐朝的航海技术所折服,于是派"遣唐使"向中国学习,在东海上开通了中日航线。当时,中外商船频繁航行于中国、印度和阿拉伯之间。

▲ 唐朝娴熟的航海术引得日本遣唐使纷纷来访

《广州海道夷道》

唐贞元年间,宰相贾耽根据从中外使者商人那里搜集来的材料,记下了《广州海道夷道》,详细记载了从中国最大口岸广州经过东南亚和锡兰,直至波斯湾和红海的航程,其中包括从波斯湾溯幼发拉底河而上至巴士拉,又从西北经过陆路到达今天的巴格达。将《汉书·地理志》《新唐书·地理志》与它进行比较,我们可以明显看出,从汉至唐,中国海外交通线已从南亚向西亚延伸。

新仪器的应用

宋元时期，中国古代航海臻于极盛。罗盘和水密仓开始应用于航海，这大大提高了航海的物质技术能力，使得中国帆船可以长年在海上航行，那时的航线已经可以横跨印度洋抵东非沿岸。元代继承了唐宋繁荣的航海事业，几次西征和横跨亚欧大帝国，通道障碍尽除，东西交通大开，无论陆路、海路，都呈现出前所未有的繁荣景象。

▲ 宋朝的沙船，主要使用于长江流域与北方沿海

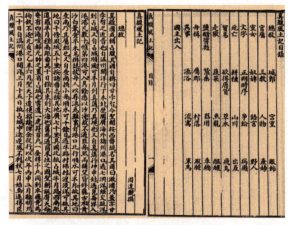
▲《真腊风土记》书影

《真腊风土记》

元朝时，周达观一行从温州港口开洋出发，经过今天越南中部，入湄公河并溯河而上，渡过洞里萨湖，再陆行抵真腊首都吴哥。周达观在真腊（今天的柬埔寨）住了一年，第二年回到中国。回国后据亲身见闻，写成了《真腊风土记》，这为柬埔寨史、中柬关系史和中国航海史留下了极其宝贵的材料。《真腊风土记》中关于航程的记载，不仅有具体的时间、地点，还详细描绘了湄公河出海河道情况和两岸的秀美景色。

汪大渊的远航

1328—1345 年，航海家汪大渊从泉州港乘商船远航，足迹遍布大半个世界。回国后他根据亲身所见所闻，写下了包括 99 个国家和地区在内的《岛夷志略》。这些国家和地区，东起摩鹿加，南至非洲，反映了元代中国海外交通的广大规模。

探索之旅
汪大渊喜交商人朋友

汪大渊生于 1311 年，从小聪明好学，深得父母喜爱。父母希望他长大成才，所以从《论语》中选取"焕章"为他取名。汪大渊从小就是一个非常有抱负的人，他希望自己可以效法司马迁"读万卷书，行万里路"，后来他果然游历世界，成为著名的航海家，被称为"东方的马可·波罗""中国的哥伦布"。

汪大渊少年时参加过多次科举考试，但是没有取得功名，于是就放弃了入仕这条路。他的家乡南昌是一个商业城市，从这里去福建泉州的商人非常多，汪大渊有幸结识了一批商人朋友。当时商人的社会地位很低，但身为读书人的汪大渊根本不在乎这些，他主动和这些商人们接触，当然他的坦诚相待也赢得了这些商人们的尊敬。这样，有了这些商人朋友们的帮忙，汪大渊就跟随他们去泉州考察，并结识了一些海外商人，听到了很多海外见闻，由此萌生对海外的无限向往之情。

航行路上的标识

在茫茫水域之中,轮船的航行看似是一条漫长而孤单的旅程。其实除了它自己,在航行路上还有很多特别的好"帮手",能够在必要的时候给它提供及时的帮助。灯塔、浮标等都是航海中必要的辅助设施,能够帮助船只辨明方向、找寻航道、避开危险,更安全地驶向目的地。航标可以说是人们追梦航程中必不可少的安全保障之一了。

水中标识

航标是固定在水中,对特殊的水路情况做出标识的工具。它通过颜色、声音、无线电等手段给过往的船只发出信号,提醒其注意。它分为海上航标和内河航标,主要用于标明航道、锚地、滩险及其他碍航物。永久性的航标还会被绘入地图,载入航海表。

◂ 灯塔是设置在重要航道附近的塔型发光航标

▲ 水中标识

矗立的灯塔

灯塔属于一种固定的航标,主要用于航海。它通常设立在航道的关键部位,通过安装在顶部的灯向周围过往的船只发出信号,引导其安全地航行。因为要给远处的船只明确的信号,所以它被建成塔状,高高地矗立在广阔的海域。最初的灯塔是依靠燃烧木材发光向远方传递信号的,现在的灯塔基本上以电作为能源,既保证持续工作,又不会受到风雨天气的影响。

水面的浮标

浮标就是浮在水面上的航标,用锚固定在一定的位置上。11世纪前后,浮标走进了人类的航海生活。最开始用声音发信号。浮标在水中起伏不定,其内在的空气也时刻处于流动的状态。人们于是发明出了自动哨子,依靠流动的空气产生哨音。现在,也有采用灯光作信号的。

雾中信号

一些水域由于其特殊的气候条件,常常会起大雾,使得这片水域的能见度降低。船只航行至此,看不清周围的情况,就需要雾号、雾钟、雾笛和雾哨等音响航标来发出信号引导船只前进。一些靠灯光、颜色等发出信号的航标已起不到该有的作用,声音的引导成为此时航行中船只的唯一依靠。

▲ 雾角

无线电航标

随着人类科学技术的发展,无线电技术被引进航海领域,无线电航标就是代表。它主要由无线电指向标、无线电导航台、雷达指向标、雷达应答标、雷达反射器和雷达指向标等几部分组成。用无线电与过往的船只取得联系,告知其水域的情况,协助其安全地航行。

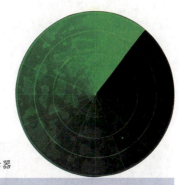
▶ 雷达显示器

探索之旅
中国航标的历史

中国航标的历史源远流长,早在4 000多年前,夏王朝时期就利用"碣石"作为"自然航标"。自古以来,建在沿海的宝塔、望楼就被航海者视为入海口的"人工航标"。中国从"自然航标"到设置"人工航标",经历了漫长的岁月。原始的"人工航标"形式多种多样。它经历了刻石示警、立标指浅、烽火引航、宝塔指路、人工灯塔等多个阶段。

中国民间最早自建自管的航标是台湾澎湖渔翁岛的西屿灯塔,又叫渔翁岛灯塔。在此之前,渔民自筹资金建成的灯标一般建在港域内的高地或山坡的突出点上。这些民办、民有、民用的渔标的修建资金及维护费用,由当地船户合理分担。

由官府建管的航标最早出现在元代,那时人们开辟了从刘家港(今江苏太仓浏河)到直沽(今天津)的航线,经海道漕运的粮船聚集在长江口的刘家港起发。刘家港附近多暗沙浅滩,常有事故发生。为了防止船只在多浅滩暗礁的长江口岸发生事故,朝廷设立了最早的航标,把两只船抛泊于刘家港西暗沙嘴,并在船上竖起旗子,指领粮船绕过浅滩,这也就是"立标指浅"。

航海图的出现

航海者在航行之前,通常需要了解各海区的地貌和水文等情况,以便制订和掌握航线,这时就需要依靠海员的向导——航海图来完成这项任务了。航海图又称海图,是精确测绘海洋水域和沿岸地物的专门地图。自从描绘出了航海图,未知的神秘海域在人们面前就变成了普通的航海线路。从最早的航海图的出现,到现在的新型航海图,航海图也经历了不断的变化与发展过程。

航海图与地图的差别

航海图与我们平时见到的普通的地图有很大的不同。地图一般根据其用途与要求,可以绘制该地区的概况,而对于图像比例尺和事物相互间的位置不大注意,但航海图对于图幅比例尺和事物相互间的位置就非常注意。因为地图上的地形地物,都能用肉眼看到,而海上对航海有关的大部分事物却隐没于水下,使航海人员无法辨识,所以航海图上记载的事物就要求十分精确。为了保证航行安全,航海图出版以后,还要不断地进行修正。

▲佩德罗·赖内尔绘制的航海图,约绘于1504年

最早的航海图

世界上最早的航海图为盛行于14—17世纪的波特兰型航海图,图上布满放射状的方位线,航行者借助这些方位线和罗经仪,确保在海洋上航行时的方向。此外,图上还详细绘出海岸线、海湾、岛屿、海角、浅滩、沿海山脉等有助于航海的地物。

▲最古老的波特兰航海图

中国古代航海图

中国航海图绘制的兴盛时期是在明代,现存最早的古航海图就是明代的《海道指南图》,另外还有《山屿岛礁图》和《海运图》,其中最著名的还是被明代晚期作者茅元仪收录在《武备志》中而得以传世的《郑和航海图》了。

▲《郑和航海图》书影

航海图的分类

按照航海中的不同用途，航海图可以分为海区总图、航行图和港湾图三类。海区总图供研究海区特点、制订航行计划、选择航线等用，只显示海岸线、海港、岛屿、主要航行标志和航行障碍物，以及海底地貌等要素，比例尺一般小于1∶100万；航行图供海上航行用，较详细显示海底地貌、航行标志、航行障碍物及与航行有关的其他要素，比例尺一般为1∶5万~1∶100万；港湾图供进出港湾、选择驻舶锚地、研究港湾地形、进行港湾建设等用，详细显示港湾、水道、锚地、助航标志、航行障碍物及港口设施等要素，比例尺一般大于1∶5万。

▲ 16世纪绘制的一份地中海地区的航海图

新型航海图

除了一些可供各种舰船在海上航行用的普通航海图外，随着新航海技术和新型船舶的出现，又出现了一些新的航海图，如双曲线无线电导航系统的应用，产生了双曲线无线电导航图，包括劳兰海图、台卡海图、奥密伽海图等。这些海图除具备普通航海图的内容外，还增加了定位双曲线。

由于一些发达国家出现了大量的游艇，于是游艇用图大量面市。这种图除航行障碍物外，海底地形显示比较简单，而目视目标显示非常详细，以适应游艇吃水浅、速度快、主要靠目视定位航行的特点。

▲ 凭借先进的导航技术，新型航海图绘制更加方便，更加精确

经典问答
如何使用航海图？

人们在航海时，自始至终都需用到航海图。在航行前，一般先用比例尺较小的海区总图作计划航线，然后将此计划航线转标到较大比例尺的航行图上，并检查此计划航线设置是否合适。因为海区总图内容较简单，作计划时难免有不合适的地方。转到航行图上后，就可以发现计划航线设置中的不足之处，例如离航行障碍物太近，或者还有更近的航线可以利用等。这时就在航行图上修正计划航线。在航行时，需用航行图标示航迹线，就是航海中说的进行海图作业。

海图作业的方法是利用船上的定位仪器确定实时船位，并将此船位标到海图上，然后从此点出发，画出航行方向线，此方向线应尽可能引向计划航线。过一段时间之后，还要进行定位。由于在实际航行中，受风和海流等的影响，船的实际航向常常会偏离计划航线，因此经常进行定位是十分必要的。

目前，已小批量投入使用的现代电子航海图，使用起来更是非常方便。海图图形和计划航线同时在屏幕上显示，实时航线也根据定位仪器传入计算机之后在屏幕上显示出来，而且偏离计划航线之后就自动报警。这样，航行状况都自动记录在磁带中，也就可以省去海图作业的繁重劳动。

海上星空

船舶在海上航行，极目四望，天连水、水连天，不知道哪边是什么方向，也不知道目的地在哪里。为了确定方向，顺利到达目的地，船舶上必须有精确的导航系统。古人的科学技术发展有限，但他们也有自己独特的导航方式，那就是利用天上的星星。那片头顶上亘古不变的星空无疑是当时最好的领航员，指引着无数航行者实现他们的航海梦想。

熟悉星座位置

很早以前，人们就学会了根据天上星星的位置来判别方向和测定自己的位置。要做到这一点，航海者必须熟悉所有常见星星的名字。由于海上经常有云雾遮蔽，有些时候星星并不容易辨认，所以航海者不仅要能够在晴朗的夜里辨认星星，而且要学会在星座不明显的情况下，把重要的星星识别出来。这就要求航海者熟悉天空中各个星座位置间的相互关系，可以通过天空中明显的星座把看不清的星座标出来。

▲ 南全天星图

认识星空

夜里人们用肉眼能看到的星星只有大约 7 000 颗，而适合用来观测航海的只有 200 颗左右。这些星星分布在天空的各个部位，要利用它们来进行导航，航海者必须要认识整个星空，知道一年四季星空的位置有什么不同。

变化的星空

从地球上看，星座在天空中的位置总是在不断变动着的，这是地球自西向东绕着太阳公转造成的。地球每天围绕太阳公转，使每一颗星星从地平线升起的时间每天提前一点点，因而在一年之内，每个夜晚同一个时刻星座的位置在渐渐向西移动。星空就是这样有规律地运转着，根据天上出现星星的情况，就能知道春、夏、秋、冬四季的变化。

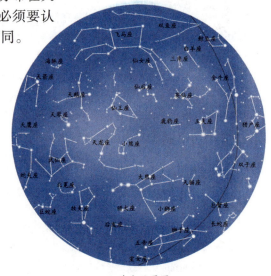

▲ 北全天星图

北极星的星光

北极星指的是小熊星座的一颗恒星——小熊座α星，中文名叫勾陈一。它是最靠近北天极的一颗星星，总是指向正北的方位，所以千百年来，人们都靠它的星光来导航。地球是围绕着地轴进行自转的，自转时地轴并不会跟着转动。而北极星的位置正好处在地轴的北部延长线上，所以不管是在什么季节，它都会出现在正北方的天空，从来不改变位置。直到现在，北极星在天文测量、定位等方面仍有非常重要的作用。

▶ 小熊星座中的北极星

▲ 六分仪是天体定位技术中的一种测量仪器。用六分仪观测星体高度，可得到地球上观测位置线

天体定位

人们为了便于进行天体研究和利用天体来定位，将我们看见的天空设想成一个大圆球，称为天球，它以地球为中心，半径无穷大；又以地球中心和南北极向天球投影，画出南天极和北天极；再将地球上的子午线和赤道扩展到天球上，使天球具有了和地球一样的度量位置的坐标。这样，天上的每一个天体就有了在天球上的位置了。人们再将星星在天球上的位置引到地面上来，就能用它来为船舶定位。

经典问答

北极星是一颗固定的恒星吗？

天空中所有恒星在天球上的位置并不是固定不变的，而是以极慢的速度在有规律地移动。这种移动不是恒星自身的运动，而是它们在天球上位置的移动。这是因为地球自转轴并不是完全静止不动的，它会以我们觉察不到的速度沿着一个圆周摆动，因而使自转的赤道平面与公转轨道平面的两处交点也在缓慢地移动。这种现象在天文学上称为"岁差"。

既然地球的自转轴在不停运动，北极星当然就不可能永远是北极星了。事实上，天文学家经过推算发现，5 000年前的北极星是天龙座α星；一直到公元1200年前后，小熊座α星才成了北极星；而再过5 600年后，仙王座α星会成为北极星；12 000年后，北天极则会移动到织女星附近。

指南针用于航海

凭借太阳和星空来定位是个好方法，可一旦遇到阴雨天，白天看不见太阳，晚上也找不到星星，怎么办呢？指南针的应用解决了这个问题。大约在2 000多年前，我国的劳动人民发明了指南针。作为中国古代四大发明之一，指南针的发明对人类科学技术的发展起了不可估量的作用。指南针这种全天候的导航工具应用在航海上，弥补了天文导航、陆标导航的不足，开创了航海史的新纪元。

指南针的发明

指南针的前身是司南。司南是中国古代劳动人民发明的一种指示南北方向的仪器，它不是指南针，但已经体现了古人对物体磁性的认识。后来，随着对磁铁矿了解的加深，人们经过多方面的试验和研究，终于发明了实用的指南针。最早的指南针是用天然磁体做成的。可以说，指南针的发明经历了一段漫长的过程，是古代人民慢慢改进的结果。

▲ 司南

▲ 磁石

指南针的秘密

指南针是用磁石制造的，磁石就是通常说的吸铁石。每一块磁石的磁性都聚集在两头，中央部分几乎没有磁性，有磁性的两极就叫磁极。指南针有南、北两个磁极，而整个地球也是一块大磁石，也有南、北两个磁极。这样，由于磁石同性相斥、异性相吸，指南针就一头指向南方，一头指向北方了。

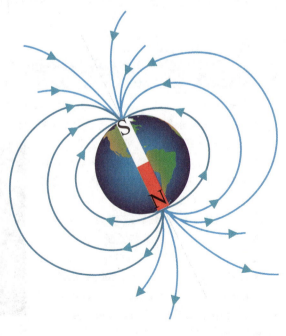
▲ 地磁南北极与地理南北极方向正好相反

指南针与航海

指南针在11世纪已经是常用的定向仪器，它的出现大大促进了航海业的发展。据考证，早在宋朝时，我国人民就开始将指南针用于航海了。中国最初的指南针采用的是水浮法，称为水罗盘。到了大约12世纪末13世纪初，指南针由海路传入阿拉伯，然后由阿拉伯传入欧洲。欧洲人将磁针放在钉子尖端，可自由转动，制成了旱罗盘。旱罗盘有固定的支点，不像水罗盘那样不平稳，性能更适用于航海。

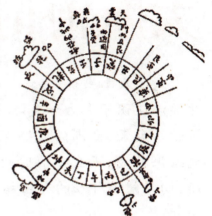
▲ 明代航海罗盘24方位图

磁罗经

磁罗经又称"磁罗盘"，是一种测定方向基准的仪器，用于确定航向和观测物标方位。它是在中国古代的司南、指南针基础上逐步发展而成的，是利用磁针受地磁作用稳定指北的特性制成的指示地理方向的仪器。磁罗经主要由若干平行排列的磁针、刻度盘和磁误差校正装置组成，磁针固装在刻度盘背面，地磁的磁力作用使磁针的两端指向地磁的南北极，从而达到指向的目的。

新的指向仪器

长期以来，磁罗经作为测定船舶方位用的指向仪器，在各类船舶上得到广泛应用。然而随着航海事业和造船技术的发展，钢船代替了木船，特别是大中型船舶和潜水艇的出现，磁罗经的可靠性和精确度远不能满足要求，这就促使人们寻求新的指向仪器。正是在这样的背景下，20世纪初，人们制造出了世界上第一台能用于舰船导航的陀螺罗经。

▲ 利用陀螺罗经导航

新知词典
陀螺罗经

陀螺罗经又称电罗经，是利用陀螺仪的定轴性和进动性，结合地球自转矢量和重力矢量，用控制设备和阻尼设备制成的以提供真北基准的仪器。我们都知道，陀螺不转时是立不住的，可是一旦转动起来后就不会倒下；转动得越快，它"站"得也越稳。电动陀螺仪就是利用电来促使陀螺高速旋转，从而产生稳定性。有意思的是，它在高度旋转时，旋转轴所指的方向是不变的。这时若有一个外力加上去，它会向着外力垂直的方向偏移，这种性质就是电动陀螺仪的指向性和进动性。人们将电动陀螺仪改造成陀螺罗经，就可以用它在船上指示方向了。

自从第一台陀螺罗经出现以来，它在品种、数量、工作特性和工艺技术等方面都有迅速的提高和发展。今天，陀螺罗经作为一种能够准确寻找地理北向的导航仪器，已被广泛地应用在舰船上，成为海上导航的主要仪器，并被视为现代惯性导航的先驱。

大航海时代

对于人类来说,海洋充满了神秘,直到近代随着航海技术的进步,人们才逐渐认识了大海和大洋。海上探险的开始,让人们面对汹涌的大海不再惧怕。后来,欧洲的航海家和传教士们劈波斩浪远航到世界各地,开始了大航海时代。而大航海时代,就是无数勇敢的冒险家们为实现理想驾着小船,向广阔而神秘的大海挑战的时代。

▲ 1275年,马可·波罗的父亲和叔叔向忽必烈大汗呈上了格里高利十世教皇的信件和礼物,并向大汗介绍了马可·波罗

《马可·波罗游记》

马可·波罗是一位著名的旅行家和商人,出生在威尼斯。他17岁时跟随父亲和叔叔,途经中东,历时4年多到达蒙古帝国。他在中国游历了17年,曾访问当时中国的许多古城,到过西南部的云南和东南地区。1295年,他在威尼斯和热那亚的海战中被俘,在狱中写下著名的《马可·波罗游记》。书中记述了他在东方最富有的国家——中国的见闻,激起了欧洲人对东方的热烈向往,对以后新航路的开辟产生了重要的影响。

大航海时代

《马可·波罗游记》激起了人们对东方世界的向往,于是大航海时代(15—17世纪)到来了,欧洲的船队出现在世界各处的海洋上,寻找着新的贸易路线和贸易伙伴,以发展欧洲新生的资本主义。在这些远洋探索中,欧洲人发现了许多当时他们所不知道的国家与地区。与此同时,欧洲涌现出了许多著名的航海家,其中就有哥伦布、达·伽马等。

▲ 马可·波罗与他的叔叔们从威尼斯出发前往远东。图中所绘的前景是他们将要访问的土地和他们将要看到的奇怪事物

探索之旅
寓意深刻的名字

小哥伦布刚出生时非常讨人喜欢。当时有一个关于圣·克里斯托弗的传说故事流传很广，于是父亲便给他起名为克里斯托弗·哥伦布。

故事里的圣·克里斯托弗是个身材高大健硕的异教徒，他很想接近耶稣，可是不知道怎样才能做到。他住在小亚细亚一条河边，常常帮助旅行者涉水到河对岸去。有一次，来了个小孩要他背负过河，克里斯托弗拿着手杖，背着孩子便下了河。然而，在河里他越走越艰难，感觉肩上的孩子变得越来越重，自己都快坚持不住了。经过一番艰苦挣扎终于到了对岸，他惊奇地问孩子为什么会变得这么重。孩子告诉他自己是圣婴耶稣，而他正背着天下全部的罪孽。为证明自己所说的事情，孩子告诉克里斯托弗将手杖埋在土里就会变成一棵树，于是克里斯托弗照着孩子的话去做。第二天，他的手杖果然变成了一棵非常好看的椰枣树。从那一天起，克里斯托弗也就被封为旅游者的保卫神，而他背着圣婴耶稣过河的一幕就成为圣经的典故。

哥伦布的父亲对儿子寄予了厚望，希望他将来成为一个有用的人，于是就给他取了这个名字。哥伦布果然没有辜负父亲的期望，成为一位伟大的航海家。

▲ 8 岁时的哥伦布

航海大国葡萄牙

提起葡萄牙就不得不提它在航海领域的卓越贡献。15—16 世纪，葡萄牙开始进行殖民扩张，到遥远的非洲和亚洲掠夺土地。这在很大程度上得益于它在航海领域先进的技术。

深远影响

大航海时代结束于 17 世纪末，当然，远洋探索依然继续着。过去地理大发现被认为是欧洲科技的瞬间跃进或少数航海先驱的英雄行径。当代史学家则逐渐倾向认为，这是从 11 世纪以来，欧洲内部经济、文化与科技逐渐成熟的结果。

▶ 发现者纪念碑。这是葡萄牙为纪念 15—16 世纪航海时代的一个纪念碑，也是里斯本的一个著名地标

郑和下西洋

在世界航海史上,中国明代的航海家郑和地位显赫,他先后7次下西洋,这增强了中国与世界各国的联系,对世界航海事业发展做出了不可磨灭的贡献。他的船队足迹遍及了中国海与印度洋,从台湾到波斯湾,并远及中国人心目中的黄金国——非洲。他访问了30多个国家,加强了中国与亚非的友好关系,显示了中国在世界航海事业中的领先地位。

郑和生平

郑和原名马三宝,1404年,明成祖朱棣在南京御书"郑"字赐马三宝为姓,改名为和,任为内官监太监,官至四品。郑和有智慧谋略,知晓兵法,熟悉战争,明成祖对郑和十分信赖,1431年封郑和为三宝太监。1433年4月郑和在印度西海岸古里去世,葬于南京牛首山。

▲ 郑和航海时使用的指南针

郑和下西洋

1405年7月11日,明成祖命郑和率领由240多艘海船、27 400名船员组成的庞大船队开始了首次远航。到1433年,郑和一共远航了7次之多,先后访问了30多个在西太平洋和印度洋的国家和地区,加深了中国同东南亚、东非的相互了解。

▶ 郑和和他的宝船

探索之旅
和平使者

公元 1405 年，郑和第一次下西洋，当他到达爪哇岛上的麻喏八歇国时，这个国家的东王、西王正在进行一场内战。郑和船队上的 170 多人在岸上集市做生意时，被西王麻喏八歇王误认为是东王的援军而杀害了。当时随行的人纷纷请战，要给无辜死去的人报仇雪恨。

这件事发生后，西王也十分惧怕，派使者前来谢罪。郑和得知这是一场误杀，又鉴于西王诚惶诚恐地前来谢罪，于是禀明朝廷，化干戈为玉帛，和平处理了这件事。西王知道后，十分感动，两国人从此和睦相处。

处理"爪哇事件"中，郑和不但没有诉诸武力，而且不要赔偿，充分体现了"以和为贵""四海一家""天下为公"的中华文明。即使今天爪哇岛上的人们谈论到此事时，都为郑和的所作所为钦佩不已。

郑和航海的意义和贡献

郑和船队是一支强大的战略力量，明政府派遣郑和船队下西洋显然是从当时国家利益和国家需要出发。郑和下西洋的使命和功绩概括起来，主要包括 4 个方面：推行和平外交，稳定东南亚国际秩序；震慑倭寇，牵制蒙元势力，维护国家安全；发展海外贸易，传播中华文明；开拓海洋事业，铺平亚非航路。郑和下西洋发展的海外贸易包括朝贡贸易、官方贸易和民间贸易。郑和作为明朝的使者，每到一地，都代表明朝皇帝拜会当地国王或酋长，同他们互赠礼品，向他们表示通商友好的诚意。郑和还同各国商民交换货物，平等贸易，购回当地的特产象牙、宝石、珍珠、珊瑚、香料等。

▶ 位于马六甲市的郑和雕像

最优秀的船队

郑和下西洋，是世界航海史上规模最为庞大的航海活动。出使人员有水手、官兵、采办、工匠、医生、翻译等近 3 万人。郑和的船队在性能、装备及规模方面都是当时世界一流的。他的船队完全是按照海上航行和军事组织编成的，在当时世界上堪称一支实力雄厚的海上机动编队。研究表明，明代海军比同时期任何亚洲国家都出色，甚至所有欧洲国家联合起来都无法与明代海军匹敌。

迪亚士的远航

打开世界地图，我们不难发现非洲大陆就像一个楔子，深深地嵌入大西洋和印度洋之间。这个"楔子"的最尖端，就是曾经令无数航海家望而生畏的"好望角"，它是由葡萄牙航海探险家迪亚士最先发现的。迪亚士是一位伟大的梦想家，他的发现为后来航海探险家达·伽马开辟通往印度的新航线奠定了坚实的基础。

历史背景

13 世纪末，威尼斯商人马可·波罗的游记把东方描绘成遍地黄金、富庶繁荣的乐土，这使得西方人梦想到东方寻找黄金。然而，奥斯曼帝国控制了东西方交通要道，致使东西方贸易受到严重阻碍。到 15 世纪，葡萄牙和西班牙决定开辟到东方的新航路，寻找东方的黄金和香料，作为国家收入来源。

▼ 迪亚士

探险路线

迪亚士率船队离开里斯本后，沿着以前探查过的路线南下。过了南纬 22°后，他开始探索欧洲航海家从未到过的海域。1488 年 2 月 3 日，他到达了今天南非的伊丽莎白港，迪亚士明白自己真的找到了通往印度的航线。为了印证自己的想法，他让船队继续向东北方向航行。3 天后，他们发现了好望角。

▶ 好望角

经典问答

好望角为什么有那么大的巨浪？

好望角因为狂风巨浪不知吞噬了多少生命，人们很想弄清楚这究竟是为什么。水文气象学家们苦苦探索了多年，终于揭开了好望角巨浪的神秘面纱。好望角巨浪的生成除了与大气环流特征有关外，还与当地海况及地理环境密不可分。

打开地图我们就会发现，好望角正处在盛行西风带上，西风带的典型特点就是西风的风力很强，11 级的大风对这里来说根本没什么奇怪的，这样的气象条件是形成好望角巨浪的外部原因。南半球是一个陆地小而水域辽阔的半球，向来就有"水半球"之称，广阔的海区无疑是好望角巨浪生成的另一个原因。此外，在辽阔的海域，海流突然遇到好望角陆地的侧向阻挡作用，也是巨浪形成的重要原因。

正因为这样，人们常把南半球的盛行西风带称为"咆哮西风带"，而把好望角的航线比作令人心惊胆战的"鬼门关"。

▲ 好望角的巨浪

敢于冒险的航海家

迪亚士青年时代就喜欢海上的探险活动，曾随船到过西非的一些国家，积累了丰富的航海经验。15 世纪 80 年代以前，很少有人知道非洲大陆的最南端究竟在何处。迪亚士受葡萄牙国王委托，寻找非洲大陆的最南端，以开辟一条通往东方的新航路。他于 1487 年 8 月从里斯本出发，去探索非洲最南端的秘密。

凶险的好望角

好望角是欧洲人进入印度洋的海岸指路标。由于特殊的地理位置，好望角海域几乎终年大风大浪，遇难海船难以计数，以致有"好望角，好望不好过"的说法。1500 年，迪亚士正是在此走完了人生旅程，好望角成了他的葬身之所。自迪亚士发现好望角以来，这里就以特有的巨浪闻名于世。

达·伽马和东方航行

达·伽马是一位葡萄牙探险家,是从欧洲绕好望角到印度航海路线的开拓者。1497年7月8日葡萄牙国王派遣喜欢在海洋中追逐梦想的达·伽马率船队从里斯本出发,寻找通向印度的海上航路。很快,达·伽马就实现了自己的理想。这次通航印度,促进了欧亚贸易的发展,另外,它也是葡萄牙和欧洲其他国家在亚洲从事殖民活动的开端。

▲ 达·伽马

▲ 1497年7月,达·伽马在出发前往印度前接受葡萄牙国王的祝福

航海之家

1460年,达·伽马出生于葡萄牙一个名望显赫的贵族家庭,其父也是一名出色的航海探险家,曾受国王若昂二世的派遣从事开辟通往亚洲海路的探险活动,几经挫折,远大的抱负没有实现就去世了。达·伽马的哥哥也是一名终生航海的船长,曾随同达·伽马进行1497年探索印度的海上活动。

时势造英雄

15世纪下半叶,野心勃勃的葡萄牙国王若奥二世妄图称霸世界,曾几次派遣船队考察和探索一条通向印度的航道。1492年哥伦布率领的西班牙船队发现美洲新大陆的消息传遍了西欧。面对西班牙将称霸于海上的挑战,葡萄牙王室决心加快探索通往印度的海上活动,在这种形势下,达·伽马受国王之命开始航海探险。

▲ 1497年7月,达·伽马奉葡萄牙国王之命,率领4艘船共计140多名水手,由首都里斯本起航,踏上了通往印度的航程

印度之旅

达·伽马奉国王之命率领4艘船舶，百余名海员，于1497年由里斯本起航，11月绕过好望角，1498年4月到达东非沿岸古城，5月20日远航到了印度西南部的卡里卡特。1499年，达·伽马率2艘船返回里斯本，满载而归，获利甚丰。达·伽马被封为印度洋的海军上将，此后，他又三进印度，于1524年死于印度。

▲ 1498年5月20日，达·伽马带领船队抵达印度南部最著名的商业中心卡里卡特

达·伽马航海的意义

达·伽马发现西方通往东方的新航线，是地理大发现的重要部分，对人类、对东西方沟通有着极其重大的意义和价值。这条航道为西方殖民者掠夺东方财富而进行资本的原始积累奠定了基础，同时也是欧洲殖民者对东方国家进行殖民掠夺的开端，并最终给东方各国人民带来了深重的灾难。

▼ 达·伽马的航行标志着西欧直通印度的新航路开辟成功，这对欧、亚两大洲商业和航运业的发展起到了巨大的促进作用

探索之旅
追梦人达·伽马

达·伽马小时候是在父亲和周围渔民的熏陶下度过的，他不但学会了游泳、驾驶帆船、捕鱼，而且学会了辨别风向、认识星辰。梦想是成功的开始，最令他心驰神往的就是劈波斩浪，感受航海带来的乐趣。

为了培养儿子的航海知识，父亲将他送进学校接受正规的数学和航海技术学习。达·伽马心里很清楚自己想要的是什么，因此他总是很努力地去学习、去实践。23岁那年，达·伽马还参加了葡萄牙和西班牙两国之间的战争，在此期间，年轻的达·伽马就表现出了卓越的军事才能，战争结束后，他立刻被调到宫廷里任职。他的仕途之路越走越宽了。达·伽马能够得到国王的赏识，还在于他曾经跟随一位学识渊博的希伯来天文学家接受过系统的天文知识学习，在天文和航海方面他有着过人的素质。于是，当父亲去世后，达·伽马顺利地接替了他的位子，被任命为远征队的司令官。

▲ 达·伽马的船队

发现新大陆

哥伦布生于中世纪的热那亚共和国（今意大利的一部分），是世界著名的航海家。他一生热爱航海事业，为了实现自己的航海梦想他甚至先后移居葡萄牙和西班牙。他相信地球是圆的，认为从欧洲西航可达东方的印度和中国。在西班牙国王支持下，他先后4次出海远航，并发现了美洲大陆，开辟了横渡大西洋到美洲的航路，他也因此名垂青史。

▲ 1492年8月，哥伦布得到西班牙王后伊莎贝拉的支持，率领由3艘帆船组成的船队从帕洛斯角出发西行，开始第一次远航

地球是圆的

哥伦布自幼便热爱航海，在当时，因为教会的关系，人们大多相信天圆地方，但哥伦布却对此产生怀疑。他认为之所以帆船向大海航行后，船身由下而上渐渐消失是因为地球是圆的。为了印证他的想法，他先后向西班牙、葡萄牙、英国、法国等国的国王寻求协助。在到处游说了十几年后，1492年，哥伦布终于得到了西班牙女王伊莎贝拉一世的资助。

首次到达美洲大陆

哥伦布在1492年8月3日于西班牙萨尔特斯海滩出发，他的船队由3艘帆船组成，它们分别是"尼尼亚"号、"平塔"号和旗舰"圣玛利亚"号。船队同年10月12日到达美洲华特林岛，1493年3月15日回归萨尔特斯海滩。其间，他著有《航海日志》，记录了每一天的航海情况和新大陆中发现的事物。

▶ 1492年10月12日，哥伦布率探险队在圣萨尔瓦多岛登陆，欧洲人第一次跳上美洲大地，揭开了历史的新篇章

探索之旅
亚美利哥的疑惑

哥伦布的远航震撼了整个世界,人们都以为这次航行到达了亚洲,但是令人感到疑惑的是他并没有看到亚洲的财富和文明。这个疑问让一位意大利著名航海家亚美利哥寝食难安,他想知道这一切究竟是为什么。

为了弄清楚这个问题,1497—1504年,亚美利哥参加了去大西洋西岸的航行。虽然亚美利哥的这次远行并没有获得任何带有根本性的具体发现,但是他却做了一件更重要的事情。敏锐的洞察力让他得出了一个大胆的结论,那就是,哥伦布根本没有到达亚洲,他所到达的地方应该是一个人们以前从来不知道的新大陆,而这块新大陆和亚洲之间,一定还有一个广阔的大洋。这简直是一个爆炸性的新闻,但是后来的实践证明,亚美利哥的判断是正确的。为了纪念他,人们将这块新大陆命名为亚美利加州(简称"美洲")。

▲ 亚美利哥

遗憾的发现

1492年8月3日,哥伦布率领3艘帆船向正西航去,经70昼夜的艰苦航行,10月12日凌晨终于发现了陆地,哥伦布以为到达了印度。后来,一位意大利学者经过考察,才知道哥伦布到达的这些地方不是印度,而是一个新大陆。

▲《旧世界》海洋图,哥伦布1492年绘

开辟新航线

哥伦布开辟了横渡大西洋到美洲的航路,他先后到达巴哈马群岛、古巴、海地、多米尼加等岛,在帕里亚湾南岸首次登上美洲大陆。他考察了中美洲从洪都拉斯开始的2 000多千米海岸线;认识了巴拿马地峡;发现和利用了大西洋低纬度吹东风,较高纬度吹西风的风向变化;证明了地球是圆的。他促进了旧大陆与新大陆的联系。

第一次环球航行

麦哲伦出生于葡萄牙北部一个破落的骑士家庭，他在年轻时就对航海十分神往。他坚信地球是圆的，而且只需一次环球航行就可以证明。于是，他打算做一次环球航行。1519—1521年，他率领船队首次环航地球，不幸死于与菲律宾当地部族的冲突中。虽然他没有活着回到西班牙，但他船上余下的水手们帮助他完成了环球航行这一梦想。

▶ 麦哲伦

艰难的准备工作

麦哲伦向葡萄牙国王申请组织船队进行一次环球航行，遭到拒绝后，他又求助于西班牙国王，并献给国王一个自制的精致彩色地球仪，国王很快就答应了他。葡萄牙国王知道后，害怕麦哲伦的航行会帮助西班牙超过自己。于是，他派人不断制造谣言诋毁麦哲伦，但是这并没有影响麦哲伦环球航行的决心。

平定内乱

1520年3月底，南美洲进入寒冷的冬季，于是麦哲伦率船队驶入圣胡安港准备过冬。由于天气寒冷，粮食短缺，船员情绪十分颓丧。船员内部发生叛乱，三个船长联合反对麦哲伦，不服从麦哲伦的指挥，责令麦哲伦去谈判。麦哲伦便派人假意去送一封同意谈判的信，并趁机刺杀了叛乱的船长，平定了内乱。

穿越美洲

船队沿大西洋海岸南航，准备寻找通往"南海"的海峡。经过三天的航行，他们发现了一个海湾。麦哲伦派两艘船去探察通向"南海"的水道。当夜遇到了一场风暴，巨浪滔天，派出的船只随时都会有撞上悬崖峭壁和沉没的危险，如此恶劣的情况竟持续了两天。幸运的是，他们找到了一条通往"南海"的海峡通道，即后人所称的麦哲伦海峡。

▲ 麦哲伦海峡的卫星照片

探索之旅
努力实现梦想的航海家

麦哲伦于1480年出生在葡萄牙北部的一个骑士家庭。他很小的时候就对航海十分神往，16岁时进入国家航海事务厅工作。

1513年，麦哲伦向葡萄牙国王申请组织船队去探险，进行一次环球航行，可是国王并没有答应。于是，他离开了葡萄牙，来到西班牙塞维利亚。1518年，接见西班牙国王时，他提出环球航行的请求，没想到国王很爽快地答应了。1519年，等一切准备工作就绪后，麦哲伦率领5条船和有270名水手的船队高高兴兴地离开西班牙，开始了意义重大的第一次环球航行。

在海上航行的日子是非常艰苦的。船员们不仅要克服各种不安全因素带来的恐慌，而且还得经历食物不足的考验。在太平洋上航行的100多个日日夜夜里，麦哲伦和他的队友们没有吃到一点新鲜食物，只有面包干充饥，后来连面包干也没有了。为了活命，他们甚至把盖在船上的牛皮放在海水里浸泡四五天，再放在炭火上烤熟了食用。还好，所有的努力付出，给他们换来了终生的荣誉，他们成为首次完成全球航行的英雄！

▲ "维多利亚"号是麦哲伦船队里仅有的一艘完成环球航行的船只

▲ 麦哲伦穿越麦哲伦海峡，发现太平洋

给太平洋命名

麦哲伦船队经过20多天艰苦迂回的航行，终于到达海峡的西口，驶出了麦哲伦海峡，眼前呈现的是一片风平浪静、浩瀚无际的"南海"。此后历经100多天的航行，一直没有遭遇到狂风大浪，麦哲伦的心情从来没有这样轻松过，好像上帝帮了他大忙，他就给"南海"起了个吉祥的名字，叫"太平洋"。

环球航行的影响

1521年，麦哲伦在菲律宾群岛被杀。1522年9月8日，船队中的"维多利亚"号回到出发地，完成了环球航行。麦哲伦及其船队历时3年的环球航行证明了地球是圆的，结束了地方与地圆的争论。但新航线的开辟也带来了殖民主义的侵略，从而使世界形势发生了巨大的变化。

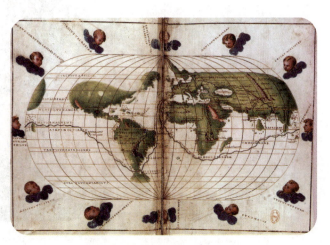

▲ 麦哲伦环球航行路线图

库克的远航

詹姆斯·库克是一位有着远大抱负的英国探险家及航海家。他曾三度远征太平洋，并探索了太平洋沿岸的海岸线。同时，他也是地图制作者、经度仪航海测定船位的发明者及发现治疗坏血病的第一位船长，常被人称为库克船长。此外，库克还发现了一系列不为欧洲人所知的海岛，如复活节岛、新西兰、夏威夷等。

▲ 詹姆斯·库克

▲ 库克船长的第一次环球航行

库克船长的第一次远航

1768年，库克船长指挥"努力"号开始第一次远征，他越过整个大西洋，然后进入太平洋。1769年4月他到达南太平洋的大溪地，观察金星凌日的情况。在探索了南岛、北岛之后，他继续往西到了澳大利亚，最后从好望角开始回程。此次航行中，他改善船上的伙食，多加水果和蔬菜，他的船员没有一人因得坏血病而死亡。

航海者的克星——坏血病

坏血病是早期海上航行最可怕的病症之一，它是因为身体缺乏维生素C而引起的疾病。当发生坏血病时，人的皮肤、牙龈以及黏膜上会出现血点，严重时会导致死亡。坏血病曾经一度流行于船员、海盗和其他长期在海上作业的人员当中，后来人们发现新鲜的水果和蔬菜可以治疗坏血病。因此海上船只要定期靠岸，补充新鲜食物。

▲ 英国医生林德用12名坏血病海员做试验，结果喂食柠檬汁的几位病人得到了康复，于是他得到了用柠檬汁治疗坏血病的理论

新知词典

大溪地

大溪地是南太平洋中部法属玻利尼西亚社会群岛的最大岛屿。这里四季温暖如春、物产丰富,岛上的居民也非常懂得生活,他们管自己叫"上帝的人",同时把这片美丽的土地称为"最接近天堂的地方"。今天,这里更是举世闻名的旅游休闲胜地。但是,你知道吗,这块神秘的土地被发现的历史并不算太长。

1520年左右,太平洋群岛成为欧洲人的冒险目标,葡萄牙人、西班牙人陆续在皇室的支持之下,进行海外殖民地探索的工作。欧洲其他国家看到有利可图,也相继加入这项活动中。17世纪初期,荷兰人也加入太平洋群岛探险的行列之中。1767年,英国上尉萨莫尔莰利斯是发现大溪地的第一个欧洲人。之后,欧洲另一位探险家也踏上了大溪地,当他回到欧洲时,把这里描述为有着"高尚的野蛮人"和"维纳斯般女人"一起居住的人间天堂,使大溪地这个陌生的地方在欧洲引起了一场骚动,人们争相来到这里感受它的独特风韵,其中不乏众多的学者和艺术家。

▲ 1773年8月,库克又一次抵达大溪地

意义重大的第二次远航

1772年,库克开始了他的第二次远航。这次他由西向东航行,绕过非洲的好望角,穿过南极圈,到达新西兰。接着他花了很多时间探索南太平洋中的岛屿,包括复活节岛、新喀里多尼亚和诺福克岛等。在人类探险历史上,库克是第一位由西向东环绕地球航行,并证实南极大陆存在的人。

发现夏威夷群岛

1776年7月12日,库克开始第三次远航。他的船队由西向东,准备探索北太平洋。他绕过好望角,经印度洋、澳大利亚、新西兰后再往东,抵达大溪地之后再向北,发现了欧胡岛、库伊岛和尼豪岛。这也就是今天的夏威夷群岛。不幸的是,在与原住民的冲突中,库克船长被打死。

▼ 库克在第三次太平洋航行时,接受夏威夷群岛上岛民进献的贡品

航海禁闭时期

明中期以后，中国转入闭关自守状态，明朝禁民出海法令竟实施了200年之久，清朝更是继续实施禁海政策，走上了闭关锁国的道路，中国的航海家们不能实现自己的航海梦，只能悄悄地表达自己的不满。与此同时，西方的梦想家们则是幸运的，西方进入了大航海时代，东西方的发展进入了两种截然不同的模式。

禁海号角响起

1405—1433年，郑和曾率领船队7次下"西洋"，前后到访过30多个国家。这是中国古代造船业和航海事业的巅峰时期。其船队的规模和所用船只的大小，远远超出了世界上其他的海上力量。然而，大规模的航行终以高额的费用难以为继而中止。自郑和下西洋之后，明中期至清末可以说是中国航海的禁闭时期。

▲ 明代大型帆船

◀ 明朝的禁海政策，使得大片沿海城市倭寇横行

禁海政策的延续

清代女真人是从马背上得到的天下，对航海事业不感兴趣，于是继续了明代的禁海政策。为了压制郑成功的后明水师的骚扰，清政府甚至还下令粤闽浙沿海百姓内迁10里（1里等于0.5千米）。郑成功虽然成功地从荷兰人手中收复了"台湾"，但这也只能看作是一国海军与荷兰东印度公司之战，本来就是实力悬殊。

▲ 清代的一系列禁海政策严重损害了中国利益，导致中国的科技极大落后于西方

▲ 航海禁闭时期，中国民间的造船技术及航海技术一直在不断提升。其中有一艘名为"耆英"号的木板帆船被英国人购买。1846—1848年期间，它从香港出发，经好望角及美国东岸到达英国，创下中国帆船航海的最远纪录

短暂的开放

清初康熙年间曾经开放过海禁，沿海的商人在新政策的鼓励下一度"广置洋船，海上行走"。即使这样，海上冒险、交易也不是非常顺畅，封疆大臣们为了方便自己的管理，往往会加以阻挠，比如江苏巡抚张伯行污蔑上海商人张元隆结交海盗，就是个典型案例。

禁海政策扩大化

雍正皇帝以后，尤其是乾隆年间，清政府正式实行闭关政策，当时仅限定广州通商，并对民间海运横加干涉。到鸦片战争前后，中国的海洋事业已大大落后于世界步伐。当西方殖民者炮舰驶抵国门之际，清政府也只能依靠并不成熟的海军舰队前去应战，战争的结果当然不能如人所愿了。

▲ 乾隆二十二年下令锁国后，广州成为唯一的对外通商港口，广州的洋行便集中在离珠江约三百尺的十三行街，这就是著名的"广州十三行街"

严重的后果

禁海政策给中国带来了严重的危害。一方面这一时期的禁海政策直接扼杀了资本主义的萌芽，从而使中国在社会制度方面落后了一整个时代；另一方面，禁海政策还限制了科学技术的发展，使中国在科学技术方面大大落后于西方国家。此外，禁海政策还造成了中国近代不断挨打受屈的局面。血淋淋的历史告诉我们，把自己孤立于世界之外而不求进取、革新，到头来只能断送国家和民族的前途。

新知词典

北洋水师

北洋水师是清政府于1888年建立的新式海军。它在当时世界上排名第四，称雄亚洲，共拥有大小舰船56艘，总吨位4万余吨。尤其是从德国订造的"定远""镇远"两艘铁甲战列舰，排水量达7300多吨，拥有4门305毫米主炮，威慑力极大。从此，近代中国正式拥有了亚洲第一支海军舰队。但是1888年以后，目光短浅的清政府认为这样的装备完全可以自卫了，于是舰队的经费大幅减少。然而当时正是海军技术突飞猛进的关键时期，至1894年甲午战争爆发时北洋舰队已经多年没有新增战舰，部分理应进行更新的战舰也没有及时更新，原有的战舰无论航速还是射速方面都远远落后于日本，这也是甲午海战中国惨败的一个重要原因。

★ 翱翔圆梦科技知识普及丛书

航海单位的出现

轮船航行在茫茫的大海上，驾驶人员为了使船只航行得安全经济，始终保持在计划航线上行驶，就要随时了解自己的航行速度、里程和船的实际位置。在陆地上计算里程的时候，一般都采用华里或公里为计算单位。而航海则不然，人们在描述和度量海上的距离时，常常使用"海里"这个单位。那么，1海里究竟有多长，它又是怎么产生的呢？

▲ 当风帆与风向垂直时，船的航行速度最快

"海里"的出现

"海里"是伴随着航海用的地理坐标而产生的。由于地理位置是用经线和纬线来划分的，因而计量航海路程时用千米和米为单位来表示就显得十分不方便。航海向人们提出了问题：能不能也借用这个经线和纬线呢？于是，人们就把子午圈（通过地球南北两极的经线）上的每一度都分成60分，每一分的弧长度就是1海里。

标准海里长度

由于地球实际形状不是一个圆球体，而是南北两极略扁的椭球体，因此，在纬度不同的子午圈上每一分弧长的长度也就不太相同。在赤道纬度为0°处，1海里等于1843米；在纬度为45°处，1海里等于1852.3米；而在南北极纬度90°处，1海里等于1861.6米。为了便于航海，各个国家都根据本国海域所处的纬度不同而规定1海里的长度值。1929年的国际水文地理学会议通过，用子午线上的维度1分平均长度1852米作为1海里；1948年，国际人命安全会议承认，1852米或6076.115英尺（1英尺=0.3048米）为1海里。海里还有国际海里和英海里之分。1国际海里为1852米，1英海里为1853.184米。中国通常采用的是国际海里。

表示速度的"节"

"节"的代号是英文"Knot"的词头,采用"Kn"表示。1节等于1海里/时,也就是每小时行驶1852米。航海上计量短距离的单位是"链",1链等于0.1海里,代号是英文"Cable"的词头,用"Cab"表示。此外,舰船上锚链分段制造和使用标志长度单位也用"节",通常规定锚链长度27.5米为1节。中国舰艇的使用标志以20米为1节。

▶ 目前大的舰船像航空母舰、导弹驱逐舰等航速多为30节左右

航程的计算

有了统一的标准,就方便了航程的计算。船在海面上,每小时航行的海里叫船速或航速,计算单位为"节"。在一段时间里船所航行的距离叫航程。知道了船速和航行的时间,就可以计算出航程。一般人们用公式"航程(海里)=航速(节)×航行时间(时)"来计算航程。

▼ 现代核动力舰艇的航速和航程较以往都有了很大的改进

探索之旅

"节"的来历

据说,"节"还有一段有趣的来历。早在16世纪,海上航行已经相当发达,但是当时不仅没有时钟,也没有航程记录仪,所以人们很难确切地判定船的航行速度。

然而,有一位聪明的水手想出了一个妙法,他在船航行时向海面抛出拖有绳索的浮体,再根据一定时间里拉出的绳索长度来计船速。那时候,计时使用的还是流沙计时器。为了较准确地计算船速,有时放出的绳索很长,便将绳索等距离打了许多结,如此整根计速绳上又分成若干节,只要测出相同的单位时间里,绳索被拉曳的节数,自然也就测得了相应的航速。于是,"节"成了海船速度的计量单位。相应地,海水流速、海上风速、鱼雷等水中兵器的速度计量单位,国际上也通用"节"。

现代海船的测速仪已非常先进,有的随时可以数字显示,"抛绳计节"早已成为历史,但"节"作为海船航速单位仍被沿用。

海上航线

汽车、火车在陆地上都有各自行驶的道路和轨道，肆意乱走会造成交通混乱，轮船在水中航行也是一样的。虽然在水中不可能像在陆地上一样修筑道路，但是轮船的航行也还是要按照一定的线路，这就是航线。早期人们需要航行到未知水域去开辟新的航线，而现在人们方便了很多，只需按规定的航线航行就可以了。

海上航线布局

海上航线布局是海港规划与建设及海船船型选择的一个重要依据。其内容包括各条航线的走向，起讫点港与中途停靠港的选择，航线性质及使用船型的确定。海上航线布局分为国内沿海航线布局和国际海上航线布局两种。前者主要取决于国内自然资源、工农业生产布局及其产销联系、人口与城市的分布等因素，后者主要受本国的外贸进出口货运量、承担其他国家的货运量及过境货运量的影响。

▲ 三大洋航线通过苏伊士运河、巴拿马运河和马六甲海峡连接成一整条环球航线

现代航线

现代航海事业相当发达，乘船出行远航已经成为现代交通的一个重要组成部分。现代的航线也已形成自己独特的体系，比较重要的几条航线有大西洋航线，主要有西北欧—北美东海岸—加勒比航线等；印度洋航线，主要包括波斯湾—好望角—西欧航线，波斯湾—东南亚—日本航线等。另外还有专门为集装箱船特别开辟出的航线，比如远东—北美航线，北美—欧洲航线等。在现在的海洋上交错分布着很多条航线，共同为人类的航海事业服务。

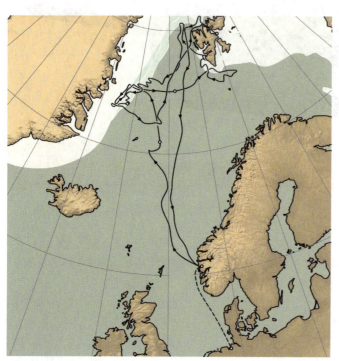
▲ 交错的海上航线

推荐航线

航海者根据各航区不同季节的风、流、浪、雾、冰等情况，通过长期航行实践形成习惯航线，在习惯航线基础上，经过总结并由《航路指南》等航海图书推荐给航海者的航线，称为推荐航线。气象航线属大洋推荐航线。近海推荐航线很多被印在相应的海图上。在这种航线上航行可利用易于识别的岛屿、礁群、导航设施掌握船位，避免搁浅或触礁。

▲ 气象航线减少了坏天气情况下船员受伤的风险

▲ 共享型航线上，交通管理系统工作人员根据雷达显示对来往船只进行调度

资源共享型航线

某些海运国家或海运单位为使船舶避开对航行有危害的天气和海洋环境，避免碰撞和便于海难救助，在某些雾多、冰山多和船舶交会机会多的航区，协商确定在不同季节共同采用的航线，称为协定航线，同时建议未参加协定的船舶尽量采用，以保安全。这种航线是一种典型的资源共享型航线，船舶既能如期到达目的地，又避免了许多灾害，是非常值得各国相互合作的。

弯曲的航线

在航海上，一般使用的都是大圆航线，就是两点在地面上的最短距离，再通过其他途径绕开危险海域，形成实际航线。地图和常用海图一样本身就是按照一定比例缩小而来的，因而我们在地图上看到的航线是弯曲的。

探索之旅

1738 年，一艘名为"哥德堡"号的商船在瑞典的哥德堡港建成。它的使命就是来往于瑞典与中国之间，实现两国间的商品贸易交流，从而开辟出了中国与瑞典之间的航线。

"哥德堡"号是大航海时代瑞典著名远洋商船，曾三次远航中国广州。但不幸的是，在 1745 年 9 月 12 日，它在完成第三次远航之后，在瑞典海岸附近触礁沉没了，为自己的辉煌之旅画上了遗憾的句号。

1984 年，"哥德堡"号沉船遗骸被发现后，唤醒了瑞典人深埋在心底的航海梦想，他们决定再造"哥德堡"号。2003 年 6 月 6 日，经过十年的精心打造，这艘使用 18 世纪工艺制造的仿古商船终于顺利下水了，并在 2004 年完成了首航。它按照当年的航线重走这条历史之路，于 2006 年完成了全部航行。

▲ "哥德堡"号仿制船

最初的轮船设想

在船舶的发展史上,轮船的出现可以说是具有划时代的意义。在经历了用桨划水的人力驱动、扬帆起航的风力驱动两个时期后,人们再次利用蒸汽机,使船自主运行起来。于是,真正意义上的轮船出现了。轮船的发明同样凝结着众多发明家的心血,它也同样不是一蹴而就,而是经过一个漫长的过程才成熟起来的。

▲ 早期的明轮船

最初的设想

蒸汽机一出现,人们就给了它充分的发挥空间。1690年,法国人丹尼·帕潘就想到了将它应用在船舶上,但他的提议一直没有得到人们的重视。直到过了一个世纪,英国人乔纳森·赫尔斯制作出了一张蒸汽拖船的草图,才引起了人们的注意,可最终还是由于发动机设计得太重而没能实现。

最早的实践

这一实践是在18世纪末进行的。一位名叫儒弗莱·达万的法国青年侯爵将蒸汽机成功地安装在了船上,制作出了一艘木制的轮船,起名"皮罗斯卡菲"号。蒸汽机带动明轮转动,推动轮船行驶。不幸的是在1783年7月15日的一次航行中,"皮罗斯卡菲"号爆炸沉没了。

▲ 约翰·菲奇的"实验"号蒸汽船

为船痴迷

美国的约翰·菲奇对蒸汽船的研究达到了痴迷的状态。1787年,他成功地制成了"实验"号蒸汽船。他用蒸汽机带动一根铁杆做水平运动,再用这根铁杆带动6支船桨划水,运载了33名旅客。但在1792年的一场暴风雨中,这艘船不幸被摧毁。然而,他并没有停止对轮船的研究,于1796年开始试验世界上最早的螺旋桨推进器。他为船痴迷,却得不到他人的支持,故而郁郁寡欢,于1798年结束了自己的生命。

名人小传
"轮船之父"——富尔顿

富尔顿(1765—1815),美国工程师、发明家、画家,一生最主要的贡献就是制造轮船。

富尔顿出生于美国一个贫苦的农民家庭,家境贫寒,只上过几年学,14岁时就进了一家珠宝商店当学徒,并且还从一位制枪匠那里学到了制造气枪的技术和各种枪支的试验方法。

富尔顿从小就有两大爱好,一是绘画,二是发明创造。17岁时,他到费城学绘画,并在一家机器制造工厂里从事机械制图工作。1786年,21岁的他留学英国,认识了蒸汽机发明家瓦特和其他几位机械发明家,使他对机械技术产生了兴趣。青年时期,他曾是颇有名气的画家,在费城为富兰克林画过坐像,而制造出不用人力和风力也能在水上行驶的船,这个儿时就有的奇妙设想从来也没离开过他。最终,经过矢志不渝的努力,他终于实现了自己的梦想。

▲ 富尔顿

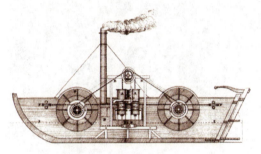

▲ "夏洛特·邓达斯"号结构图

备受冷落

英国的威廉·赛明顿是与菲奇同时期的发明家。他同样致力于对轮船的研究,成功地制造出了"夏洛特·邓达斯"号,于1788年试航成功。但是他也没有得到人们的支持,反而遭到拖船业者的威胁。他的轮船就这样一直备受冷落,引来无数争议,最终也没能光彩地航行于克莱德运河上。

轮船之父

富尔顿对菲奇的蒸汽船做了改进,在1803年制造出了自己的第一艘轮船。但在试航成功的晚上就被暴风雨摧毁了,可他并没有像菲奇那样消沉下去,而是开始了新的改造工作,终于制造出了有名的"克莱蒙"号。在人们的猜测和质疑声中,"克莱蒙"号试航成功,完成了从纽约到奥尔巴尼的240千米的路程。人们就此记住了富尔顿的名字,他也因此得到了"轮船之父"的称号。

▲ 富尔顿的蒸汽船下水时的情景

蒸汽机船的发展

在蒸汽机发明之前,人们只能依靠人力或自然的力量来推动船只前进。蒸汽机的出现使船舶动力发生了根本性的变革,18世纪蒸汽机发明后,试图将蒸汽机应用于船上的想法也随之而来。"克莱蒙"号试航成功后,船舶的推动力从人力、自然力转变为机械力,船舶用蒸汽机提供的巨大动力,使人类有可能建造越来越大的船,运载更多的货物。

瓦特的发明

瓦特是世界公认的蒸汽机的发明者。他对纽科门蒸汽机做了一系列的改良:他将冷凝器与气缸分离开来,使得气缸温度可以持续维持在注入的蒸汽的温度;他发明了双向气缸,使得蒸汽能够从两端进出从而可以推动活塞双向运动;他发明了一种气压示工器来指示蒸汽状况,还发明了三连杆组保证气缸推杆与气泵的直线运动。所有这些革新结合到一起,使得瓦特的新型蒸汽机的效率是过去的纽科门蒸汽机的5倍。

▲ 瓦特所发明的蒸汽机

过渡时期

19世纪上半叶是由帆船向蒸汽机船过渡的时期。早期的蒸汽机船装有全套帆具,蒸汽机只是作为船舶的辅助动力。比如1819年美国人罗杰斯建造的"萨凡纳"号蒸汽机帆船,用了27天时间横渡大西洋,在整个航程中只有60小时是使用蒸汽机推进,其余时间仍用风力。在早期,蒸汽机安装在甲板上,驱动装在两舷的巨大明轮。1839年,第一艘装有螺旋桨推进器的"阿基米德"号船建成,这艘船船长38米,主机功率80马力(1马力≈735瓦特)。

▲ "萨凡纳"号蒸汽机帆船

▲ "阿基米德"号蒸汽机帆船

造船材料的变化

早期蒸汽机是安装在木帆船上的。1850年以后,人们开始逐渐使用铁作为造船材料。到了1880年以后,人们又用钢代替了铁,作为造船材料。1876年,英国建造的新船只有8%用钢材建造,而到1890年,则只有8%是铁船了。

▲ 早期的蒸汽机船,明显可见甲板上的一排烟囱和左舷的巨大明轮

蒸汽机的发展

早期蒸汽机船驱动明轮用的蒸汽机是单缸摇臂式,蒸汽压力也很低。19世纪80年代出现了"三涨式"蒸汽机,蒸汽压力大大提高。此时明轮已为螺旋桨所代替,"三涨式"蒸汽机配合螺旋桨成为典型的动力装置。19世纪末,蒸汽机已发展到"四涨式"六汽缸,蒸汽压力又进一步提高,功率也达到10 000马力。高压水管锅炉逐渐取代了苏格兰式火管锅炉。20世纪初,货船一般是用"三涨式"蒸汽机做主机,功率约为2 000马力,航速约为10海里/时,载重量增大到6 000吨。航行于大西洋上的大型远洋客船,以往复式蒸汽机为动力,单机功率达到20 000马力。

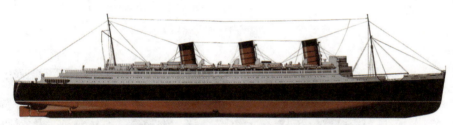

◀ 以蒸汽为动力的"玛丽皇后"号在其穿越大西洋的处女航程中,以耗时4天、53千米/时的时速创下世界纪录

探索之旅

"大东方"号蒸汽机船

"大东方"号蒸汽机船被认为是造船史上的奇迹,它是由英国人布鲁内尔在1854—1858年建造的。布鲁内尔也是第一个将关于桥梁的力学理论应用于造船的人。在船体建造上,"大东方"号蒸汽机船首创了纵骨架结构和格栅式双层底结构。双层底向两舷延伸直到载重水线以上,形成了双层船壳。上甲板也用同样结构以增加船体强度。

"大东方"号蒸汽机船长207米,排水量27 000吨,比当时的大型船大6倍。船内部用纵横舱壁分隔成22个舱室。船上安装两台蒸汽机,一台驱动直径17米的明轮,另一台驱动直径7米的螺旋桨,蒸汽机总功率8 300马力,最高航速16海里/时。船上有6根桅,帆总面积8 747平方米。它能载客4 000人,装货6 000吨。直到半个世纪以后,人们才制造出比它更大的船。尽管在经营方面"大东方"号是失败的,但在造船理论和技术方面,它却为现代钢船开辟了道路。

▲ "大东方"号蒸汽机船

★ 翱翔圆梦科技知识普及丛书

旅途中的"家"

  客轮是专门用来运送乘客的轮船。夕阳西下,海鸟轻轻划过波光粼粼的海面,盘旋在旅客的头顶……客轮不仅给我们带来如此的美景,还为我们提供了良好的居住环境。海上旅程是每个人心目中的浪漫之旅。为了给旅客营造更好的旅行氛围,客轮逐步完善了许多设施,装饰华丽的餐厅、娱乐场所给我们的旅途平添了几分舒适和满足。

与邮轮的关系

  有些地方将客轮称为"邮轮"。因为早期,在航空发展起来之前,人们一直用轮船传递邮件。现代的邮轮不同于以前,它已经不具备邮递的作用,而是安装了很多的娱乐设施,成为现代人们旅游度假的好去处。而客轮相对来说,还是以运载乘客为主。

分类

  依照航行环境的不同,客轮可分为海轮、渡轮、江轮等,其中海轮又依距离可分作近海客轮和越洋客轮两种。20世纪以来,随着航空运输的发展,原本具有交通运输功能的越洋客轮,转为观光旅游功能式的邮轮,上面多有各种休闲娱乐设施供搭乘者使用。

"海上建筑"

  为了方便更多的乘客乘坐,客轮上一般都建有高大的建筑,从上到下,针对具有不同消费能力的客人。它的舱位还分为不同的等级,各个级别的客舱内部设计和设置是不一样的。有些客轮上还有游泳池、电影院、舞厅等,给乘客们一种宾至如归的感觉。

▲ 豪华邮轮的内部

▲ 豪华邮轮的露天游泳池

▼ 豪华邮轮

神气的"法兰西"号

"法兰西"号是航行在 20 世纪 60 年代大西洋上的豪华客轮。最具特色之处是它的防火措施,船上没有木制品,连装饰用品都是用耐热防火材料制成的。此外,它还有双层船壳的设计,在船身不幸穿洞的情况下可以迅速关闭 59 扇钢门,防止水灌进船身。它拥有巴黎最好的百货公司分行、一间海上最大的电影院,甚至还有医院和太平间,150 多位厨师每天要用掉 75 吨生食,为船上的乘客们提供 9 000 份食物。

▶ "法兰西"号

探索之旅
帆船时代的豪华客船

当今世界上的不少轮船公司为了招揽顾客,制造出了许多豪华型客轮和超豪华型客轮。客轮上设备齐全,装潢豪华,使旅客吃得丰富,住得舒适,玩得尽兴。其实追根溯源,豪华客船早在帆船时代就已经出现了。

1818 年 1 月 5 日,有一条定期远洋帆船"詹姆斯·门罗"号,从纽约的伊斯特·利巴第 23 号码头出发作处女航,经大西洋南下,奔英国利物浦而去。尽管船上只有 8 名旅客,但享有的物品却非常丰富。"门罗"号的甲板上设有小牧场,饲养着活牛、猪、羊和鸡,随时可以给旅客提供新鲜的肉、牛奶和鸡蛋,面包也是每天现做的。船上的装潢非常豪华,大客厅全部用名贵的红木装修,椴木板贴面,几个特别房间装饰着大理石门柱。这是美国布莱克·鲍尔航运公司花费巨资制造的 424 吨帆船,也是世界上最早的定期远洋航船。该船在 1818 年 2 月 28 日首航到达英国的利物浦,航程 51 天。

"泰坦尼克"号

"泰坦尼克"是英文"Titanic"的音译,意为"庞大的、巨大的"。"泰坦尼克"号以此为名,号称"永不沉没"。在当时是最大、最豪华,也是最昂贵的客轮。1912 年 4 月 15 日是它的处女航,由英国南安普顿驶往纽约港。

◀ "泰坦尼克"号模型

豪华的"玛丽女王二世"号

"玛丽女王二世"号真的可以说是客轮中的"女王",它占有了客轮家族中的几个"最"。首先,它身长 345 米,是当时世界上最长的客轮;其次,它的吨位达到 15 万吨,可同时容纳 2 800 人,这些都是有史以来可以称"最"的;再次,它也是当时最高、最豪华的客轮。船上设有酒吧、戏院、图书馆等,应有尽有,就像是一座移动的城市。

▼ "玛丽女王二世"号

▲ 装煤船

运送货物的船

顾名思义，货轮就是专门用来运送货物的轮船。凭借着水对船的巨大浮力，货轮将整船的货物由一地运往另一地，促进了世界各国的贸易交流。货轮根据载重量的大小和货物性质的不同分为很多类，它们发挥着各自的作用。在现代的海洋上，货轮在运输货物方面，因其自身的优点也占有非常重要的地位。现在，货轮是数量最多的一种轮船。

散装货船

谷物、沙石、煤炭等一些不具有固定形态的散状货物，需要特殊的散装货船来运载。为了方便装卸，这类货船的货舱口一般都比较大。另外，有些货物很重，比如沙土、钢材等，所以它的结构需要非常坚固。

普通货船

普通货船又称干货船，是货船家族中最常见最普通的一员。这种货船上的建筑通常都很矮小，生活设施也比较简单，甲板层数也不是很多，但是和其他兄弟姐妹们相比它拥有更宽敞的货舱，可以给更多的货物提供容身之地。普通货船在出发前，人们必须做好充足的准备工作，先将货物打包装箱，然后用船上的吊杆，或者其他起重设备将货物吊到船上，最后将货物在货舱内整整齐齐地排放完毕，才可以启程。

▼ 货船

滚装船

第一艘滚装船由美国人在 1958 年制造。滚装船是利用牵引车或叉车直接将货物运送到货舱内，人们又形象地称它为"滚上滚下船"。这种船的装卸效率高，可以直接连通水陆，使用起来非常方便。船内设有很多层甲板，那些放进去的货物可以暂时"居住"在这里。另外，它还有特别设计的跳板、可活动的斜坡道和升降平台，供运输货物的车辆行走。但是，它的重心高，所以稳定性不是很好。

> **新知词典**
>
> **自由轮**
>
> 自由轮是一种第二次世界大战期间在美国大量制造的货轮。美国舰队购买了大量的自由轮来替代被德国潜艇击沉的商船，同时，也有很多自由轮通过租借法案提供给英国。自由轮建造迅速，价格便宜，它成为第二次世界大战中美国工业的一种象征。在 1941 年到 1945 年间，18 个美国船坞共计建造了 2 751 艘自由轮。这些船只的数量，以及很多船只在 5 年的设计寿命之后依然幸存，都让它们成为备受关注的研究对象。

◀ 滚装船

冷藏货船

有些货物很容易在短期内腐坏，为了保鲜，就出现了冷藏货船。它在外形上与普通货船没有什么区别，但是在内部，冷藏货船整个船舱都利用特殊的制冷装置降温，船体甲板和货舱壁也都装有特殊的隔热材料。整条船就好像一个巨大的活动冰箱，装载着鱼、肉、水果、蔬菜等容易变质腐坏的食物，将它们从一个码头运到另一个码头。

▲ 冷藏货船

集装箱船

采用集装箱运输是现代使用较多的一种海上运输方法。集装箱具有统一的规格大小，将零散的货物装进集装箱，便于安放整齐。集装箱船分为部分集装箱船、全集装箱船和可变换集装箱船。部分集装箱船就是指将货舱的一部分用于存放集装箱，其他的还可以存放杂货；全集装箱船就是专门运载集装箱的轮船；可变换集装箱船就比较自由了，它装载集装箱的结构是可以拆分的，可以根据实际需要安装或者拆下。

▼ 集装箱船

液体运输工具

轮船的发明大大改善了人们的生活。它庞大的"身体"可以帮助人们一次性运载很多货物,就连没有固定形态的液体也同样不在话下。在不断的实践中,发展出了很多具有不同功能的船。油轮就是专门用来运输液体的,虽然它的名字是"油轮",但运载对象却不仅仅只是油,它也可以用来运输其他液体。

油轮之最

世界上最大的油轮是新加坡的"诺克·耐维斯"号。它的船身有400多米长,于1976年12月开始投入建造,最初的名字是"巨人"号。它能够容纳将近410万桶的原油,安装有先进的自动化设备,只需三四十人就可以顺利航行了。

▶ 世界上最大的油轮——"诺克·耐维斯"号

基本结构

油轮本身被分为很多个储油舱,在运输之前,用油管将石油或需要运输的其他液体灌入舱内。纵向式的油舱没有纵向舱壁隔离,所以在没有完全装满的时候,船身也能够保持平稳。而它的机舱一般都设在船尾。从安全角度出发,油轮的发动装置也设在船尾,原因是如果像其他船一样,把发动装置穿过油舱安装,就很容易因为可燃气体的不慎外泄而引发爆炸事故。

油轮动力

大多数运输原油的油轮可以装载10万吨以上的货物,90%使用蒸汽机作为动力装置。原油必须加热后才有足够的流动性,可以被泵入油轮,在整个运输过程中它们始终被保持在加热的状态下,这样可以在目的地快速地卸货。因此驱动的蒸汽机还可以用来提供加热原油的蒸汽。原油的运输速度不重要,因此这些船的航速比较慢,一般航速在28千米/时左右。

▲ 油轮

🛢 油轮的大小

油轮的工作范围不同，总载重量就不同。邮轮主要分为近海油轮、近洋油轮、远洋油轮和超级油轮。它们的载重量分别为 3 万吨、6 万吨、20 万吨和 30 万吨。日本在 1980 年改装的"海上巨人"号油轮，载重量达到 56 万吨，真无愧于"海上巨人"的名称。

🛢 油轮泄漏

船只在航行中不可能永远都一帆风顺，油轮也是由于各种原因引发的原油泄漏事故比比皆是。这不仅造成了原油的流失，而且对周围环境也造成相当恶劣的影响：海面上被厚厚的原油覆盖；海洋动物和海鸟全身沾满油污，呼吸困难；海滩上也是一片黑乎乎的景象。

▲ 油轮泄漏造成的海水污染

▲ 早期的液体货物(如葡萄酒等)都靠这种桶盛装运输

🛢 特殊的"油轮"

除了运输原油，油轮还可以被用来运输其他液体。像葡萄酒等一类可食用的液体，在运输过程中就需要保证它不变质。一些需要保持特殊温度的液体，舱内就需要安排特殊的保温装置。因此，运输液体的性质不同，对船的要求也不同。

新知词典

双壳油轮

双壳油轮是拥有两层外壳的油轮。一开始建造双壳油轮的目的是节省运送需要加热的液体(如沥青、糖蜜或石蜡)时的能量和费用，因为两层壳的隔热性能比较好。今天建造双壳油轮的动机是提高其安全性，防止外泄，但两层船壳之间的空间常常需要注入海水，按照船载货的情况来平衡船身。含盐量高的海水对船内壁的腐蚀非常大，而船的两层壳之间非常窄，无法使用船上的设施来确定内壁腐蚀的程度。因此，双壳油轮的普及还需要一个漫长的过程。

扫除冰层障碍

轮船发展到一定阶段,已经可以运载乘客或者货物,在水面上自由地航行了。但是当冬季来临,或者到了气候寒冷的地区,水面上就会结一层厚厚的冰,这给航行在水面上的轮船带来了很大的障碍和安全隐患。于是,人们对部分轮船作了改造和发展,帮助船只扫除冰层障碍的"破冰船"就出现了。

建造破冰船

1898年,英国按照俄国海军上将马卡罗夫的设想,为俄国建造了第一艘大型破冰船"叶尔马克"号。很快,美国人就仿照俄国人为大湖水域制造了1 000吨的破冰船。第一次世界大战中,由于军事上的需要,俄国制造了3艘3 000~6 000吨的大型破冰船,战后用它们开辟了北方航道。第二次世界大战后,美国、加拿大、芬兰、瑞典等国也相继建造了一批破冰船。

动力源

大部分破冰船都是采用柴油机作为动力源,用燃油燃烧产生的动力来带动电动机,再由电动机带动螺旋桨开始旋转,使船体前进。在破冰船的动力源方面,人们还想到了其他方法。1957年,第一艘核动力破冰船由苏联制造出来,命名为"列宁"号。这艘船采用热核反应堆,高压蒸汽推动汽轮机转动,然后通过螺旋桨推动船体航行。核物质本身就凝聚有极大的能量。10千克铀提供给一艘破冰船的动力,相当于2.5万吨煤燃烧后提供的能量。有了核动力的支持,破冰船就可以长期在远洋中工作了,不用担心能源问题。

破冰船的船头外壳用很厚的钢板制成

工作方法

破冰船通常采用两种方法破除冰层。第一种是利用船体自身的重量将冰层压碎。破冰船的船头是折线形的,能够与水面形成夹角。在开足马力的时候,船体就可以顺利地爬到冰层上面,靠船头部分的重量把冰压碎,继续前进。另一种就是撞击的方法,应用于较厚的冰层或者冰山。

螺旋桨的用途

安装在破冰船上的螺旋桨,除了有推动船身前进的作用外,还有别的用途。在破冰船靠近船头的位置,安装有两个螺旋桨。工作中,这两个螺旋桨可以通过自身旋转将冰层下的水抽出,减弱水对冰层的支撑,较薄的冰层这时就会自己破碎。如果冰层较厚,船尾的螺旋桨给船体提供前进的动力,船身压在冰层上,缺少了支撑的冰层也就很容易地被压碎了。

▲ 破冰船开辟出的航道

▲ 行进中的破冰船

特殊构造

破冰船具有特殊的使命,所以外形和构造也有它自己的特点。为了能够开辟出较宽的航道,破冰船的船身通常是短而宽的。船头外壳用很厚的钢板制成,这层钢板至少有5厘米厚,目的是能够有效地打碎厚厚的冰层。船体内部有密集的钢结构作支撑,船身还有特制的抗撞击合金钢加固保护。

探索之旅
破冰船的由来

萌生建造破冰船的设想是在19世纪初。当时,俄国北部沿海地区的渔民为了能在冰封雪飘的冬天捕鱼,发明了一种木质的雪橇形破冰船。在使用的时候,人或者牲畜站在冰面上牵引,船上满载石头,船身爬上冰面,船首向上翘起,利用船体重量把冰压碎。这种破冰工具,完全可以说是最早的破冰船雏形了。

1864年,一位名叫布利聂夫的俄国人受雪橇形破冰木渡船的启示,把自己的"巴依洛德"号货船改装成破冰船。他把船首钢板加厚,并改成倾斜状,这样就可以使船身容易爬上冰面。船首还有一个水舱,灌满了水,能够增加船身的重量,便于压碎冰块。

这艘破冰船改装成功以后,曾经在芬兰湾大显身手,为当地居民解决了因海上冰封而断根缺水的困难。

船身上的标志

船舶不仅仅看起来庞大无比，就连它们的标志也比汽车复杂得多，一部汽车往往最为明显的标志就要数它的品牌标志了，而船舶则大为不同。船舶标志除了船名、载重量等基本信息外，还有一些像信号旗的特殊的标志，只有按照这些标志来操作，才能够保证船舶安全航行。

▲ 在挪威"太阳"号邮轮的船首可见"NORWEGIAN SUN"字样的船名

船名标志

一般来说，一艘船上应该有以下几种标志：船首两舷和船尾标明船名；船尾船名下方标明船籍港；船首和船尾两舷标明吃水标尺；船舶中部两舷标明载重线。船舶的船名标志有一套严格的规则，以中国为例，船名标志牌的内容为船名和船籍港，书写居中排列，且船名在上，船籍港在下，所使用的汉字为规范简化字，字体为方正准圆体，英文字母和阿拉伯数字为等粗线体。

载重线及载重线标志

载重线是为保证船舶航行安全在船舷处勘划的船舶在不同海区和季节须相应使用的负载量标志。载重线标志包括外径为30厘米、线宽为2.5厘米的一圆环和与圆环相交长为45厘米、宽为2.5厘米的一条水平线，该水平线上边缘通过圆环中心。各载重线与一根位于圆环中心前方的垂直线相垂直，分别表示的通常有夏季、冬季、冬季北大西洋、热带、夏季淡水、热带淡水各载重线。载重线的上缘就是船舶在该水域和该季节中所允许的最大装载吃水的限定线。

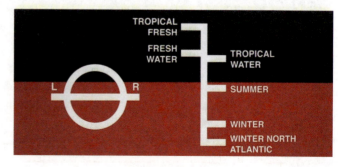
▲ 载重线及载重线标志

船舶公司旗

无论是在海上航行的还是在港口码头停靠的各种船舶的烟囱上，我们都能清楚地看见颜色不同的图案或文字，这些都是船舶公司旗的标志。它的颜色和图案一般是由船舶所属国家的国旗派生而来的。一艘万吨轮的烟囱面积有近十平方米，它的功能除了排烟之外，还起到装饰和美化船舶的作用。如果把烟囱当作船舶的帽子，那么船舶公司旗的标志就像帽徽似的，方便人们在茫茫海域中确定船舶的身份。

烟囱上的邮轮公司标志

吃水深度

船舶不同于其他交通工具，都有相应的吃水深度。船舶的吃水深度一般都会以阿拉伯数字焊刻于艏材及艉材左右两舷显明易见之处，如果没有艏材或艉材，应焊刻在相当于艏材的地方，每字高10厘米、宽20厘米，仅焊刻双数，数字下面的底线，就表示该船的吃水深度。

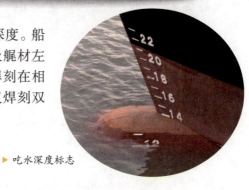

▶ 吃水深度标志

信号旗

国际信号旗用红、黄、蓝、白、黑几种颜色组成不同几何图案。多数旗用两种颜色，少数为三色、四色。字母旗中 A、B 两面旗为燕尾旗，其余 24 面均是长方旗。数字旗均呈长梯形，故又称尖旗。代旗为三角形旗，回答旗呈长梯形。这些旗帜不仅外形各异，而且各自发挥着无可取代的重要作用，就拿字母旗来说，不同的字母表示不同的含义。信号旗常常是船舶之间相互沟通的重要工具。

◀ 每一面信号旗都各自代表一个独立的含义，并且有既定标准，一面或多面旗帜可组成代码，而沟通双方都能查阅代码手册去了解代码的含义

新知词典

船舶 IMO 号

IMO 是国际海事组织的英文缩写，它是联合国负责海上航行安全和防止船舶造成海洋污染的一个专门机构，总部设在伦敦。船舶 IMO 号是由国际海事组织颁发的，就相当于每一条船的身份证号，是这条船最开始注册船籍时得到的号，方便船舶信息的记录，每条船拥有唯一一个 IMO 号，并且是不会改变的。船籍指的是船舶的国籍。商船的所有人向本国或外国有关管理船舶的行政部门办理所有权登记，取得本国或登记国国籍后才能取得船舶的国籍。

北冰洋探险

北冰洋位于北极地区，这里终年被冰雪覆盖，气候非常恶劣，但这没有阻止梦想家们对它的探索。弗里乔夫·南森是挪威的一位北极探险家、动物学家和政治家，他由于1888年跋涉格陵兰冰盖和1893—1896年乘"弗瑞姆"号横跨北冰洋的航行而在科学界出名，他也是第一个证实北极是海洋的探险家。

 最早的北极探险

早在公元前325年，一位叫作皮西亚斯的商人、航海学家就为了寻找锡和琥珀的原产地而驾船北上。据他的记载推测，他可能到达了现在的不列颠群岛，然后继续北上，来到了传说中的图勒大地。记载中提到，"陆地和水都悬浮着，既不能踏足也不能航行"，"太阳落下两三个小时后又会升起来"。现今的研究者据此认为，皮西亚斯应该已经很接近北极圈了。

探索之旅
南森在格陵兰的考察

▲ 弗里乔夫·南森

弗里乔夫·南森于1861年10月10日出生在挪威一个富有的家庭，他的父亲是一位律师。1880年，南森进入克里斯蒂安尼亚大学攻读动物学。1882年，一次偶然的机会，他乘船到格陵兰水域去作调查研究。没想到这次意外之旅激起了他对研究北冰洋的强烈兴趣。几年后，他决定深入北极地区进行科学考察。

1887年，南森提出用雪橇进行横跨格陵兰冰盖的考察规划，但是挪威政府拒绝提供资金。后来，经过多方努力，他从丹麦人那里得到了财政支援，终于有机会可以实现自己的梦想了，南森开心极了！

1888年5月，南森在5个同伴的陪伴下离开挪威向北极驶去。由于冰的原因，考察组在靠岸之后遇到了相当大的困难。8月16日，他们开始由东向西艰苦地行进。10月上旬，南森到达格陵兰西海岸上的戈德撒泊村，至此，南森成为第一个从东到西横穿了格陵兰的人。因为错过了最后一班轮船的缘故，南森不得不在那里度过一个漫长而寒冷的冬天。在小村子居住的这个冬天，南森并没有真正休息下来，他对当地的因纽特人的衣食住行等方面做了深入的研究。后来，他还专门写了一本名为《因纽特人生活》的书。

发现格陵兰岛

在希腊人之后,北欧人也开始了对北方的探索。爱尔兰的僧侣们在公元800年之前可能就已经来到了冰岛。公元860年之后,古代挪威人也开始踏足冰岛。公元982年左右,红胡子埃里克发现了格陵兰岛。之后,格陵兰岛陆续迎来了一批批的移民,他们建立了教堂,并开始与欧洲通商。

富兰克林引起的探险

1845年,著名北极探险家约翰·富兰克林率领两艘当时最先进的探险船向北极进发,但他却失踪了。1848年后的十几年里,共40多个救援队搜索富兰克林的踪迹,搜救行动不仅查明了富兰克林船队遇难的原因,也极大地丰富了关于美洲北极地区的地理知识,对北极地区的洋流和冰盖漂流现象有了更多的认识。

▲ 富兰克林的探险队伍每到一个地方,都会令那里的人感到奇怪,因为他们不顾生命危险,到处探险

南森的北极之旅

南森于1893年6月24日从奥斯陆开航,驶向北冰洋,于1896年8月13日回到挪威,完成了长达三年多的北极探险。此次探险活动中,他收集了大量有关北冰洋的洋流、浮冰、水文、气温和海生物等方面的宝贵资料,并出版了一本名为《穿越北冰洋》的书。

▼ 北冰洋

寻找南极大陆

南极大陆指南极洲除周围岛屿以外的陆地，是那些充满理想的航海家们发现最晚的大陆，它孤独地位于地球的最南端。南极大陆95%以上的面积被厚度惊人的冰雪覆盖，素有"白色大陆"之称。它远离其他大陆，是与文明世界完全隔绝的大陆，至今仍然没有常住居民。

南极大陆的探索

1738—1739年，法国人布韦航海时发现了南极附近的一个岛屿（今布韦岛）。1820—1821年，美国人帕尔默、俄国人别林斯高晋和拉扎列夫、英国人布兰斯菲尔德先后发现了南极大陆。1838—1842年，英国人罗斯、法国人迪尔维尔、美国人威尔克斯等先后考察了南极大陆。1911年12月阿蒙森等4名挪威人首次到达南极点。

▲ 布韦

发现南极大陆

第一个发现南极大陆的航海者至今仍有争议，但别林斯高晋的可能性为最大。他是俄罗斯南极探险家、海军上将。他和拉扎列夫指挥"东方"号和"和平"号两只单桅船在1819—1821年间完成了环南极的伟大航程，6次穿过南极圈。他的船队先后发现了两个小岛，这就是用沙皇的名字命名的彼得一世岛和亚历山大一世岛，后者紧靠南极大陆。

▲ 别林斯高晋

探索之旅
阿蒙森的探险之旅

阿蒙森从小喜欢滑雪旅行和探险，他曾经3次率探险队深入到北极地区。1897年，他在比利时探险队的航船上担任大副，第一次参加了南极探险活动。这次经历让他对南极产生了莫大的兴趣。1910年8月9日，阿蒙森和他的同伴们乘探险船"费拉姆"号从挪威启航，准备向南极进发。

经过4个多月的艰难航行，"费拉姆"号穿过南极圈，于1911年1月4日到达攀登南极点的出发基地——鲸湾。在这里阿蒙森和伙伴们进行了长达10个月的准备。10月19日阿蒙森和同行的5名探险队员从基地出发，开始了远征南极点的行程。

这是一段异常艰难的行程，前半部分大约六七百千米的路程还算比较顺利，他们可以乘狗拉雪橇和踏滑雪板前进。后半部分路程就没么幸运了，他们需要爬坡越岭，尽管遇到许多高山、深谷、冰裂缝等险阻，但由于事先准备充分，加上天气还不错，他们仍以30千米/天的速度前行着。果然，功夫不负有心人，1911年12月15日阿蒙森的队伍胜利抵达了南极点。经历患难的伙伴们激动的心情溢于言表，他们互相欢呼拥抱，庆贺胜利，并把一面挪威国旗插在南极点上。至此，人类对南极的探险翻开了崭新的一页。

▲ 南极的斯科特探险队

不幸的斯科特

斯科特的探险队于1912年1月17日到达南极，但阿蒙森比他们早到了35天。在返回路途上，他们遭遇了16年一见的寒冷低温，在3月29日全部冻死。最初冻死的是埃文斯，奥茨由于冻伤也无法继续前进，他的尸体至今仍未被发现。史考特等3人冻死在了营帐里，他们的尸体和日记及10多千克的岩石标本6个月后才被发现。

发现澳大利亚

据有关史料记载，1606年，西班牙航海家托勒斯的船只驶过位于澳大利亚和伊里安岛之间的海峡；同年，荷兰人威廉姆·简士的"杜伊夫根"号涉足过澳大利亚，并且是首次有记载的外来人在澳大利亚的登陆。1770年，英国航海家库克船长发现澳大利亚东海岸，将其命名为"新南威尔士"，并宣布这片土地是英国的属地。

水下定位和追踪

声呐就是利用水中声波对水下目标进行探测和定位的电子设备,是水声学中应用最广泛、最重要的一种装置。声呐技术至今已有100多年的历史,它是1906年由英国海军的刘易斯·尼克森发明的,他发明的第一部声呐仪是一种被动式的聆听装置,主要用来侦测冰山。这种技术到第一次世界大战时才被应用到战场上,用来侦测潜藏在水底的潜艇。

声呐的分类

声呐按其工作方式分为被动式声呐和主动式声呐,现在的声呐兼有以上两种工作方式。主动式声呐发射声波后,声波遇到目标就反射回来,接收器接收到这种回波后,就可以测算出目标的方位和距离;被动式声呐不发射声波,靠接收螺旋桨转动或其他机械工作发出的声响发现敌人。

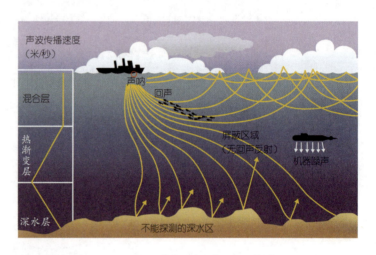

▲ 声呐工作示意图

▲ 应用声呐技术绘制海底地形

重要的作用

声呐是各国海军进行水下监视使用的主要装备,用于对水下目标进行探测、分类、定位和跟踪;进行水下通信和导航,保障舰艇、反潜飞机和反潜直升机的战术机动和水中武器的使用。此外,声呐技术还广泛用于鱼雷制导、水雷引信,以及鱼群探测、海洋石油勘探、船舶导航、水下作业、水文测量和海底地质地貌的勘测等。

▲ 法国F70级护卫舰的舰尾装有可变深度声呐

安装方式

传统潜艇安装声呐的主要位置是在最前端。现代潜艇非常依赖被动声呐，这种巨大的收声装置会让潜艇的直径增大，因为被动声呐听声装置需要装载在潜艇的身侧，利用不同位置收声装置收到的同一声音信号，经过电脑处理和运算之后，就可以迅速地对声源进行定位。艇身越大，确定声源的能力就越强，因此大型潜艇多装备被动声呐。

反声呐技术

各国海军为探测潜艇，在舰艇、飞机、潜艇甚至海底装备了声呐设备，来监听周围的海洋异常噪声，然后通过噪声分析、信号处理等手段来判断和搜寻潜艇。但是先进的反声呐技术可以让敌方船只无法识别潜艇的真面目。

◀ 现代许多潜艇上都贴有消声瓦以躲避被动式声呐的探测

噪声的来源

潜艇噪声成了潜艇保持隐蔽性的最大障碍，潜艇要发挥其应有的战斗威力就必须要尽量降低噪声。潜艇噪声的主要来源有舱内机械运转时产生的噪声、机械构件振动引起的在艇体结构中所传播的结构噪声及水流经过艇体产生的噪声等。目前，各国在建造潜艇时都采用了种种降低噪声的措施。例如，对高噪声机械安装消声器和隔声罩；设计低噪声螺旋桨，加设螺旋桨通气装置；在船体和舱室中敷贴吸声材料以降低噪声等级；等等。

探索之旅
"活声呐"——海豚

声呐并不是人类的专利，不少动物都有它们自己的"声呐"，鲸等海洋哺乳动物就拥有独特的"水下声呐"。

海豚是一种体型较小的鲸类，它具有和声呐性能一样的机构，一般是靠回声定位来判断目标的远近、方向、位置、形状甚至物体的性质。海豚能发现几百米外的鱼群，在蒙住眼的情况下，准确无误地穿过人们设置的障碍。它的"目标识别"能力很强，不但能识别不同的鱼类，区分开黄铜、铝、塑料等不同的物质材料，还能区分开自己发声的回波和人们录下它的声音而重放的声波。海豚的抗干扰能力也是惊人的，如果有噪声干扰，它会提高叫声的强度盖过噪声，以使自己的判断不受影响。此外，海豚还可用超声波信号互相联系，因为在海里可视距离总是有限的，一旦分开就只能靠这种信号联络。也正是如此，海豚才被人们称为"活声呐"。

▲ 海豚

现代导航仪器

随着人类航海活动的不断深入，航海技术也在不断进步和发展。到了近代，六分仪、计程仪等普通的导航仪器诞生了；20世纪40年代，无线电导航仪出现了；紧接着，惯性导航仪、射电六分仪等也随着核潜艇的诞生而出现。现代导航仪器主要有普通导航仪器、天文导航仪器、无线电导航系统、海军卫星导航系统和惯性导航系统等。船舶导航技术的发展使人们能在海上航行得更远了。

普通导航仪器

普通导航仪器包括磁罗经、陀螺罗经、计程仪、回声测深仪等，主要用于测定舰艇的航向、航速和水深等数据。这些仪器的结构简单，使用方便，生命力强。尽管它们已不是现代军舰的主要导航设备，但在战时断电或其他导航设备发生故障时，却能发挥不容忽视的作用。

天文导航仪器

古老的天文导航在近代也得到了发展。18世纪时，出现了六分仪和天文钟，可以在晴天的白天观测天体，以确定船舶的位置。后来又出现了能在阴雨天气导航的射电六分仪。总的来说，天文导航容易受到天气的影响，且误差较大，但有独立性强、不受人工或自然形成的电磁场的干扰、仪器简单、费用节省、隐蔽性好等优点。

▲ 航海天文钟

◀ 无线电导航

无线电导航

无线电导航仪器是借助电磁波的信息来定位导航的，同其他导航方法相比，无线电导航具有不受天候限制、定位精度和可靠性较高、作用距离较远等优点，因而在导航技术中占有重要的地位。但无线电导航必须依靠导航台的信息，容易受到自然或人为的干扰，并且难免会发生故障，因此也不能完全替代普通航迹导航、陆标导航和天文导航。

惯性导航

惯性导航系统是根据牛顿运动定律，利用加速度计测量舰艇运动的加速度以确定舰艇速度和位置的精密导航系统。整个系统是由三个陀螺仪组成的稳定平台，始终保持在和地球表面相切的平面上，提供精确水平基准信息。惯性导航系统是完全自主、无源式的导航系统，是核动力潜艇、海洋调查船等大型舰船必不可少的导航设备。但其制造工艺水平要求高，造价昂贵，定位误差随时间的累积而增加，每隔一定时间必须校正。

▲ 早期的惯性导航系统

▲ 陀螺仪

▼ 导航卫星为海上航行船只导航

卫星导航

1957 年，人类发射了第一颗人造地球卫星，1964 年又研制出了卫星导航系统。这种新技术应用于航海后，使得航海从地文航海和天文航海时代进入电子航海时代。特别是时间测距卫星导航系统，不但能提供全球和近地空间连续立体覆盖、高精度三维定位和测速，而且还有着超强的抗干扰能力。

新知词典

自动标绘雷达

20 世纪 60 年代至 70 年代初，自动标绘雷达出现了，它是一种对船舶避免碰撞有很大作用的导航设备。在此之前，航海者要对通过雷达观测获得的信息进行标绘作业，量取和可能遇到船只的最近会遇距离，才能判断相互之间有没有碰撞的危险，并决定是否应当采取相应的避让措施。而自动标绘雷达问世后，标绘和判断完全可以由安装在雷达内的微处理机完成，并在荧光屏上显示。如果有可能发生碰撞，装置会自动以图像和声音的形式发出警报，并进行模拟避让，以确定可采用的最佳避让措施。

由于自动标绘雷达对保证航行安全有着重要的作用，1984 年 9 月 1 日，国际海事组织规定以后建造的 10 000 总吨以上的船舶，都应装配自动标绘雷达。

卫星导航系统

20世纪60年代，卫星导航设备出现了，这是导航史上的一次重大突破，为高精度的全球定位打开了局面。卫星导航是指采用导航卫星对地面、海洋、空中和空间用户进行导航定位的技术。它综合了传统导航系统的优点，真正实现了各种天气条件下全球高精度被动式导航定位。我们常见的GPS导航、北斗卫星导航等均为卫星导航。

海军导航卫星系统

海军导航卫星系统又称子午卫星系统，是美国海军利用多普勒频移测量技术研制并建立的具有导航与定位功能的卫星系统。整个系统包括子午卫星、地面跟踪站和舰艇接收机三部分。当导航卫星进入无线电地平线后，舰艇接收机自动测量多普勒频移，并译出卫星发送的轨道参数和时间信号，经计算机算出舰位。海军导航卫星系统操作简便、定位迅速、精度高且可全天候作业，在全球定位系统技术出现之前应用十分广泛。

▲ 美国的子午卫星系统由30多颗"子午仪"号卫星组成，能为核潜艇和各类海面舰船提供高精度的定位。图为"子午仪"号卫星模型

GPS 导航系统

GPS是全球卫星定位系统的简称，是美国从20世纪70年代开始研制的新一代空间卫星导航定位系统，1994年全面建成。它的主要目的是为陆、海、空三大领域提供实时、全天候和全球性的导航服务。GPS系统一共由24颗卫星组成，可对车辆、船只、飞机、导弹、卫星和飞船等各种移动用户进行全天候的、实时的高精度三维定位测速和精确授时，现已广泛应用于各个领域。

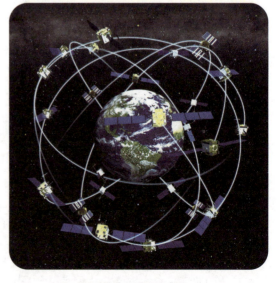

▲ GPS导航系统示意图

GPS 航海导航

现在，航海应用已经成为 GPS 导航应用的最大用户，这是其他任何领域的用户都难以比拟的。GPS 系统用于海上导航，不仅精度高、可连续导航，而且有很强的抗干扰能力。GPS 航海导航的用户众多，其分类标准也不尽相同，按照航路类型划分可以分为五大类：远洋导航、海岸导航、港口导航、内河导航和湖泊导航；按照导航系统的功能划分，大致可以分为自主导航、港口管理和引进导航、航路交通管理、跟踪监视、紧急救援以及水下作业等系统。

▲ 有了 GPS 定位，导弹的命中率更为精确

北斗卫星导航系统

中国北斗卫星导航系统是中国自行研制的全球卫星导航系统，由 35 颗卫星组成，是继美国 GPS 系统、俄罗斯格洛纳斯卫星导航系统之后第三个成熟的卫星导航系统。北斗卫星导航系统由空间段、地面段和用户段三部分组成，可在全球范围内全天候、全天时为各类用户提供高精度、高可靠定位、导航、授时服务。该系统已获得了国际海事组织的认可，将在任何天气条件下，为水上航行船舶提供导航定位和安全保障。

▲ 北斗卫星导航系统卫星模

探索之旅
北斗卫星导航系统的发展历史

中国高度重视卫星导航系统的建设，一直在努力探索和发展拥有自主知识产权的卫星导航系统。2000 年，我国首先建成北斗导航试验系统，使我国成为继美、俄之后世界上第三个拥有自主卫星导航系统的国家。之后，这一系统成功应用于测绘、电信、水利、渔业、交通运输、森林防火、减灾救灾和公共安全等诸多领域，产生显著的经济效益和社会效益。为了更好地服务于国家建设与发展，满足全球应用需求，我国启动实施了北斗卫星导航系统建设。2012 年 12 月，北斗卫星导航系统正式对亚太地区提供无源定位、导航、授时服务。

2014 年 11 月 23 日，国际海事组织海上安全委员会审议通过了对中国北斗卫星导航系统认可的航行安全通函，这标志着北斗卫星导航系统正式成为全球无线电导航系统的组成部分，取得了面向海事应用的国际合法地位。

★ 翱翔圆梦科技知识普及丛书

航海技术的发展

在人类社会发展过程中,欧洲国家首先从封建主义时代进入资本主义时代,并且在科学技术方面取得了一系列的成就。新的材料、机械电气、电子、信息技术逐步应用于航海,使得现代航海出现了一些和以往截然不同的新特点。中国在科学技术方面起步较晚,但是凭借后期的努力,在现代航海领域中也贡献出了自己的一份力量。

▲ 现代大型远洋集装箱船

当代航海科学技术

20世纪下半叶,航海科学技术取得了日新月异的发展,主要表现在:船舶的吨位越来越大了,集装箱也越来越大;专业化特种船舶迅速增多,如滚装箱、液化气船等的出现;为了与高速公路、高速铁路运输竞争,近年来船舶也在向高速化发展;20世纪70年代计算机开始应用到船舶上,船舶开始走向自动化发展的道路;船舶使用了全球海上遇险与安全系统,一旦发生海上事故,岸上搜救当局以及遇难船附近的船舶能够迅速地获得报警,以在最短时间内展开搜救行动等。

现代导航

1935年,雷达发明后随即开始应用于船舶探测目标、定位、导航与避碰。但是,很快人们就有了新的先进导航技术。1957年,人类发射了第一颗人造地球卫星,1964年又研制出了卫星导航系统,这种新技术应用于航海后,使得航海从地文航海和天文航海时代进入电子航海时代。

▲ 卫星导航在航海领域发挥着巨大作用

敢下五洋捉鳖

探索之旅

大连海事大学

被称之为中国"航海家摇篮"的大连海事大学，在20世纪90年代被国际海事组织认定为世界上少数"享有国际盛誉"的航海院校之一，正朝着"建设世界第一流的高等航海学府"的目标前进。

大连海事大学简称"海大"，是一所以航运为特色，多学科综合发展的交通运输部直属理工类院校。大连海事大学历史悠久，源于1909年的上海高等实业学堂，后由上海航务学院、东北航海学院和福建航海专科学校合并而成。学校拥有设施和功能齐全的航海类专业教学实验楼群、航海训练与研究中心、水上求生训练馆、教学港池、图书馆、游泳馆、天象馆等；拥有航海模拟实验室、轮机模拟实验室以及2艘远洋教学实习船。并校60多年来，学校为国家培养了各类高级专业技术人才10余万名，其中大多数已成为我国航运事业的骨干力量。

中国的航海事业

新中国成立以来，我国的航海事业有了突飞猛进的发展，各个方面都取得了辉煌的成绩，比如渔业航海、科学考察航海、军事航海以及运输航海等。1986—1987年，我国极地考察船"极地"号顺利完成了首次环球海洋科学考察航行。此后，我国的航海事业如日中天。《中国海洋21世纪议程》中明确阐述，为了在21世纪中叶建设成世界中等发达水平的国家，坚持全面协调可持续的科学发展观，创新航海科学技术，发展海洋生产力日益重要。

▼ 中国"江凯"级"烟台"号护卫舰

人才摇篮

为了培养更多优秀的海洋人才，很多国家都专门开设了有关海洋学的专业，如英国的安南普顿大学，美国的夏威夷大学，我国的中国海洋大学、上海海洋大学等。中国航海专门人才培养数量列世界第一，质量也基本达到世界先进水平，为航运事业、海洋渔业、海洋科学考察和海军的发展做出了突出的贡献。我们有理由相信在各种科学技术的支持下、专业型人才的努力下，航海事业将会为人类社会的发展做出更大的贡献。

▲ 美国海军军校学员

保障航行安全

船舶远离大陆在大海上航行,少则几天,多则几个月,乘客和货物的安全,对于海上航行来说是非常重要的。尽管船舶在设计制造过程中,已经对安全保障问题有了充分的考虑,但在航行过程中事故还是有可能发生的。因此,为了船上全体乘员的生命安全,船上除了有可以呼救的通信设施外,还必须配置能单独在海上漂浮或行驶的各种船舶救生设备。

先进的通信工具

为了便于及时获得援救,船上一般会配备大量先进的遇险通信工具。这些通信工具有中、高频数字选择性呼叫系统、手捏或高频无线电话、指示位置的无线电应急示位标、便于雷达识别和发现的雷达应答器等。

▶ 声能电话是一种不需外加电源而完全靠说话人的声音产生的电流工作的电话机,这是一种极为有效的遇险通信工具

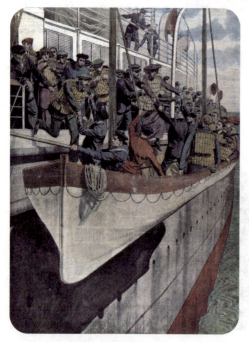

▲ "泰坦尼克"号邮轮撞上冰山时,一些人通过船上的救生艇获救了

救生艇

救生艇属于船上重要的应急救生设备。不论是客轮、货轮、油轮,还是其他一些大型拖船上,总要放几条小艇,有的两条,有的四条或六条,其中有的是机动的,有的是驶帆或划桨的。它们的船身有的是木质结构的,有的是钢质或铝合金的,还有的是用塑料或玻璃钢制成的。大船上应该配备多少小艇,是根据载运人数来规定的。一般货船上只有几十人,备几只小艇就够了,大型客轮上的旅客和船员都很多,因此就需要多备一些了。平时,这些救生艇显得好像没有什么用处,然而一旦遇到海上事故,或发现遇难船只,需要营救落水人员时,这些小艇就有了用武之地。不仅如此,如果大船由于某些原因而无法靠岸时,救生艇还是船员和乘客上岸的主要交通工具。

经典问答

救生船有多少种？

救生船是指装有救生、抢险设备，用于防险救生和水下作业的勤务船只，按照用途可分为援潜救生船、救生拖船、消防船、打捞船和潜水工作船五类。

援潜救生船主要用于援救因失事而沉在海底的潜艇；救生拖船用来援救进水或起火的船舶，或拖带搁浅和丧失航行能力的船舶；消防船用于扑灭舰船和岸边设施的火灾以及水面的油火；打捞船用于打捞沉没的潜艇、水面舰艇和其他沉船；潜水工作船为搜寻和打捞沉没物品、修补船体、消除螺旋桨及船底附着物等水下作业提供保障。

▲ 救生船

▲ 悬挂在邮轮外侧的救生艇

小艇上的装备

小艇里边装有空气箱，使其在风浪中可以保持有足够的浮力而不会沉没。此外，还配备桨、帆和通信设备，有的装有机器，备有指南针、海图、食品、淡水、信号发生装置等等。救生信号一般有火焰信号、红光火箭降落伞信号、烟雾信号等。

其他救生设备

为了保证船员和旅客的安全，按国家规定，船上除了配置救生艇以外，还有一些其他的救生设备，如救生筏、救生椅、救生圈、救生衣等。这些救生设备都具有足够的浮力，能支持所载人员安全地浮出水面。

▲ 救生圈

▲ 抛锚

选择良好的抛锚地

为了防止事故的发生，在海上航行时，船如果遇上台风、大雾或其他障碍时，就必须停止航行。这时，船舶可以到附近的港口暂避，如果没有港口，或途中发生故障，那就只好抛锚暂避或等待救援了。为了保证船舶的安全，此时就必须选择良好的抛锚地，而这就需要驾驶人员仔细研究海图和有关航行资料，认真地考虑水深情况，来决定抛锚地了。

115

★翱翔圆梦科技知识普及丛书

航海自动化

随着国际贸易的发展,世界海运量迅速扩大,使得海上航行的船舶数量显著增加,单船吨位急剧扩大,船速也在不断提高,造成海上交通密度加大,航行更加复杂。为了在日益激烈的竞争中占据领先地位,提高航行的安全性和经济性,运输船舶采用了自动化技术,引起航运事业的变革,直接结果是出现了各类自动化船舶。

海图电子化

随着船舶自动化和航海智能化的发展,传统的纸质印刷海图已不能适应新的发展要求。近年来,人们研发了电子海图显示与信息系统,并不断完善。这个系统不但能很好地提供纸质印刷海图的有用信息,而且取代了传统的手工海图作业,还综合了其他各种现代化的导航设备所获得的信息,成为一种集成式的航海信息系统,被称为是航海领域的一场技术革命。

▲ 电子海图

航海资料数字化

随着计算机技术和互联网技术的发展,航海所需的各种图书资料、航海通告潮汐表、灯标表等出现了电子版和网络版,海员可购买光盘或在网上查询与下载。这有利于航海图书资料中内容的迅速更新,也避免了海员对纸质图书资料的手工更正,使用起来也更加方便。

▲ 互联网技术的发展极大地方便了海上信息查询

航行记录自动化

原先由海员手工记录的航海日志、记录簿等，现已被俗称为船舶"黑匣子"的航行数据记录仪所代替。"黑匣子"系统由主机、传感器、数据存储器、专用备用电源和回放再现系统等构成。船舶上安装这种仪器有利于在船舶发生海上事故后查明事故原因，从中吸取教训，从而采取针对性防范措施。

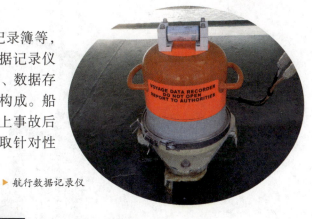
▶ 航行数据记录仪

避碰自动化

为了在能见度不良的情况下发现对面驶来的船，并避免碰撞，船用雷达发挥了很大作用。20世纪70年代，人们研制出了自动标绘雷达，可以自动获取和跟踪目标，以及自动显示来船的位置、航向、航速、相对运动和碰撞危险数据。20世纪末，船舶自动识别系统得到开发，避碰自动化得到进一步发展，可以连续向其他船舶传送船舶自身数据，并可连续接收其他船舶发来的数据，有利于减少因船舶识别和避碰决策失误引起的船舶碰撞事故。

▲ 船员根据雷达显示采取避碰措施

通信自动化

最初，船舶是采用手旗与灯光进行通信的。之后出现了无线电报、无线电话、电传和传真，这已经是很大的进步了。1957年，第一颗人造卫星升空，拉开了卫星通信的序幕。1979年，国际海事卫星组织宣告成立，1982年开始提供全球海事卫星通信服务。国际海事卫星组织可以为海陆空提供电话、电传、传真、数据、国际互联网及多媒体通信业务。船舶通信自动化的另一重要标志是船舶使用了全球海上遇险与安全系统，使船与船、船与岸台全方位和全天候即时沟通信息，一旦发生海上事故，岸上搜救当局及遇难船或附近船舶能够迅速获得报警。全球海上遇险与安全系统还能提供紧急与安全通信业务，进行常规通信。

新知词典

自动控制

自动控制就是在无人参与的情况下，利用控制装置使被控对象或过程自动按预定的运行规律去运行。导弹能准确地命中目标，人造卫星能按照预定的轨道运行并返回地面，宇宙飞船能准确地在月球上着陆并安全返回，都是自动控制技术发展的结果。

自动控制现在已经越来越广泛地应用到各种工程专业中，自动控制水平往往是衡量技术先进水平的重要标志之一。随着自动控制在各种工业中的应用、发展和成熟，船舶自动控制技术也得到很快发展，并成为第二次世界大战结束后船舶技术发展的几个主要方面之一。

梦圆海上，共筑辉煌奇迹：航海应用篇

随着科学技术的进步和发展，人类的航海事业也得到了突飞猛进的发展。争夺海洋资源、维护海域安全，又迫使世界各国不断发展和壮大自己的海上军事力量。人们用自己的勤劳和勇敢，一点一点实现了自古以来的航海梦想，在蓝色海域创造出前所未有的辉煌奇迹。新中国成立后，我国也非常重视航海与海洋事业的发展，经过几代人的共同努力，取得了巨大的成就。新的时代，中国人正在新的起点上向航运强国进发。

对海洋的开发

蔚蓝色的海洋中蕴藏着极其丰富的自然资源,海洋开发指的是人类对这些海洋资源的开发。20世纪中期以来,人类对各种资源的需求量不断增加,海洋逐渐成为开发的重点。随着科学技术的进步,现代海洋资源的开发利用显得越来越重要,海洋工程技术有了很大发展,海洋开发也进入到新的发展阶段。而在当今社会,世界各国进一步发展的必然要求也应当是充分开发和综合利用海洋资源。

开发历史和现状

人类利用海洋已有几千年的历史。由于受到生产条件和技术水平的限制,早期的开发活动主要是用简单的工具在海岸和近海中捕鱼虾、晒海盐,以及海上运输。到了现代,海洋石油、天然气的开发,海洋运输,海洋捕捞以及海盐业的发展规模都已经非常成熟,正在进行技术改造和进一步扩大生产;而海水养殖业、海水淡化、海水提炼溴和镁、潮汐发电、海上工厂、海底隧道等也得到了迅速发展;深海采矿、海浪和温差发电、海水提铀、海上城市等也正在研究和试验当中。

▲ 海水养殖

海洋资源开发

海洋是一个巨大的资源宝库,不仅蕴藏着石油、天然气、金属等矿产资源,而且还是各种水产品的主要来源。海洋生物是重要的海洋资源,自古以来,人类从未停止过海洋鱼类及其他水产品的捕捞活动。近年来,大量海洋生物资源遭到破坏,不少国家的捕捞区已向深海远洋发展。海底矿产资源种类繁多,其中石油和天然气的开发产值占首位,其次是煤矿,另外还有砂、砾石和重砂矿等。

海洋能利用

海洋能的利用包括潮汐发电、波浪发电和温差发电等。世界上第一座具有商业规模的潮汐发电站是1966年法国建成的朗斯河口潮汐发电站,总装机容量24万千瓦,年发电量5.44亿千瓦·时。而小型的波浪发电装置已实现了商品化和实用化,在导航浮标和灯塔上广泛使用。日本等国建造的"海明"号波浪发电船,开始使波浪发电装置向大型化发展。温差发电从20世纪70年代以来发展较快,1979年美国在夏威夷岛近海建成一艘试验性的温差发电船,输出功率50千瓦。

▲ 利用水力发电示意图

海洋空间利用

为了满足生产和生活的需要,人们开始把海上、海中和海底空间当作交通、生产、军事活动和居住、娱乐的场所。人们不仅在海上建立了工厂,就地利用海洋能源来生产,还在海上建立了机场、人工岛屿等,甚至把眼光投向海底,建成了许多海底隧道,并设置了导弹和卫星发射基地、水下指挥控制中心、潜艇水下补给基地、海底兵工厂、水下武器试验场等用于军事目的的基地。

▲ 海底隧道

探索之旅
蓬勃发展的海洋产业

海洋产业是指开发和利用海洋资源形成的产业,主要有海洋渔业、海洋交通运输业、海洋能源业、海洋旅游业、海洋盐业等等。随着海洋高新技术的不断进步,人类对海洋的开发、利用和保护活动将不断深入和扩大,海洋信息服务、海洋环保等将会成为新的产业。

但是,海洋产业在为人类带来巨大的能源和财富的同时,也严重影响了海洋环境,并且引发了一系列问题,其中包括深海海底资源开发对周围环境的影响、海洋运输石油管道和运油船舶对海域的污染等。

▲ 海洋运输船

海洋开发技术

随着科学技术的发展,人们对海洋的探索开发技术也日益成熟。深海探测和深潜技术迅速发展,研究洋底地貌的大洋钻探技术也在进行当中。近年来又兴起了一种探测海洋的声学遥感技术,可以帮助人们探测海底地形、进行海洋动力现象的观测、进行海底地层剖面探测,以及为潜水器提供导航和避让信息。

利用海洋水资源

水是人类生存的头等重要物质,也是工农业生产和科学技术发展的必不可少的条件,没有水人类就无法生存。而地球上的水绝大多数都储存在海洋中,淡水仅占3%。随着现代化工业的发展和人口的不断增长,许多国家和地区的需水量已超过其天然淡水来源。目前,全世界60%的地区面临供水不足。为了解决水荒,人们开始利用海洋中丰富的水资源。海水虽然不能直接利用,但经过淡化后,就能成为淡水资源,供人类使用。

含量丰富的海水

地球表面有70%的面积都被海洋覆盖着,海洋中含有13亿多立方千米的水,约占地球上总水量的97%。海水不仅占据着地球总水量的绝大多数,还是陆地上淡水的来源和气候的调节器。世界海洋每年蒸发的淡水有450万立方千米,其中90%通过降雨返回海洋,10%则变为雨雪,降落在陆地上,然后顺河流又返回海洋。

经典问答

海水为什么不能喝?

海水中含有大量盐类和多种元素,其中许多元素是人体所需要的。但海水中各种物质浓度太高,远远超过饮用水卫生标准,如果大量饮用,会导致某些元素过量进入人体,影响人体正常的生理功能,导致人体脱水,严重的还会引起中毒。另外,海水中含盐量太高,人体为了要排出多余的盐,就要先排出更多的水。因此,喝海水不仅不能补充水分,反而会加速脱水,最终造成死亡。

从海水中提取淡水

我们常说地球是个水球,到处都是水。但是,供人类生存、发展使用的淡水却少得可怜,这些淡水的绝大部分又冻结在极地、高山的冰雪中。因此,海水淡化成为解决水资源紧缺问题的关键。海水淡化是人类延续了几百年的梦想,古代就有从海水中去除盐分的故事。但直到16世纪人们才开始努力从海水中提取淡水。当时,欧洲探险家在漫长的航海旅行中,曾用船上的火炉加热海水以制造淡水。加热海水产生水蒸气,冷却凝结就可得到纯水,这是日常生活的经验,也是海水淡化技术的开始。

科威特是利用海水淡化来解决水资源不足的国家之一。位于科威特大塔群的淡蓝色球形储水塔已成为了科威特的标志

解决水资源危机

如今，海水淡化已经成为解决全球水资源危机的重要途径。世界上海水淡化的日产量已达几千万吨，其中80%用于饮用水。海水淡化已遍及全世界100多个国家和地区，淡化水大约养活了世界5%的人口。全球有海水淡化厂上万座，海水淡化作为淡水资源的替代与增量技术，越来越受到世界上许多沿海国家的重视。另外，全球直接利用海水作为工业冷却水的总量也在逐年提高，替代了大量宝贵的淡水资源。

融化冰山

淡化海水的方法各种各样，虽然各有所长，但成本都很高。于是，科学家想到了南极大陆和北冰洋中的冰川。这些来自大洋中的海冰和大陆冰川的冰是地球上的"固体淡水库"。它们在海流、洋流、风浪等自然力的作用下漂流开来，成为冰山。这些冰山十分巨大，大的重达几千万吨，常见的冰山为几百万吨。据计算，一座3000万吨重的冰山可以为50万人提供一年的淡水。因此，科学家认为融化冰山是取得淡水资源的最好途径。

▲ 南极大陆95%以上的面积都为冰川所覆盖

可能出现的影响

不少人认为人类未来解决淡水危机的希望是在极地的冰川中。每年都会有数以万计的巨大冰山从冰川上分裂出来，不需要去炸裂冰川，光是拖运那些天然漂浮在海洋上的冰山就足够了。然而也有人认为拖运冰山很可能会导致一些环境危机，因为拖运冰山的热潮一旦出现，会对极地冰川造成破坏。把冰山从极地拖运到干旱地区，势必改变全球水汽的分布情况，对气候的长远影响可能是负面的。另外，一些海洋生物会聚集在冰山周围，形成一个小的生态系统，拖运冰山会改变极地附近海域的生态，甚至可能造成一些特殊物种的灭绝。

★ 翱翔圆梦科技知识普及丛书

最大的盐库

食盐是人类普遍食用的调味品，是人体不可缺少的物质。据科学家统计，一个健康成年人每天要从各种饮食中吸收 5~20 克的盐分。这些盐分能维持人体血液的渗透压，促进血液的循环，保持新陈代谢的正常进行。而目前世界各国盐的来源主要就是海洋。浩瀚的海洋中蕴含着大量的盐，从海水中晒盐是获取食盐的主要途径之一。

重要的盐

盐不但是人体不可缺少的物质，还是重要的化工原料。制造纯碱、烧碱、肥皂，精炼石油、炼钢和炼铝，制造盐酸及化学肥料氯化铵等都是以海盐为原料的。可以说，在化学工业中，凡是用到钠和氯的产品，绝大多数都源于海盐。所以说，盐不仅是人类生活的必需品，而且是化学工业之母。

▲ 食用盐

海盐业

海盐业是指从海水中制取食盐的产业，在世界原盐生产领域占有十分重要的地位。目前，世界海盐生产量约为 5 000 万吨，占世界原盐总产量的 25%。我国海盐产量一直居世界首位，世界其他海盐产量较多的国家有澳大利亚、墨西哥、印度、巴西、日本、法国、意大利等。

▼ 海边晒盐厂

经典问答

盐都是从海水中提取的吗?

盐的原料来源可分为4类:海盐、湖盐、井盐和矿盐。以海水为原料晒制而得的盐叫作"海盐",开采现代盐湖矿加工制得的盐叫作"湖盐",运用凿井法汲取地表浅部或地下天然卤水加工制得的盐叫作"井盐",开采古代岩盐矿床加工制得的盐则称"矿盐"。由于岩盐矿床有时与天然卤水盐矿共存,加之开采岩盐矿床钻井水溶法的问世,所以又有将"井盐"和"矿盐"合称为"井矿盐"的说法。

中国是世界产盐大国,盐产量一直以海盐为主,其次是湖盐和井矿盐。但由于海盐的生产受气候影响较大,加之海盐场多分布于东部沿海地区,为了盐业生产的均衡协调,近年来内陆地区的井矿盐和湖盐生产得到较快的发展,因此海盐在盐产量中所占的比例有所减小。

不同的制盐工艺

晒盐的露天工厂是由排列整齐的块块盐田组成的,一部分盐田是蒸发池,另一部分是结晶池。海水纳入蒸发池后,经过风吹日晒,使海水中盐的浓度达到饱和,然后让海水进入结晶池继续蒸发,最后在池底结晶出晶莹雪白的食盐。有的沿海国家因地理、气候等条件不适合于盐田法制盐,因此研究发展了蒸馏法、电渗析法或冷冻法制盐工艺。

▲ 早期的"炼海煮盐"术

▲ 盐田卤水

盐田卤水的综合利用

许多国家在晒盐的同时,还进行盐田卤水的综合利用,即由盐田卤水中回收镁化合物、卤化物和其他盐类的化学工艺。经过近一个世纪的研究发展,这项技术已相当成熟,人们在盐田附近建立了许多小型化工厂。然而,每年用于晒盐的海水并不多,晒盐后剩的卤水就更少了,而且分散在世界上数以千计的盐田里。因此,盐田卤水的综合利用还不能真正形成大规模的海洋化学工业。

蛋白质加工厂

生命离不开蛋白质。在茫茫的大海中,可供人类利用的极其丰富的各种生物资源有20余万种。无论是海洋动物资源还是海洋植物资源,都是人类的食物来源,海产品中的鱼、虾、贝及其他动物产品,不仅肉嫩、味美,而且营养丰富。它们含有大量的蛋白质、脂肪、维生素和钙、磷、铁、碘等物质元素,这些物质和元素都是人体必需的。如果人类能开发利用这些动植物资源,就能满足人类对蛋白质的需要。

蛋白质生产基地

海洋里有许多动物和植物,每年繁殖的总量达几亿吨至几十亿吨。现在,人类每年只利用了其总量的2%左右。如果人类在提高海洋动植物产量的同时,在不破坏生态平衡的条件下,对可利用的海域进行"耕作",在海洋里兴办海洋农场,海洋就能成为浩瀚的高产的蛋白质生产基地,到那时,海洋每年就可以向人类提供上百亿吨的食物。

▲ 海洋为人类提供了丰富的蛋白质食物

▲ 密生的海藻林能为一些鱼类提供庇护之所

藻类中的蛋白质

藻类在海洋生物资源中占有特殊的重要地位。它能够自力更生地进行光合作用,产生大量的有机物质,为海洋动物提供充足的食物。同时,它在光合作用中还释放大量的氧气,提供给海洋动物甚至陆上生物。科学家试验证明:在海面人工繁殖海藻10 000平方米就可以获得20吨蛋白质,相当于在陆地上种植40万平方米大豆所提供的蛋白质。仅在世界近海水域,海藻的产量就比全世界小麦的产量高出很多倍。

丰富的动物资源

海洋生物中最重要的当属动物资源,其中有(1.5~4)万种鱼类,对虾等甲壳类2万多种,贝壳等软体动物8万多种,还有鲸、海参、海豹、海象、海鸟等,构成了生机盎然的海洋世界,也构成了经济效益很好的海洋水产业,其中鱼类是水产品的主体,也是最重要的。目前,全世界从海洋捕捞的水产品中,90%是鱼类。鱼类可谓全身是宝,营养经济价值很高,含有大量的蛋白质,味道鲜美,具有医疗价值,还能作为精细化工业的贵重原料。

▲ 海洋中的鱼群

保护海洋生态平衡

海洋是一座十分宏大的蛋白质加工厂,它日夜不停地制造着人们急需的各种各样的蛋白质、脂肪、维生素、各种微量元素等产品。从整个海洋生物资源角度分析,海洋生物具有能自行增殖并不断更新的特点。因为可以通过活的动植物体繁殖发育使资源得以更新和补充,所以海洋生物具有一定的自发调节能力。但是一旦其生态系统平衡遭到破坏,就意味着海洋生物资源的破坏。正因为如此,我们应该珍惜为人类提供丰富食品的海洋生物和有利于它们生存的海洋环境,不要污染海洋,破坏海洋的生态平衡,这样,人类就可以按计划利用和开发这一座宏大无比的蛋白质加工厂,为人类提供更丰富、更优质的营养食品。

新知词典

南极磷虾

人们在南极发现了大量的南极磷虾。这是一种和虾类似的无脊椎动物,喜欢集群生活,以微小的浮游生物为食。南极磷虾虽然小,营养价值却很高,含有丰富的蛋白质、脂肪、糖类以及各种氨基酸,而且主要氨基酸的含量比牛肉、对虾还高。磷虾味道鲜美,可以直接烹调菜肴,也可以用它制虾油、虾酱、虾糕等食品,还可治疗动脉硬化等疾病。

如今,世界各国对南极磷虾的需求也在逐年上升。因此对于南极磷虾资源的保护就显得格外重要。如果南极磷虾捕捞业无序发展,势必造成南极磷虾资源匮乏,危及南极鲸类、鱼类、帝企鹅等动物的生存,并给南极脆弱的生态系统带来灾难性的后果。

▲ 南极磷虾

海底金属矿产

众所周知，随着世界上工业和经济的高速发展，人类对矿产资源的需求量成倍增长，陆地矿产资源在全球范围内日趋短缺、衰竭，人们唯有把占地球表面积 70%以上的海洋作为未来的矿产来源。海底矿产资源十分丰富，除了石油、天然气外，还蕴藏着丰富的金属矿产。至今已发现海底蕴藏的多金属结核矿、贵金属和稀有元素砂矿等矿产资源达几千亿吨。

多金属结核

多金属结核又称锰结核，是由包围核心的铁、锰氢氧化物壳层组成的核形石，一般呈黑色或褐黑色，因为含有铜、镍、钴、钛、铝、钼、锆、镭、钍等多种金属元素而得名。它们的形态多种多样，有的像土豆，有的像皮球；大小悬殊也很大，最大直径从几厘米到几十厘米都有。多金属结核分布在世界大洋底部水深 3 500~6 000米的海底表层，世界各大洋中的多金属结核总储量达上万亿吨，其中北太平洋分布面积最广，储量占总储量的一半以上。

▲ 锰结核

"热液矿床"

海洋中储藏了大量的黄金。人们发现有些大洋洋底的泥土里含有很多黄金和银、铜、锌等金属，科学家把这种特殊的泥土称为"热液矿床"。所谓热液矿床，指的是含矿的热水溶液在一定条件下，在各种有利的构造和岩石中由不同方式形成的有用矿物堆积体。热液矿床是各类矿床中最复杂、种类最多的矿床类型，可在不同的地质背景条件下，通过不同组成、不同来源的热液活动形成。有些热液矿床规模很大，一个接一个连成一片，形成一个巨大的海底矿藏。

◀ 海底热液矿

海洋金属砂矿

海水是宝，海洋矿砂也是宝。海洋矿砂主要有滨海矿砂和浅海矿砂，它们都是在水深不超过几十米的海滩和浅海中由矿物富集而具有工业价值的矿砂，是开采最方便的矿藏。从这些砂子中不仅可以淘出黄金，而且还能淘出比金子更有价值的金刚石、石英、独居石、钛铁矿、磷钇矿、金红石、磁铁矿等，所以海洋矿砂成为增加矿产储量的最大的潜在资源之一，越来越受到人们的重视。在白令海和阿拉斯加近海，人们发现了长达数百千米的白金砂矿，是陆地上任何河流白金砂矿所望尘莫及的。近些年来，美国、英国、日本、俄罗斯、印度等国，都发现了种类不同的海洋金属砂矿。

▲ 经过层层筛选，矿砂中的矿藏便被分拣出来

富钴结壳

富钴结壳也称为钴结壳、铁锰结壳，是一种铁锰矿，与大洋多金属结核矿相似，但它不呈结核状，而是以板状结壳覆盖在洋底海山的基岩上。富钴结壳是富含钴、铂、镍、钛、锌、铅和稀土金属等的矿产资源，20世纪时就已经引起了人们的极大关注，世界各国纷纷投入巨资对其开展勘查研究，未来富钴结壳很可能会成为战略金属钴、稀土元素和贵金属铂的重要来源。

▲ 海底的富钴结壳

▲ 富钴结壳

探索之旅
重点海洋矿产——富钴结壳

富钴结壳主要赋存在太平洋中的海山斜坡上，已静静地沉睡在那里数千万年了。由于沉积时古海洋环境的差异，富钴结壳常呈现为成分和颜色不断变化的多层构造特征，如褐煤状、多孔状或无烟煤状结壳分层。此外，据实地勘查及系统科学研究，它在太平洋不同区域的储存特征和富集规律也是五彩纷呈、千奇百态。

自20世纪80年代以来，富钴结壳一直是世界海洋矿产资源研究开发领域的热点。富钴结壳所含金属用于钢材可增加硬度、强度和抗蚀性等特殊性能。在工业化国家，1/4~1/2的钴消耗量则主要用于航天工业，生产超合金。它也是诸多海洋金属资源中法律上争议最少的一种矿种，因而当前是世界各国大力勘探开发的重点海洋矿产。

海洋化学资源

海洋化学资源是指海水中所蕴含的可供人类利用的各种化学元素。海水的成分非常复杂。首先,作为海水溶解物质的主要成分是盐,也就是氯化钠;其次是硫酸钙、硫酸镁、氯化镁、溴化钠、氯化钾等;此外还有金、铀等等非常稀有的元素。这些化学元素都是重要的化工原料,不仅在医药和化妆品领域发挥着重要作用,而且还广泛应用于多个工业领域。

▲ 金属钾

难以提取的钾

钾是植物生长发育所必需的一种重要元素,也是海洋宝库馈赠给人类的又一种宝物。海水中蕴藏着极其丰富的钾盐资源,但是由于钾的溶解性低,在1升海水中仅能提取380毫克钾。而且,钾与钠离子、镁离子和钙离子共存,分离较困难,致使钾的工业开采步履维艰。但随着科技的发展,它已经不再成为人类攻克大海的难题。人们从20世纪40年代开始进行海水提钾技术研究,目前,英国、日本、挪威、荷兰、意大利等许多国家都建立了海水提钾工厂。

"海洋元素"——溴

溴是一种贵重的药品原料,可以生产许多消毒药品。例如,大家熟悉的红药水就是溴与汞的有机化合物,溴还可以制成熏蒸剂、杀虫剂、抗爆剂等。地球上99%以上的溴都蕴藏在汪洋大海中,故溴还有"海洋元素"的美称。早在19世纪初,法国化学家就发明了提取溴的传统方法,即以中度卤水和苦卤为原料的空气吹出制溴工艺,这个方法也是目前工业规模海水提溴的唯一成熟方法。

▲ 溴

海水镁砂

▲ 镁砂是制作镁砖的重要原料

镁是重要的工业原料，它不仅大量用于火箭、导弹和飞机制造业，而且还可以用于钢铁工业。近年来镁还作为新型无机阻燃剂，用于多种热塑性树脂和橡胶制品的提取加工。另外，镁还是组成叶绿素的主要元素，可以促进作物对磷的吸收。镁在海水中的含量仅次于氯和钠，主要以氯化镁和硫酸镁的形式存在，而且从海水提取镁的过程并不复杂。海水中的镁离子通过与碱性原料反应，作为氢氧化镁回收，之后烧结所获得的氧化镁称之为"海水镁砂"。海水镁砂具有组织均匀、密度大、纯度高等特点，是钢铁工业不可缺少的耐火材料。

海水提铀

铀是高能量的核燃料，1千克铀可供利用的能量相当于2000多吨优质煤。陆地上铀矿的分布极不均匀，并非所有国家都拥有铀矿。但是，在巨大的海水水体中却含有丰富的铀矿资源，约相当于陆地总储量的2000倍。海水提铀有着极其广阔的前景，但海水中铀的浓度只有十亿分之三至十亿分之四，因此研究一个效益-成本比高的海水提铀方法是一个巨大的挑战。

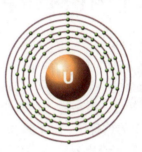
▲ 铀是一种放射性元素，它不仅是重要的核武器原料，也是核电站的重要燃料

"能源金属"——锂

▲ 锂电池

锂是用于制造氢弹的重要原料，随着受控核聚变技术的发展，同位素锂6聚变释放的巨大能量最终将和平服务于人类。锂还是理想的电池原料，含锂的铝镍合金在航天工业中占有重要位置。此外，锂在化工、玻璃、电子、陶瓷等领域的应用也有较大发展。海洋中每升海水含锂15~20毫克，目前，人们主要采用蒸发结晶法、沉淀法、溶剂萃取法等技术来提取海水中的锂。

新知词典

海洋化学

海洋化学也称化学海洋学，是海洋科学的四大基础学科之一。它是用化学原理和化学技术，研究海洋中物质的性质和它们的化学作用的一门科学。

海水的成分非常复杂，全球海洋的含盐量就达5亿亿吨，还含有大量非常稀有的元素，是地球上最大的矿产资源库。海洋资源的持续利用是人类生存发展的重要前提，海水淡化也已成为人们获得淡水资源重要的途径。而所有这些，都是海洋化学要解决的，相信随着海洋化学研究的逐渐深入，人类一定能从中获得更多的益处。

海洋里的能源

浩瀚的大海不仅蕴藏着丰富的矿产资源，更有真正意义上取之不尽、用之不竭的海洋能源。海洋被认为是地球上最后的资源宝库，也被称为"能量之海"。步入21世纪后，海洋在为人类提供生存空间、食品、矿物、能源及水资源等方面发挥着十分重要的作用，而海洋能源则扮演着无法替代的角色。海洋能源主要包括潮汐能、波浪能、海流能、海水温差能及盐差能等。它们有自己独特的方式与形态，而且利用起来永远不会造成任何污染。

潮汐能

海洋的潮汐中蕴藏着巨大的能量。在涨潮的过程中，汹涌而来的海水具有很大的动能，而随着海水水位的升高，就把海水的巨大动能转化为势能；在落潮的过程中，海水奔腾而去，水位逐渐降低，势能又转化为动能。潮汐作为一种自然现象，为人类的航海、捕捞和晒盐提供了方便。更值得指出的是，它还可以转变成电能，给人带来光明和动力。潮汐能发电是海洋能源中技术最成熟、利用规模最大的一种。因此，潮汐能也被称为"蓝色的煤海"。

▲ 潮涌

波浪能

大海表面的波浪起伏不定，有时汹涌澎湃，有时碧波粼粼，其中蕴藏着巨大的能量。波浪能是由风把能量传递给海洋而产生的，实质上是吸收了风能而形成的。它具有能量密度高、分布面广等优点，是一种可再生清洁能源。波浪能是海洋中能量最不稳定的一种能源。它的能量如此巨大，存在如此广泛，让人们不禁想尽各种办法，希望驾驭海浪为人所用。

▼ 波涛汹涌的海浪

▲ 平静的海面下涌动的暗流隐藏着能量

海流能

海流能是指海水流动的动能,主要是指海底水道和海峡中较为稳定的海水流动以及由于潮汐引起的有规律的海水流动所产生的能量,是另一种以动能形态出现的海洋能。海流是海洋能源中一支不可低估的"生力军",海洋中有大量的海水流动,其能量之大可想而知。科学家估计,世界海流的动能储量至少有 50 亿千瓦。海流发电主要依靠海流的冲击力使水轮机旋转,然后再带动发电机发电。

海水温差能

海水温差能是指海洋表层海水和深层海水之间水温差的热能,是海洋能的一种重要形式。一方面,海洋表面把太阳的辐射能大部分转化为热水并储存在海洋的上层;另一方面,接近冰点的海水大面积地在不到 1 000 米的深度从极地缓慢地流向赤道。这样就在许多热带或亚热带海域终年形成 20℃ 以上的垂直海水温差。利用这一温差可以实现热力循环并发电。温差发电的基本原理就是借助一种工作介质,使表层海水中的热能向深层冷水中转移,从而做功发电。

盐差能

盐差能是指海水和淡水之间或两种含盐浓度不同的海水之间的化学电位差能,是以化学能形态出现的海洋能,主要存在于河海交接处。盐差能是海洋能中能量密度最大的一种可再生能源。利用大海与陆地河口交界水域的盐度差所潜藏的巨大能量一直是科学家的理想,但直到现在,对盐差能这种新能源的研究还处于试验阶段,离实际应用还有较长的距离。

▲ 河流入海口处是盐差能聚集的地方

探索之旅
波浪能的利用

波浪能利用被称为"发明家的乐园",全世界波浪能利用的机械设计数以千计。最早的波浪能利用机械发明专利是 1799 年法国人吉拉德父子获得的。早期海洋波浪能发电付诸实用的是气动式波力装置,就是利用波浪上下起伏的力量,通过压缩空气,推动汲筒中的活塞往复运动而做功。20 世纪 60 年代,日本研制成功用于航标灯浮体上的气动式波力发电装置。到了 70 年代,英国、日本、挪威等国为波力发电研究投入大量人力物力,成绩也最显著。

海洋测绘

浩瀚的海洋蕴藏着极为丰富的生物和矿产资源。随着全世界对海洋开发的迅速发展和海上活动的日益加剧，海洋测绘的重要性也愈加凸显出来。海洋测绘指人们以海洋水体和海底为对象进行的测量和海图编制工作，是人们掌握海洋环境的一种基本方式。20世纪70年代以后，海洋测绘逐步形成了特定海域里的立体观测系统，系统中包含卫星、飞机、调查船、海洋站和监测浮标等设备。

独有的特点

海洋测绘与陆地测绘有很大的不同，不论是基本理论、技术方法还是测量设备仪器都有其独有的特点。海洋测绘的内容综合性强，需要多种仪器配合才能实施，而且能同时完成多种观测项目。另外，海洋里的环境比较复杂，海面受潮汐、气象等影响较大，变换不定，所以海洋测绘大多为动态作业，不能在一个固定地点完成。

主要难点

海洋测绘的对象是海洋，而海洋与陆地最大的差别是有一层深浅不同的水体。这层水体使海洋测绘只能在海面航行或在海空飞行中进行工作，而难以在水下活动。而且海洋水域没有固定的道路网，也没有鲜明的植被覆盖。因此海洋测绘的内容主要是探测海底地貌和礁石、沉船等，而没有陆地那样的地貌特征。海底地貌也比陆地地貌简单，但是地貌单元巨大，很少有人类活动的痕迹。所有这些都让海洋测绘比陆地测绘困难得多。

▲ 人们通过先进的仪器测绘，用电脑合成的海底地貌

经典问答
海洋测绘的发展有什么特点？

（1）海洋测绘的内容与范围不断扩大，测绘精度与可靠性比以前要求更高。测绘工作的范围由近海浅水区向大洋深水区发展，内容也从以测量航海要素为主发展到获取各种专题要素的信息和建立海底地形模型。

（2）电子计算机技术的发展使海洋测绘工作逐步由手工方式向自动化方向转化。现在建造的大型综合测量船可以同时获得位置、水深、重力、磁力、水文、气象等资料。

（3）新兴科学技术的发展使海洋测绘的仪器和方法更加多样化。

仪器和方法

海洋测绘一般采用无线电导航系统、电磁波测距仪器、水声定位系统、卫星组合导航系统、惯性导航组合系统，以及天文方法等进行控制点的测定和测点的定位；采用水声仪器、激光仪器，以及水下摄影测量方法等进行水深测量和海底地形测量；采用卫星技术、航空测量以及海洋重力测量和磁力测量等进行海洋地球物理测量。

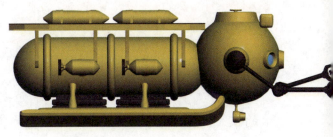
▲ 借助于深潜器，人们能了解海洋深处的状况

▲ 浮标

海洋浮标

海洋浮标是以锚定在海上的观测浮标为主体组成的海洋水文水质气象自动观测站。它能按规定要求长期、连续地为海洋科学研究、海上石油（气）开发、港口建设和国防建设收集所需海洋水文水质气象资料，而且造价低，监测资料准确、连续，不受气象等环境影响。正因为如此，近些年来，不同功能和用途的海洋浮标相继问世，发挥着其他海洋调查设备无法替代的作用。

海洋遥感

海洋遥感就是利用自然可见光、红外线、微波和激光等技术手段，从高空探测海洋环境，对海洋水色、海水温度、海流、海浪和海岸带等环境进行监测，以获取海洋景观和海洋要素的图像或数据资料。海洋遥感一般分为两类：一是海洋遥感技术，利用飞机作为工作平台；另一类是航天遥感技术，利用人造卫星等航天器作为工作平台，如海洋遥感卫星、气象卫星等。

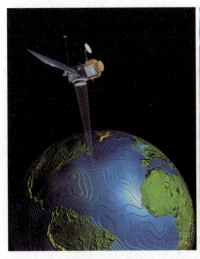
▲ 海洋遥感卫星

▲ 海洋遥感图像

漂洋过海来贸易

海上贸易是世界贸易的一个重要组成部分,随着航海技术的发展,国际的文化、经济交流更加频繁,海上贸易活动也呈现出一片欣欣向荣的景象。由于海上运输具有运量大、成本低的特点,所以为更多贸易公司所采用。各国商船在同一航道上你来我往,不仅促进了经济的发展,而且也为国与国之间的交流合作提供了更多的机会。

主要特点

海上贸易与其他贸易活动相比,具有路途遥远、运输量大、对航海船舶的安全性能要求高等特点。15世纪之后,随着东西方海上航路的开辟,海上贸易在活跃国际流通环境,促进东西方的文化交流、经济发展和社会进步方面发挥的作用越来越重要。

▲ 19世纪的商船

海上货物运输

海上货物运输利用天然海洋航道,不受道路的限制,运量更大,通过能力也更强。虽然存在速度较低、风险较大的不足,有时会受到季节或地理位置的影响,但海上运输仍是国际贸易中最主要的运输方式。如今,现代化的造船技术日益精湛,大型集装箱船更是得到了蓬勃发展,使海上运输向集合化、合理化方向发展,并且节省了货物的包装用料,保证了运输质量,缩短了运输时间,也大大减小了运输时的风险。

▲ 现代大型集装箱船

探索之旅
中国海上贸易的发展

唐代中期以后,由于吐蕃和陇右势力的崛起,陆上丝绸之路受到了阻隔。但随着技术与商业活动的发展,海上贸易通道逐渐被开拓出来。到了宋代,造船和航海技术的进步为海上贸易的发展提供了技术保障,海外贸易的重心渐渐转移到海上贸易上来,沿海的东南地区成为当时最重要的进出口商品交易市场。据宋代文献《梦粱录》记载,宋代海上贸易船只大的载重量约300吨,中等的约200吨,还有政府组织建造的使节座船"神舟",载重量达到600吨。贸易船只的载重量大大超过了沙漠中骆驼的载重量,因此即使进入元朝后,陆上丝绸之路再度畅通起来,海上贸易仍然异常繁荣。这不仅促进了元代航海业的发展,也加深了当时的人们对海外世界的认识。

▲ 中国大型商用帆船——七扇子

海上丝绸之路

海上丝绸之路是古代中国与外国交通贸易和文化交往的海上通道,主要有东海和南海两条航线。东海航线由中国沿海港口前往日本列岛和朝鲜半岛,南海航线则前往东南亚及印度洋地区。在唐代中期以前,我国的对外贸易主通道是陆上丝绸之路,唐中期以后才被海上丝绸之路代替。之后,海上丝绸之路成为中国与外国贸易往来和文化交流的海上通道,大大推动了沿线各国的经济发展。

"海上马车夫"

荷兰是欧洲一个面积较小的国家,然而,在16世纪末至17世纪中期,这个小国家曾经垄断了海上贸易,在当时的海洋贸易中扮演了重要角色。17世纪时,欧洲的资本主义经济得到了长足发展,各国之间贸易往来日渐增多。当时的贸易通道主要在海上,船就像海上的马车一样,因此荷兰也被称为"海上马车夫"。荷兰位于西北欧的低地,因临海的地理位置造成的陆地难以拓展的困扰,反而促进了该国海上贸易的发展。

▲ 整个17世纪,荷兰都是世界上最强大的海上霸主

现代海上贸易

现代海上贸易的发展速度迅猛,随着各国对外开放政策的实施以及航道、港口的扩展建设,海上贸易活动的发展条件也更加便利和成熟。在互惠互利的前提下,海上贸易促进了各国的经济发展,增进了国际交流。我国是一个海洋大国,所以海上贸易对我国的经济发展有着非常重要的意义。

海边的港口城市

在海洋运输中,港口是船舶停泊、中转和装卸货物的场所,也是人们进入海洋空间的主要场所。这里不仅拥有齐全的配套设施,如码头、装卸设备等,而且还有高效的运作服务。海边港口城市有"黄金海岸上的璀璨明珠"的美誉,是备受世界瞩目的地方。不过,港口城市的形成和发展,在很大程度上要受到自然地理条件、社会经济条件以及国家经济政策等的影响和制约。

纽约港

纽约港是美国最大的海港,位于美国东北部哈德逊河河口,濒临大西洋。它也是北美洲最繁忙的港口之一。由于海港所在的大西洋东北岸是全美人口最密集、工商业最发达的区域,又邻近全球最繁忙的大西洋航线,因此纽约港也成为美国最重要的产品集散地。便利的航运条件也使纽约市快速发展成为一个世界级国际化贸易大都市,在商业和金融方面都对全世界有着重要的影响力。

▲ 纽约港

鹿特丹港

鹿特丹港是欧洲第一大港口,港区水域深广,内河航船可通行无阻,外港深水码头可停泊巨型货轮和超级油轮。这里曾经是世界上最大的港口,是连接欧、美、亚、非、澳五大洲的重要港口,素有"欧洲门户"之称。鹿特丹市则是荷兰第二大城市,也是一座著名的旅游城市。

▼ 鹿特丹港

新加坡港

新加坡港位于新加坡的南部沿海，西临马六甲海峡的东南侧，南临新加坡海峡的北侧，是亚太地区最大的转口港，也是世界最大的集装箱港口之一。它也是太平洋及印度洋之间的航运要道，战略地位十分重要。自 13 世纪以来，新加坡港便是国际贸易港口，目前已发展成为国际著名的转口港。新加坡港还是新加坡全国的政治、经济、文化及交通中心，港口的自然条件优越，设备先进完善，是国际航运网络中不可或缺的重要一环。

维多利亚港

香港是一座美丽的港口城市，素有"东方明珠"的美称。这里蓝天碧海，山峦秀丽，港口地理位置优越，其中最著名的维多利亚港是少有的天然良港。维多利亚港地处香港岛与九龙半岛之间，自然条件得天独厚，港区水域辽阔，是世界上最繁忙的集装箱港口之一。维多利亚港一直影响香港的历史和文化，主导香港的经济和旅游业发展，是香港成为国际化大都市的关键之一。

▲ 维多利亚港

上海港

上海港位于中国大陆海岸线中部，长江与东海交汇处。它既是我国最大的港口，同时也是世界著名的港口。港口地处长江东西运输通道与海上南北运输通道的交汇点，是中国沿海的主要枢纽港，也是中国对外开放、参与国际经济大循环的重要口岸。上海港的水陆交通便利，集疏运渠道畅通，通过高速公路和国道、铁路干线及沿海运输网可辐射到长江流域甚至全国，对外接近世界环球航线，处在世界海上航线边缘。

> **经典问答**
>
> **港口城市可以分为哪两类？**
>
> 港口城市按职能特点可分为专业性和综合性两类。专业性港口城市多形成于资源输出地、货物中转地、渔业生产区和海防要地。例如，以输出煤炭为主要职能的秦皇岛、以军港为主体的英国普利茅斯等；综合性港口城市不仅港口有多种专业码头，而且城市职能往往也具有综合性。
>
> 综合性港口城市按其规模和影响范围还可以分为地方性港口小城市、地区性中等港口城市和地域或全国性港口大城市。某些拥有自由港和自由贸易区的海港城市，如纽约、香港，具有国际贸易、金融、信息中心的职能。

船舶制造

　　1879年,世界上第一艘钢船问世,从此船舶进入了以钢船为主、以机器为动力的时代。现代船舶由成千上万种零件构成,几乎与各个工业部门都有关系,要将它生产出来需要很多人的团结协作。由于航运的发展和军事上的需要,现代船舶趋于大型化和专业化,造船技术随之迅速发展,造船业已成为世界上最主要的重工业部门之一。

设计工作

　　要造出一艘轮船,就必须先进行图纸设计。从外形到内部结构,都需要设计人员按照一定的比例,在图纸上一笔一笔地勾画出来。造船工程师要首先根据人们的实际要求,如载重量、航速、主尺度等,按船舶设计建造规范设计船舶。整个的船舶设计除包括船体设计外,还包括船上所用的各种动力装置、机械设备、电器设备的选用。此外,相关材料和设备的采购也是一个重要环节,负责采购的部门要提前向工厂订购主机及其他配件,以备后用。

▲ 船舶设计师

按比例放样

　　有了施工设计图后,船厂要先以1∶1的比例把产品或零部件的实形画在放样台上,核对图纸的安装尺寸和孔距,再采用合格的样板在钢板上画出零件的形状及切割、铣刨、弯曲等加工线以及钻孔、打冲孔的位置,并标出零件编号。

新知词典

船坞

　　船坞是用于修造船舶的水工建筑物,布置在修造船厂内,是修理和建造船舶的场所。船舶的建造和大修就是在船坞中进行的。

　　船坞可分为干船坞和浮船坞两大类。干船坞的三面接陆、一面临水,可用于造船或修船。它的基本组成部分是坞口、坞室和坞首。坞口用于进出船舶,坞室用于放置船舶,坞首则是与坞口相对的一端,空间是坞室的一部分,在这里拆装螺旋桨和尾轴。船舶进出干船坞时,都要先向坞内灌水,等坞内与坞外水位齐平时,才能打开坞门。浮船坞是一种凹字形船舱,能够在水上自由沉浮和移动。它不仅可用来修船和建造船舶,还可用于打捞沉船。

▲ 位于船坞内的潜艇

船体零件加工

在对船用钢板进行预处理与成形加工后，工人就会按照画在材料上的轮廓进行切割，再将材料进一步加工成船体的各个零件。工人按照上一步在钢材上画出的船体零件实际形状，利用剪床或氧-乙炔气割、等离子切割进行剪割。对于具有曲度、折角或折边等空间形状的船体板材，在钢板剪割后还需要成形加工。随着数字控制技术的发展，船体零件加工已经从机械化向自动化发展。

装配焊接

船体结构的零部件加工好后，就要被送到装配车间组装成整个船体。装配工人按照图纸把各个部件安放在适当的位置，由焊接工依次进行焊接。有些部件还需要借助吊车的力量将其吊起，再进行焊接。一般来说，整个船体组装工作分为部件装配焊接、分段装配焊接和船台装配焊接3个阶段进行。这些工作一旦完成，轮船的外形就大致形成了。

▲ 正在船坞组装的军舰

船舶下水

船舶基本组装完成后，就可以下水了。船舶下水方式大致分为倾斜滑道下水、船坞下水和机械下水三大类。倾斜滑道下水依靠船舶的自重滑行下水，机械下水则利用小车承载着船体在轨道上牵引下水，多用于内河中小型船厂。而大多数造船厂会在低于海平面的地方将船造好，下水时打开阀门让水流入，船自然就浮起来，驶进河流或海洋了，这种下水方式就是船坞下水。

▲ 倾斜滑道下水

▲ 船坞下水

▲ 机械下水

海洋科考船

海洋科学考察是研究海洋科学最重要和最直接的一种方式，它帮助人类揭开了海洋神秘的面纱。海洋科考船指用于调查研究海洋水文、地质、气象、生物等特殊任务的船舶，是人们应用专门仪器设备直接观测海洋、采集样品和研究海洋的工具。早期的海洋科考船一般是由其他船舶改造而成的，比如最早的"挑战者"号科考船就是由军舰改装而成的。后来逐渐出现了专门建造的海洋科考船，船上有专门用于海上调查和考察的仪器和设备。

"挑战者"号科考船

1872—1876年，英国皇家学会组织"挑战者"号科考船进行了环球航行，这也是人类历史上第一次真正意义上的环球海洋科学考察。这次航行航程6.9万海里，标志着海洋科学的开始。它的考察方法和所获得的大洋观测资料，为今天海洋科学的各个分支学的研究打下了基础。研究海洋科学史的人一般认为，19世纪的这次为时4年多的科学考察，奠定了海洋学的基础。

▲ "挑战者"号科考船

▲ "格洛玛·挑战者"号钻探船

"格洛玛·挑战者"号钻探船

"格洛玛·挑战者"号是一艘美国海洋钻探船，建成于1968年，船长121米，宽19米，船上配备钻探井架，能在水深6 000米的大洋底钻孔取岩芯。它也是世界上首次执行深海钻探任务的美国科考船，具有较高的动力定位能力，能通过安装在船底的声呐信标和在船舷上的水听器控制推力器，经过计算机信息控制，从而达到精确的动力定位。

德国"流星"号考察船

继英国"挑战者"号之后，德国"流星"号科考船于1925—1927年对南大西洋进行了考察，历时2年零3个月。这次考察以海洋物理学为主，内容包括水文、气象、生物、地质等，并以观测精度高而著称。科考船首次采用回声测深仪，取得了7万多个海洋深度数据，揭示了大洋底部崎岖不平的地形，发现了纵贯整个大西洋的中央海岭，且首次推算出深海区海水中悬浮物质在洋底的沉积速率，还揭示了海洋环流和大洋热量、水量平衡的概况。

▲ 德国"流星"号考察船

"科学"三号科考船

"科学"三号科考船是我国目前最先进的海洋科学考察船，总长73.3米，宽10.2米，主要用于物理海洋、海洋地质、海洋生物与生态、海洋化学、海洋气象等学科综合性海上科学考察。船上有面积上百平方米的实验室和300多平方米的甲板，实验室配置有网络终端、网络接口、罗经接口、6 000米测深仪、冷冻柜、烘箱、通风柜、水池等。船只操纵灵活、安全性高，能够满足海洋考察作业的无级变速要求。

新知词典

深潜器

深潜器是一种能在深海进行水下观察和作业的潜水设备，主要用来执行水下考察、海底勘探、海底开发和打捞、救生等任务，并可以作为潜水员活动的水下作业基地。深潜器可分为有人深潜器、无人深潜器和遥控深潜器等多种类型。海洋科考中使用的一般是有人深潜器，主要用于采集水下标本、进行水下摄影、开展潜水医学和生理学研究等。

人们掌握深潜技术已有上百年的历史，但是，直到1960年人们利用"的里雅斯特"号深潜器成功潜入被称为"地球深渊"的马里亚纳海沟——11 034米的深海底，才标志着载人深潜器已经可以潜入到世界大洋的任何地点，现代海洋工程也进入一个新的时代。

▶ "的里雅斯特"号深潜器

海洋领土

海洋领土是一个国家领土不可分割的一部分。一个国家的领土可分为领陆、领水和领空三个部分,领水就包括内水和领海。领海指的是一个国家主权管辖下与其海岸或内水相邻的一定宽度的海域,是国家领土的重要组成部分。领海的上空、海床和底土,都属于沿海国主权管辖。领海设立的原因主要有三点:一是基于安全需要保护其海岸;二是出于商业目的管制进出的船舶;三则是出于沿岸资源利用的考虑。

领海基线

量算领海的宽度要有一条起点线,这条起点线在海洋法中称为"领海基线"。领海基线为沿海国家测算领海宽度的起算线,基线内向陆地一侧的水域称为内水,向海的一侧依次是领海、毗邻区、专属经济区、大陆架等管辖海域。确定沿海国基线的位置是确定不同海洋管辖区域的必要前提,而且对测量不同区域的具体宽度也非常关键。

领海宽度

长期以来,领海宽度一直是国际海洋法最具争议的问题之一,也是领海制度中的核心问题之一。在第三次联合国海洋法会议上,各国基本取得一致意见:每个国家有权确定其领海的宽度,但沿海国的领海宽度从领海基线量起不应超过12海里。大多数国家的领海宽度在3~12海里,不过也有例外,如多哥的领海宽度为30海里,厄瓜多尔、秘鲁、利比亚等国甚至达到200海里。

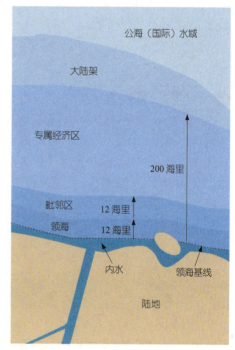

▲ 领海基线

▼ 中国在1958年的北戴河会议上,将领海宽度定为12海里

领海无害通过

领海是沿岸国领土的一部分，属于沿岸国的主权，但在一国领海内，外国船舶享有无害通过权。"无害通过"是指不损害沿海国的和平、安全和良好秩序的通过，无须事先通知或取得沿海国的许可。外国船只依照《联合国海洋法公约》，有权在某国领海进行"无害通过"。这种航行应连续不停地迅速进行，不经许可不得停船和下锚，但航行所附带发生的停泊和下锚，或因不可抗力或避难目的而停泊和下锚例外。

▲ 无害通过是外国船舶通过地主国领海的权利

专属经济区

专属经济区又称经济海域，是《联合国海洋法公约》中为解决国家或地区之间因领海争端而提出的一个区域概念，指从测算领海基线量起200海里、在领海之外并邻接领海的一个区域。专属经济区所属国家具有多项权利和义务，可行使以勘探和开发、养护和管理海床上覆水域以及海床及其底土的自然资源为目的的主权权利，也享有在该区内从事经济性开发和勘探的主权权利，而其他国家享有航行、飞越自由等。但是行使其权利和履行其义务时，应适当顾及其他国家的权利和义务，并应以符合《联合国海洋法公约》规定的方式行事。

▲ 专属经济区

新知词典

公海

公海在国际法上指各国内水、领海、群岛水域和专属经济区以外不受任何国家主权管辖和支配的海洋部分。公海供所有国家共同使用。它不是任何国家领土的组成部分，因而不处于任何国家的主权之下；任何国家不得将公海的任何部分据为己有，不得对公海本身行使管辖权。

公海自由是公认的国际法原则，是公海制度的核心和基础。公海自由的含义是：公海对所有国家开放，不论其为沿海国或内陆国，都有在公海上从事国际法所不禁止的活动的自由，但公海自由并不意味着公海处于无法律状态。1982年，《联合国海洋法公约》规定了6项公海自由，包括航行自由、飞越自由、铺设海底电缆和管道的自由、建设国际法所容许的人工岛屿和其他设施的自由、捕鱼自由和科学研究自由。

捍卫领海安全

海军是一个国家对海上军事和防御的全部军事组织,是现代国防建设的重要组成部分。目前,世界各临海国家都在大力发展海上军事力量,谋求对自己有利的海洋战略安全环境。海军作为国家安全的捍卫者和国家海上利益的重要维护者,对我们来说尤为重要。

美国海军

美国海军下设7个舰队,约50万现役和预备役军人、200多艘现役军舰和4 000多架飞机,是目前世界上规模最庞大、吨位最高、装备最先进、总体实力远超于其他国家的世界上最强的海军。美国海军可分为舰艇部队、舰队航空兵、海上勤务部队和岸基部队4个兵种,一般按照行政管理和作战指挥两个系统进行编组和行动。海军陆战队则是一支隶属于海军部的两栖作战部队,由地面作战部队和航空兵编成。另外,美国海岸警卫队在战时也受美国海军的领导。

▲ 美国海军

俄罗斯海军

俄罗斯是传统的海上强国。自1696年海军组建以来,俄罗斯海军已有300多年的历史。苏联解体后,俄罗斯继承了80%的苏联海军力量。俄罗斯海军是一支由合同制志愿兵和征兵制义务兵组成的混合式海军,但仍保持了苏联时期的编制结构,辖有四大舰队和一个独立区舰队,即北方舰队、太平洋舰队、波罗的海舰队、黑海舰队和里海舰队。每个舰队都有6个兵种:潜艇、海军航空兵、水面舰艇、海军特种作战任务兵、海岸导弹炮兵、海军陆战队。

▲ 俄罗斯海军队员

名人小传
现代海军之父——刘华清

1982年,66岁的刘华清被任命为海军司令员。从此,中国海军现代化拉开了新的一幕。那么,刘华清又是什么人呢?

1916年,刘华清出生于湖北红安县(原黄安县)一个贫苦农民家庭,8岁入私塾,10岁到村办新学堂学习。在新思想的影响下,刘华清逐渐走上革命道路,并于1935年加入中国共产党。在土地革命、抗日战争和解放战争中,刘华清作战英勇,不畏艰险,立下了卓越战功。

新中国成立以后,刘华清主要从事海军工作。1954年8月,他被送往苏联伏罗希洛夫海军学院学习,系统学习了海军专业理论和高级指挥学。回国之后,刘华清着手建立中国现代海军,不仅主持编写了海军训练大纲和教材,还组织开展了核潜艇的研制工作,为我国早期海军装备的现代化建设做出了重大贡献。

1970年,刘华清还在造船工业领导小组办公室工作时,就提出并上报了建造航空母舰的想法。1982年任海军司令之后,刘华清力主打造航空母舰,并立下"不搞航空母舰,死不瞑目"的誓言。只可惜,中国建造的航空母舰下海的那一刻,这位"中国航母之父""现代海军之父"已不在人世。

中国海军

中国海军的全称为中国人民解放军海军,是中国人民解放军的海上分支。中国海军是一个由多兵种组成的武装集团,拥有水面舰艇、潜艇、航空兵、岸防兵和海军陆战队共五大兵种。目前,中国海军拥有三大舰队,分别是北海舰队、东海舰队和南海舰队,其中南海舰队是三大舰队中防御海区面积最大的舰队。现在,中国海军已经拥有大型区域防空舰、核动力潜艇、AIP潜艇等世界先进武器装备,海军航空兵已装备轰炸机、巡逻机、电子干扰机、水上飞机、运输机等勤务飞机,海防导弹不仅有岸对舰导弹、舰对舰导弹,还有舰对空导弹、空对舰导弹、空对空导弹等。中国海军现役舰艇总吨位仅次于美国,是西太平洋地区最大规模的一支海上武装力量。

英国皇家海军

英国皇家海军是英国的海上作战力量,起源于16世纪初,也是英国最古老的军种。在第二次世界大战前,英国皇家海军曾是世界上最强大的海军,直到第二次世界大战后被美国海军超越。时至今日,英国皇家海军仍是世界上先进的海军部队,由于其悠久的海军传统和丰富的海战经验,许多英联邦和北约成员国的海军官兵仍前往英国接受训练。

▲英国海军队员

印度海军

印度海军由西部、东部和南部3个司令部组成。印度海军负责保护印度的海上利益,保卫7 600多千米的海岸线和所属的一些岛屿。印度97%的国际贸易来自海上,所以保护其海上交通航线十分重要。

▲印度海军

现代军舰的特点

随着战争从陆地扩展到水面，船舶也发展出一个独特的分支——军用舰船。军用舰船俗称军舰，是各国海军的主要装备，主要用于海上机动作战，进行战略突袭，保护己方或破坏敌方的海上交通线，进行封锁或反封锁，参加登陆或抗登陆作战，以及担负海上补给、运输、修理、救生、医疗、侦察、调查、测量和试验等保障勤务。它与民用船舶最大的区别就是装备有武器。军舰的发展代表着船舶发展的最高水平，也是人类造船业最新科技和智慧的结晶。

◀ 美国"公爵"级护卫舰

2 座四联装的"鱼叉"反舰导弹发射装置

舰炮

导弹化

现代军舰的主要攻、防武器正趋向导弹化，其制导系统的发射精度、抗干扰能力以及发射装置的功能等已有了长足的进步。与此同时，鱼雷、水雷以及舰炮甚至深水炸弹等也具有制导性能。各国海军的大多数驱逐舰、护卫舰、各类快艇、潜艇等大多已装备了导弹武器或装备了制导鱼雷、制导舰炮等。

核动力化

军舰核动力装置使用的核燃料相当集中，用量极少就可以获得巨大能量。如今，核动力已在潜艇、航空母舰、巡洋舰等军舰上开始使用。军舰的核动力化为军舰的远海作战提供了可能。

▼ 俄罗斯基洛夫级核动力巡洋舰

探索之旅
现代军舰的发展

随着舰载武器、动力装置、电子设备、造船材料和工艺的迅速发展,军舰的发展跨入现代化阶段。现代军舰的技术复杂,集中反映了一个国家的工业水平和科学技术最新成就。它们大多具有坚固的船体结构、良好的航海性能、较强的生命力,以及与其使命相适应的作战能力或勤务保障能力。如今,导弹已成为战斗舰艇的主要武器,大、中型舰艇上普遍搭载着直升机,军舰上还普遍装有指挥控制自动化系统和火控系统,舰艇的隐身技术也得到了广泛的应用。现代舰艇作为海军战场上的绝对主力,已经成为衡量国家军事实力的重要标志之一。

自动化

随着导弹、核武器的不断发展,次声武器、激光武器、粒子束武器的大规模装备,电子计算机及其自动化理论、设备的日益完善,各海军大国普遍将军舰的搜索、识别、跟踪以及操纵系统、航海校正系统、动力系统、后勤保障系统进行了大量的技术改进,构成了以电子计算机为中心,综合各子系统的自动化指挥控制系统和其他各类自动检测、自动排除故障的专业维修系统,从而协助指挥员进行迅速、正确的指挥,提高战斗性能。

▲ 自动化指挥控制系统

新型化

军舰作为一种作战兵器,航速是其战斗力的要素之一。为此,军事科学家和造船工程师们将一些比较新颖的船型,如水翼型、气垫型、冲翼型、小水线面双体船型等具有航速高、适航性强、稳定性好、两栖性强等特点的船型引到现代军舰之上,以提高军舰的快速反应能力、适应海战的能力以及登陆作战的能力。目前,人们已进行了侧壁气垫式航母、小水线面双体航母、水翼猎潜艇、双体扫雷舰等新型舰种的研究工作。

▲ 美国高速双体战舰

隐身化

随着各种技术侦察手段和精确制导武器的改进,兵器隐身技术的发展越来越受到人们的重视。军舰的设计一改过去船体形状按照有效的水动力性能设计而忽视上层建筑隐身因素的做法,为了达到对雷达隐身,人们在船体外形上采用了不少措施,如减少上层建筑,船体采用外飘、内倾或圆角以减少雷达反射波强度等。

▼ 法国"拉斐特"级多用途隐身护卫舰

军舰的动力装置

舰艇动力装置是舰艇的"心脏",安装在舰艇的中部,是为舰艇运动提供动力,保证舰艇在各种活动中所需的各种能量的机械、设备和系统的总称。军舰的动力装置通常分为主动力装置和辅助动力装置两大类。主动力装置是用来保证舰艇以一定的航速航行的各种机械设备,由主动力机、传动装置、轴系和推进器等构成,主要有蒸汽轮机、燃气轮机、柴油机、核动力和联合动力几种,它们各有优缺点和适用范围。

蒸汽轮机动力装置

蒸汽轮机是一种由压力蒸汽驱动的涡轮机械。蒸汽轮机动力装置是在 19 世纪末期发展起来的,虽然具有系统复杂、占用的舱容大、施工周期长、维护工作量多以及经济性差等缺点,但是其单机功率大、技术成熟、寿命长、安全可靠、对燃料要求低的优点,十分符合航母这种大吨位水面舰艇。在核动力诞生之前,蒸汽轮机动力装置可以说在海军强国的大中型水面舰艇中占据绝对的霸主地位。

▲ 早期以蒸汽驱动的战列舰

柴油机动力装置

柴油机是一种将柴油燃烧产生的热能转换成为机械功的动力机械,具有经济性能好、起动加速性能好、能直接反转、独立性和抗冲击能力较好、空气耗量小等优点,也有单机功率太小、振动噪声太大等明显的缺点。柴油机动力装置是在 20 世纪初期发展起来的,至今仍是各国海军中小型军舰的主要动力。

▲ 现代潜艇上的柴油发动机

燃气轮机动力装置

燃气轮机是一种将燃油燃烧产生的热能转换成为机械功的动力机械。燃气轮机动力装置是在20世纪中叶发展起来的新型动力装置，同柴油机和蒸汽轮机比较，燃气轮机具有单机功率大、起动和加速性能好、质量轻、体积小、独立性强、生命力强、振动和噪声小、检修方便、管理简单等优点，但它在高温、高压下工作，对燃油质量要求很高，热效率也比柴油机低得多，因此在民用运输船舶上应用不多，目前主要用于军用舰艇。

核动力装置

核动力装置是以核燃料代替普通燃料，利用核反应堆的反应产生热能并转变为动力的装置。核动力装置工作时不需要空气，核燃料的贮存能量极大，装填一次可以用上好几年。装备核动力装置的舰船，几乎有无限的续航力。自1955年开始，核动力装置已逐渐成为潜艇、航母、巡洋舰、导弹驱逐舰等大中型水面战斗舰艇的动力装置。但它也有质量重、尺寸大、建造周期长、费用昂贵的缺点，而且会产生放射性污染。

▲ 苏联"台风"级核动力潜艇

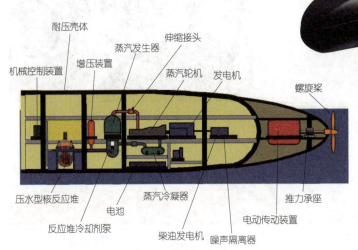

▲ 潜艇核反应堆示意图

联合动力装置

联合动力装置是由两种不同类型的主机联合组成的推进装置，主要有蒸汽轮机与燃气轮机、柴油机与燃气轮机、蒸汽轮机与柴油机等多种形式。其中柴油机与燃气轮机动力装置是目前采用得最广泛的一种，较好地发挥了柴油机经济性好和燃气轮机单机功率大、质量轻、尺寸小的优点。

新知词典

辅助动力装置

舰艇的辅助动力装置用于向舰艇设备提供电能、压缩空气、动力水、生活用蒸汽等，包括电站、辅助锅炉、压缩空气系统、消防系统、通风系统、空调装置、制冷装置等。辅助动力装置主要用于保证舰艇操纵和舰员生活，也是舰船不可缺少的重要组成部分。它不仅要为全舰服务，还要为动力装置服务。

▲ 美国海军首艘混合动力战舰——"马金岛"号战舰。它一部分采用电力，一部分采用燃气作为动力

水面舰船的结构

现代舰艇的技术复杂，军舰的结构也反映了一个国家的科学技术水平。军舰的结构包括舰船的各组成部分，是保证舰艇战斗、运输或其他使用要求的基础。水面舰船结构分为基本结构和专门结构。基本结构包括主船体和上层建筑，专门结构是适应特殊需要而设置的局部性结构。现代军舰船体结构材料多为钢质，有少部分采用铝合金、玻璃钢、水泥、木材等材料，钢质船体结构由钢板、型钢和组合型钢构成。

主船体和上层建筑

主船体是船体结构的基础，是由外板和最上一层甲板包围起来的水密空心结构，它必须具备可靠的水密性和足够的坚固性。上层建筑是水面舰艇船体最上一层纵通甲板以上的围蔽结构和附属结构的统称，包括艏楼、桥楼、艉楼，以及甲板室等各种建筑。桥楼中、下各层布置有电信室、雷达室、会议室、军官住舱、配餐室、餐厅、盥洗室等，其舱面平台设置有武器装备、雷达天线、无线通信天线。

▲ 舰艇指挥室

舰桥

舰桥是舰艇上层建筑中的航行、作战指挥及操纵部位，一般位于桥楼顶部的前端，有封闭式和敞开式两类，包括露天指挥台、指挥室、驾驶室等。小型舰艇的舰桥即桥楼，常位于舰体中部。大中型舰艇设有前、后舰桥，前舰桥在桥楼顶部的前端，后舰桥通常在后面甲板室顶部，是预备指挥部位。航母和两栖登陆舰艇只有一个舰桥。

舰桥

探索之旅
舰桥的起源和发展

"舰桥"这一名称起源于蒸汽机明轮船时期。那时，舰船的操纵部位设在左右舷明轮护罩间的过桥上，因此出现了"船桥""舰桥"的称呼。后来虽然螺旋桨取代了明轮，舰桥也不再是桥了，"舰桥"这一名称却被继续沿用至今。

随着军舰的日益发展，舰桥的功能也逐渐完善起来。如今，军舰上的舰桥不仅保留着以前的传统风采，而且还体现着海军战术和军舰技术的发展。现代军舰的舰桥代表了一艘军舰的整体风貌，通常整个舰桥是一个密闭的结构，所有的通道都可以做到密封，与舰外隔绝。舰桥的材料以钢质为主，有时候为了保持军舰的稳定性，也会采用铝合金结构。

甲板和舱壁

为了充分运用主船体内部空间并保证舰艇生命力,人们用甲板、平台和舱壁将主船体隔成不同用途的舱室。甲板是位于内底板以上、用于封盖船内空间并将其水平分隔成层的平面结构,由板和骨架构成。舱壁则是主船体内垂直的平面结构。横向装设的舱壁是横舱壁,纵向装设的舱壁是纵舱壁,承受规定压力、保证不透水的舱壁称为水密舱壁。

◀ 一艘建造中的军舰,横舱壁清晰可见

水密门

水密门是现代军舰上用以保持舰艇生命力的重要组成部分,是舰艇舱壁和上层建筑围壁上设置的、能承受一定压力并保持水密的船用门。水密门结构形状有圆形、圆角矩形和椭圆形,无论哪种结构形状,均要求具有足够的水密性和同相邻船体结构相等的强度。

▲ 椭圆形的水密门

龙骨和桅杆

龙骨是军舰结构的基础,对保证船体强度具有重要的作用,通常有方龙骨和平板龙骨两种。方龙骨是凸出船底外的一根矩形木头;平板龙骨也称龙骨板,是一系列纵向船底板,现代军舰普遍使用平板龙骨。桅杆是舰艇甲板上竖立的立柱或桁架,用于设置观察、通信和导航设备的天线,悬挂国旗、号旗,装设桅灯、信号灯、航行灯等。

桅杆

曾经的海上霸主

战列舰又称主力舰、战斗舰，是一种以大口径火炮和厚重装甲保护装置为主的战舰。在航空母舰出现以前，战列舰是海上吨位和威力最大的家伙，并且一直是各海上强国的主力舰种，主宰海洋达 200 年之久。第二次世界大战之后，战列舰的优势逐渐丧失殆尽，地位也被航空母舰和弹道导弹潜艇所取代。

▲ 法国海军"拿破仑"号 90 门炮战列舰

发展历程

最早的战列舰是由风帆作为动力的，故又称"风帆战列舰"。19 世纪中期以后，法国建造出世界上第一艘以蒸汽机为动力的战列舰——"拿破仑"号。19 世纪末，战列舰已经发展成为海军中最强大的武装舰艇，是一个国家海军力量的标志。随着后来空中力量和制导武器的兴起，战列舰慢慢丧失了海上优势，现已全部退役。

风帆战列舰

风帆战列舰是一种大型的木质帆船，战斗性能受风向影响很大。风帆战列舰通常有两层或三层火炮甲板，装有 50~100 门不同口径的火炮。最典型的是装有 74 门火炮的风帆战列舰，排水量达 1 630 吨，长 52 米，宽 14 米，吃水 7 米，可容纳 700 名船员。风帆战列舰是风帆时代海军的主力舰。19 世纪初期，英国拥有全世界最强大的风帆战列舰队。1805 年特拉法尔加海战中，英国皇家海军指挥官纳尔逊的旗舰"胜利"号是目前唯一保存下来的风帆战列舰。

▲ 纳尔逊的"胜利"号旗舰在特拉法尔加战役中挂起"英伦期盼每个汉子恪尽其责"的旗号

无畏舰

▲ 无畏舰

1906 年，英国建成一艘全新的战列舰——无畏号，后称为"无畏舰"。其特点是改变了以往各主炮口径不统一的情况，动力则改用功率更高的蒸汽轮机。由于无畏舰优势明显，其他海军强国也竞相模仿和建造，甚至一度在英国和德国之间展开了建造无畏舰的军备竞赛。1916 年，英国与德国之间爆发的日德兰海战便是史上规模最大的无畏舰之间的较量。

"艾奥瓦"级战列舰

"艾奥瓦"级战列舰是美国海军中排水量最大的一级战列舰,它是一系列同型战列舰的总称,包括"艾奥瓦"号、"新泽西"号、"密苏里"号、"威斯康星"号、"伊利诺伊"号、"肯塔基"号六艘战列舰。第二次世界大战时期,这"六兄弟"扮演者明星般的角色:老大"艾奥瓦"号曾经于1943年11月运载美国总统富兰克林·罗斯福参加德黑兰会议,老三"密苏里"号作为日本帝国签署投降文书的场所而名留青史。

▼ 正在右舷齐射的美国海军"艾奥瓦"号战列舰

 名人小传

富兰克林·罗斯福

▲ 富兰克林·罗斯福

富兰克林·罗斯福是美国人心目中最伟大的总统之一,从1933—1945年连任四届,是美国历史上唯一一位连任超过两届的总统。

1882年1月30日,罗斯福出生于一个富裕的商人家庭,他的父亲是一位荷兰移民的后裔。罗斯福从小就接受了良好的家庭教育。大学毕业后,罗斯福考取了律师。1910年,年轻的罗斯福当选纽约州参议员,开始步入政坛,三年后被提拔为美国海军助理部长。

正当事业一帆风顺的时候,罗斯福却遭遇了人生最大的一次坎坷,双腿落下了终身残疾。然而,命运的打击并没有使罗斯福低头,他失去了双腿,却获得了坚强。1928年,罗斯福成功当选纽约州州长。1932年,他又以新政演说竞选成功,成为美国第32任总统。

罗斯福任总统期间,成绩卓越,他不仅把美国人民从席卷世界的经济大萧条中拯救出来,建立了福利国家制度,还把第二次世界大战中奉行孤立主义的美国变成世界大联盟的领导者。

作为美国历史上唯一一位残疾人总统,罗斯福坚韧、智慧和奋斗不息的形象,成为美国人民心目中永久的榜样。

海上的浮动战场

航空母舰简称"航母"或"航舰",是一种可供军用飞机起飞和降落的军舰。航母是海上浮动的战场,享有海上霸王的美誉。目前,全世界只有为数不多的几个国家拥有航母。由于航母造价和维护费用巨大,因此拥有航母是国力强盛的一种表现。

▲"百眼巨人"号航空母舰

流动的国土

第一次世界大战之后,飞机逐渐被海军用来侦察和攻击敌人的侦察机,航空母舰也应运而生。航母是航空母舰战斗群的核心,主要提供空中支援和远程打击能力,其他舰船只为航母提供保护和供给。有了航母,一个国家就可以在远离其国土的地方、不依靠当地机场的情况下对敌人施加军事压力和进行作战。因此,航母被誉为"流动的国土"。

航母的来历

20世纪初,法国发明家克雷曼·阿德就提出了"搭载战机巨舰"的概念。1914年,世界上第一艘可供飞机起飞的战船"伯伽索斯"号出现了,在第一次世界大战中,飞机作为新的兵器走上战场,海上空战也开始受到人们的重视。1915年8月12日,一架从军舰上起飞的英国战机击沉了一艘敌国的运输舰,显示了海上航空兵的威力。此后,英国的军舰设计师们开始设计搭载战机的巨舰,最终建成"百眼巨人"号航母。

航母战斗群

航空母舰从来不单独行动,总会有很多"保镖"的陪同,如巡洋舰、驱逐舰、攻击潜艇等,合称航母战斗群。巡洋舰是航母战斗群的护卫中枢,提供防空、反舰与反潜的能力;驱逐舰主要协助巡洋舰扩展防卫圈的范围;攻击潜艇用于支援舰队对水面或水下目标的警戒与作战。此外,航母上还有各种各样用于进攻和防御的军用飞机。整个航母战斗群可以在航母的整体指挥下,对数百千米之外的目标实施搜索、追踪、锁定、攻击。

▼航母战斗群

▼"尼米兹"号航空母舰

"尼米兹"号航空母舰

"尼米兹"号航空母舰是美国海军的第二代核动力航空母舰，因其吨位最大、载机最多、现代化程度最高、耗资最大，而堪称是"水面舰艇之最"。"尼米兹"号航母自1975年服役以来，一直承担着远洋作战、夺取制空和制海权、攻击敌方海上或陆上目标、支援登陆作战及反潜等任务，号称是美国在全球称霸的工具。

"戴高乐"号航空母舰

"戴高乐"号航空母舰是一艘隶属于法国海军的核动力航空母舰，是法国目前正在服役中的唯一一艘航空母舰，也是法国海军的旗舰。"戴高乐"号长261.5米，舰宽31.5米，吃水8.5米，标准排水量35 500吨，满载排水量39 680吨，可搭载各种舰载机40余架，作战能力仅次于美国大型核动力航母。

▲2001年，美国海军的"企业"号航空母舰与法国海军"戴高乐"号航空母舰在海上进行军事演习

探索之旅
偷袭珍珠港

1941年日本偷袭珍珠港的行动，是历史上首次大规模集中使用航空母舰的作战。

日本自1937年对中国发动侵略战争之后，国内经济每况愈下。为了继续战争，日本逐渐开始向他国夺取战争资源。美国因为日本在中国战场上的多项罪行对其实施禁运，并逐渐升级。1941年，美国同荷兰、英国一起，停止向日本出口石油。石油是继续战争的必备要素，没有石油就不能继续战争。日本像发了疯一样，决定对美国太平洋珍珠港海军基地发动袭击，以扭转被动局面。

1941年12月7日，日本海军派出6艘航空母舰、300多架飞机的兵力，对珍珠港突然展开狂轰滥炸。美军8艘战列舰、3艘巡洋舰、3艘驱逐舰被击沉或遭受重创，188架战机被摧毁，2 402人殉职。日本的损失则要轻得多，仅仅消耗了25架飞机和5艘袖珍潜艇。但美国的航空母舰当时都不在港内，所以海军实力并未遭到致命性的打击。

然而，日本这一不宣而战的举动无疑唤醒了沉睡的雄狮。此前的美国一直对第二次世界大战保持中立态度，珍珠港事件之后，美国公众愤怒不已，罗斯福总统发表了《国耻演说》，国会立刻通过了对法西斯宣战的决议。美国参战大大增强了同盟国实力，加快了法西斯失败的步伐。

远洋作战

巡洋舰指排水量大于7 000吨，以承载导弹、舰炮以及舰载直升机为主要武器的大型水面舰艇，是战舰的主力，也是世界上仅次于航空母舰的大型战舰。它具有多种作战能力，主要用于远洋作战。

任务及特点

▲"宙斯盾"战斗系统主屏幕

巡洋舰主要担负海上攻防作战任务，保护己方或破坏敌方海上交通线，支援登陆或反登陆，掩护己方舰艇以及担负防空、反潜、警戒等任务。巡洋舰是一种进攻性武器，它装备着各种武器和导航、通信、指挥控制系统，具有较高的航速、较强的续航能力和抗风浪能力，能长时间在各种复杂的条件下进行远洋机动作战。现代海军通常以几艘巡洋舰组成编队进行活动，或者加入航空母舰编队担任掩护任务，常被作为舰队的旗舰。

导弹巡洋舰

早期的巡洋舰主要武器为火炮，称为火炮巡洋舰，现已全部退出历史舞台，取而代之的是导弹巡洋舰。世界上第一艘真正的导弹巡洋舰是苏联于1959年开工，1961年初下水的"格罗兹尼"号。它的满载排水量为5 500吨，最大航速约为67千米/时，续航能力为12 500千米。现代导弹巡洋舰装备了各种用途的制导武器，能发射舰地、舰空、舰舰、反潜导弹，装备了反潜直升机、各种口径的自动火炮和先进的自动化指挥系统，具有攻防能力强、适航性好、活动半径大等优点，能担负多种作战任务，成为除航母之外战斗力最强的战舰。

核动力导弹巡洋舰

▼"长滩"号核动力导弹巡洋舰

世界上第一艘核动力巡洋舰是美国伯利恒钢铁公司于1957年12月开工，于1960年完成并下水的"长滩"号核动力导弹巡洋舰。核动力导弹巡洋舰最大的特点是续航能力强，它可以连续航行几年而无须补充燃料。"长滩"号满载排水量为1.8万吨，装备有巡航导弹、反舰导弹、防空导弹和反潜导弹。

探索之旅
拉普拉塔河口海战

发生于1939年12月13日的拉普拉塔河口海战是一次由巡洋舰上演的战争。

第二次世界大战前,为了防止英国封锁德国的出海口,德国海军将"格拉夫·斯佩"号开往中南大西洋海域,舰长为汉斯·朗斯道夫。"格拉夫·斯佩"号击沉多艘盟国商船,对盟国海上运输构成严重威胁。

▲ "格拉夫·斯佩"号

1939年12月,英国皇家海军对"格拉夫·斯佩"号展开大规模搜索。海军准将亨利·哈伍德正确判断德国军舰将开往拉普拉塔河口,于是率领"埃克塞特"号重巡洋舰和"阿贾克斯"号、"阿基里斯"号两艘轻巡洋舰前往。12月13日,两军在拉普拉塔河口均发现对方。

哈伍德立即下达作战命令,"埃克塞特"号转向西北,"阿基里斯"号和"阿贾克斯"号保持东北航向,三只巡洋舰对"格拉夫·斯佩"号形成夹击之势。双方经过一阵激烈的交战,"埃克塞特"号通信系统被损坏,大部分舰桥人员阵亡;"格拉夫·斯佩"号的重油系统被击毁。这时,"阿基里斯"号和"阿贾克斯"号趁机逼近。由于寡不敌众,"格拉夫·斯佩"号最终仓皇而逃。

拉普拉塔河口海战的胜利给予英国人民重大鼓舞,增强了丘吉尔在国内的声望。

"基洛夫"级导弹巡洋舰

"基洛夫"级导弹巡洋舰由位于彼得堡市的波罗的海造船厂建造。这是一艘巨大的核动力舰艇,是第二次世界大战结束后世界上建造的最大的巡洋舰。"基洛夫"级导弹巡洋舰是一座"海上武库",舰载几乎涵盖所有海上作战武器系统,提供舰队防空和反潜,与敌方大型水面舰艇交战,包括打击大型航空母舰的能力。

"提康德罗加"级巡洋舰

▼ "提康德罗加"级巡洋舰

"提康德罗加"级巡洋舰是美国海军现役数量最多的巡洋舰,共27艘,装备了极为先进的"宙斯盾"防空系统,因而被誉为"当代最先进的巡洋舰","具有划时代的战斗力和生命力"。"宙斯盾"防空系统可以对从潜艇、飞机和水面战舰上各个方向袭来的大批导弹进行及时探测并有效应对。这是当代巡洋舰乃至当代水面舰艇的防空能力飞跃般提高的一个划时代标志,一直是美军争夺制海权、控制权的利器之一。

"海上多面手"

驱逐舰是一种以导弹、舰炮、反潜武器为主要装备,具有多种作战能力的中型军舰。其主要任务是攻击潜艇、水面舰船以及护航、侦察、巡逻、警戒、布雷和袭击岸上目标,故又称为"海上多面手"。

鱼雷艇的克星

▲ "哈沃克"号鱼雷艇驱逐舰

驱逐舰设计思想的萌发是缘于鱼雷艇威胁的增加。1892年,英国海军部再次召集专家对建造鱼雷艇的"克星"出谋献策,著名造船设计师亚罗正式提出建造专门对付鱼雷艇的一种战舰。1893年,"哈沃克"和"霍内特"号鱼雷艇驱逐舰建成并服役。这种排水量仅240吨,航速27节的战舰可以算得上是世界上最早的驱逐舰。

驱逐舰之最

世界上最早的一艘全燃气轮机动力驱逐舰是苏联的"卡辛"Ⅰ型导弹驱逐舰。最早的对空导弹驱逐舰是美国的"米彻尔"级导弹驱逐舰。最早的对舰导弹驱逐舰是美国的"孔兹"级导弹驱逐舰。世界上第一艘低噪声的驱逐舰是英国的"诺福克"号。

探索之旅
"31节伯克"的故事

阿利·伯克是一位瑞士移民的后代,1901年10月19日出生于美国科罗拉多州的一个农场主家庭。1923年,伯克以优异的成绩从安纳波利斯海军军官学校毕业,并一直在美国海军部工作。

1943年11月,时任第23驱逐舰支队队长的伯克接到命令,要求他以31节的平均速度去指定地点拦击一支载有空军撤离人员的日本护航队。伯克平时指挥支队所用的最高编队速度为30节,但这次居然以惊人的速度完成了命令,在圣乔治角赶上了敌军。

当时,美军与日军各有5艘驱逐舰。在第一次攻击中,美军就击沉了日军的两艘驱逐舰,然后一心尾随逃走的其余3艘驱逐舰。但聪明的伯克判断日军可能即将展开还击,于是突然命令舰队调转航向,以避免日军鱼雷的还击。果然不出所料,不久后3枚鱼雷就在后面爆炸。接着,伯克再次指挥自己的舰队追击,在暗夜中又击沉了日军的一艘驱逐舰。

▲ 阿利·伯克

这就是著名的圣乔治角海战,美舰无任何损失,人员无一伤亡,而日舰却被击沉3艘。这次战役堪称一次完美的海战。从此,"31节伯克"在美国广为流传,成为速度、力量和战无不胜的代名词。

敢下五洋捉鳖

▲ 俯瞰"斯普鲁恩斯"级驱逐舰

幸运的倒霉儿

"波特尔"号驱逐舰是美国海军史上最幸运的战舰之一,刚刚服役4个月便被委以保护罗斯福总统的重任。但它也是最倒霉的战舰之一,执行护航任务刚开始就撞坏邻近的军舰,然后又自爆深水炸弹。但厄运并没有停止,在演习时,"波特尔"号的鱼雷兵竟向罗斯福总统乘坐的军舰误射一枚鱼雷,差点害死总统。事后,"波特尔"号被勒令脱离舰队,就近停泊在百慕大海军基地,全体舰员被拘留调查。

"斯普鲁恩斯"级驱逐舰

"斯普鲁恩斯"级导弹驱逐舰是美国海军20世纪70年代至80年代初陆续建成的一代大型驱逐舰,曾一度是美国海军中的主力驱逐舰。原型舰以反潜为主,其后美国海军为适应现代海战要求,先后对其进行了一系列重要改装,加装了多种先进的武器装备和垂直发射系统,使之成为一种反潜、反舰、对地和防空能力都很强的驱逐舰。

"阿利·伯克"级驱逐舰

"阿利·伯克"级导弹驱逐舰以美国海军上将阿利·伯克的名字命名,它是世界上第一艘全面采用隐形设计的驱逐舰,武器装备、电子装备高度智能化。该级舰具有高度的防空、反潜、反舰和反导的全面作战能力,代表了美国海军驱逐舰的最高水平。

▼ 2004年9月18日,"阿利·伯克"级的"珍珠港"号在夏威夷被编入太平洋舰队

"海上守护神"

护卫舰是以火炮、导弹和反潜武器为主要装备的中型或轻型军舰,通常装备有舰炮、舰舰导弹或舰空导弹、反潜武器等,有的还装备了鱼雷和反潜直升机。护卫舰主要用于反潜、防空护航、侦察、警戒、巡逻、布雷、支援登陆作战等,素有"海上守护神"和"海上警卫员"的美称。

俄国首开先河

护卫舰诞生于20世纪初。1904—1905年的日俄战争中,日本舰艇曾多次闯入旅顺口俄国海军基地,对俄国舰艇进行鱼雷和炮火袭击,或布放水雷,用沉船来堵塞港口。起初,俄国舰队在港口的巡逻和警戒任务是由驱逐舰来执行的,但驱逐舰数量少,而且还需要承担其他任务。于是,日俄战争之后,俄国建造了世界上第一批专用护卫舰。

"佩里"级护卫舰

美国海军的"佩里"级护卫舰是性能适中的通用性导弹护卫舰,具有多种战术用途,可以承担防空、反潜、护航和打击水面目标等任务。尽管它的性能不如某些高性能舰艇,但是价格比较适中,因而被大批量建造。

▲ "佩里"级护卫舰

"公爵"级护卫舰

"公爵"级导弹护卫舰是英国海军在20世纪90年代末到21世纪初的主要水面作战舰艇,也是英国海军最先进的护卫舰。它承担了英国海军大部分的外交和战斗任务。"公爵"级护卫舰不仅价廉物美,而且也是世界上静音效果最好的护卫舰。

▲ 俯瞰"公爵"级护卫舰

探索之旅

日俄战争

19世纪末，日本经历明治维新之后国力大增，试图向东北亚扩张势力。俄国则在缓和与欧洲各国的矛盾之后，也企图向远东扩张。日本与俄国都想获得中国东北和朝鲜半岛的控制权，这埋下了战争的种子。

1895年《马关条约》签订之后，日本占领辽东半岛。俄国考虑到自己的利益受到威胁，于是联合德国、法国给日本施压，要求日本放弃占领辽东半岛。日本迫于多国压力，不得不答应，但对俄国产生怨气。俄国以还辽有功为由，与清政府签订《中俄密约》，获得军舰任意出入中国港口的权利，并占据旅顺港。得势后的俄国更加贪婪，不仅一边参加八国联军的对华入侵，还一边入侵东北，进行烧杀抢掠。这种毫无顾忌的姿态使英、美、日等国利益受到侵犯，也使德国、法国表示反感。多国要求俄国从东北撤兵，但俄国拒绝。日本在英、美的支持下，与俄国进行谈判交涉，但归于破裂。1904年2月8日，日本偷袭旅顺港；9日，俄国对日宣战；10日，日本对俄宣战，日俄战争全面爆发。

日俄战争以俄国失败告终。日本获得在东北亚的军事优势。俄国的失败加剧了国内矛盾，导致第二年爆发了俄国革命。

▲ 对马海峡海战期间，东乡平八郎在"三笠"号战舰上进行战斗指挥

▲ "拉斐特"级护卫舰

"拉斐特"级护卫舰

法国"拉斐特"级护卫舰是世界上第一种在雷达、红外、水声等各方面采用综合隐身技术的大型隐身战斗舰，并且隐身效果明显。该级舰是世界一流的轻型导弹护卫舰，舰壳设计新颖，上层建筑、桅杆、前甲板皆由玻璃钢制成，并含有雷达吸波材料，大大增强了隐身性能，是将隐身性能与造型艺术完美结合的典范。

庞大的护卫舰队伍

仅在第二次世界大战期间，英、美、法、德、意五国就建造了1 800多艘护卫舰。护卫舰在第二次世界大战的反潜、防空、护航作战中发挥了重要作用。如今，世界上拥有护卫舰的国家和地区约50个，所拥有的护卫舰总数超过其他各舰的总和。

登陆战的主角

两栖攻击舰是最主要的登陆作战舰艇,诞生于20世纪50年代。它拥有较强的攻击力,在登陆战中具有十分重要的地位。有的两栖攻击舰甚至像一艘轻型航母,能够压制岸上敌人的火力,掩护己方登陆人员和装备的安全,为登陆作战添加成功的筹码。

"垂直包围"理论

20世纪50年代,美军诞生了登陆战的"垂直包围"理论。该理论要求登陆部队从登陆舰甲板登上直升机,飞越敌方防御阵地后,在其后方降落并投入战斗。这样可避开敌方登陆作战的防御重点,并加快登陆速度。两栖攻击舰便是在这种作战理论思想的指导下产生的新舰种。

历史

1955—1960年,美国将7艘老式的航空母舰改装为两栖攻击舰。1959年4月,美国开始建造世界上第一艘两栖攻击舰——"硫黄岛"号。20世纪70年代初,美国又建造了一种更先进、更大的登陆舰艇,称为通用两栖攻击舰。

▲ "硫黄岛"号两栖攻击舰

新知词典

两栖

"两栖"一词的最初含义来源于动物,即既能在水中也能在陆地上生存和活动的动物。两栖动物的繁殖需要水,其幼体在水中生活,形态似鱼,用鳃呼吸,依靠尾鳍游泳。这些幼体经过变态之后,通常会长出四条腿,从而离开水在陆地上生存和活动。两栖动物是冷血动物,一般以蠕虫、蜘蛛和昆虫为食。世界上有两栖动物大约3 000种,大到1米多,小到不足1厘米。青蛙是最常见的两栖动物。

除了两栖动物之外,与"两栖"相关的说法通常还有两栖作战、两栖坦克。

两栖作战是利用海军、后勤将己方军事力量从海上运输到敌岸的一种作战方式。两栖作战非常复杂,包括强渡海区、抢滩登陆、背水攻坚等高难度战术,稍有不慎就会付出惨痛的代价。

两栖坦克是既能在陆地上行驶,又能依靠浮力漂浮在江河、湖泊以及浅海上行驶的特种坦克。两栖坦克具有很强的机动性,主要用于登陆和沿岸警戒。

▲ 2003年自由伊拉克行动中规模最大的两栖作战舰队

通用两栖攻击舰

通用两栖攻击舰的综合能力非常强大，它实际上是集坞式登陆舰、两栖攻击舰和运输船于一身的大型综合性登陆作战舰艇。这种舰艇既有飞行甲板，又有坞室，还有货舱。以往如果运送一个加强陆战营进行登陆作战，一般需要坞式登陆舰、两栖攻击舰和两栖运输船只5艘，而通用两栖攻击舰诞生之后，只需1艘就可以完成任务。

"塔拉瓦"级两栖攻击舰

"塔拉瓦"级两栖攻击舰是美国建造的世界上第一艘通用两栖攻击舰，于1971年1月动工，1973年12月下水，1976年5月服役，一共4艘。"塔拉瓦"号的满载排水量为39 300吨，航速为24节。它可载一个加强营的人员及装备，28~36架不同类型的直升机。必要时，它还可载AV-8B型战斗轰炸机，10艘不同类型的登陆艇或45辆两栖车辆。

▲ "塔拉瓦"级两栖攻击舰

"黄蜂"级两栖攻击舰

"黄蜂"级两栖攻击舰是美国于20世纪80年代建造的一种规模巨大的两栖攻击舰，也是目前世界上吨位最大的舰艇，排水量超过4万吨，看上去像一艘轻型航母。"黄蜂"级两栖攻击舰的主要任务是进行两栖攻击和为陆战队提供空中支援，但与众不同的是，它还能充当航母的角色。此外，该舰还是一座浮动的大型海上医院，有600张病床、4个主手术室、2个紧急手术室、4个牙科诊所、药房、X光室和血库，小至头疼发热，大至心脏病手术，都可以在这里解决。

▼ "黄蜂"级两栖攻击舰与一艘登陆艇执行舰门交会

水下布雷

布雷舰是一种专门用于布设水雷的水面战斗舰艇,曾在历次海战中立下了赫赫战功。布雷舰用于在基地、港口、航道和近岸海域及江河湖泊水域进行防御布雷和攻势布雷,其中包括远程布雷舰、基地布雷舰和布雷艇等。布雷舰装载水雷较多,布雷定位精度较高,但隐蔽性较差,防御能力较弱,适合在己方兵力掩护下进行布雷。

▲ 水雷

因水雷发展而诞生

据考证,早在中国明代,水雷就已产生了。但最初的水雷都是以漂雷类型为主,由于这种水雷一般都是随波逐流,对布雷位置要求不高,因而对布雷设施要求也不高。到了1840年,俄国人发明了触发式锚雷,这种水雷对布设的位置和方式有了更高的要求。在这种背景下,专门从事布雷的舰艇应运而生,并很快在海战舞台上大显身手。

获得长足发展

俄国于1892年最早建造了2艘布雷舰。在1904—1905年的日俄战争中,俄国就曾用布雷舰艇进行水雷战。在第一次世界大战期间,已经出现巡洋布雷舰、驱逐布雷舰、高速布雷舰、舰队布雷舰、近海布雷舰和布雷艇等装备。第二次世界大战中,布雷舰艇得到进一步发展。战后,由于航空兵和战斗舰艇的发展,大多数国家不再建造专用布雷舰艇。

▲ 水雷爆炸试验

▶ 1974年,瑞典的布雷舰

一舰多用

一些国家新造布雷舰主要用于近海和沿岸布设防御水雷,一般是一舰多用,在设计时仍考虑以布雷为主。布雷舰战时布雷,平时兼任扫雷母舰、训练舰、潜艇母舰、快艇母舰、指挥舰和供应舰等。多用途布雷舰设有直升机平台,用于载运布雷直升机。

历史功劳

在海湾战争中,以美国为首的多国部队出动了各种战列舰、巡洋舰。在强大海军压境的情况下,伊拉克海军布雷舰利用夜间在科威特海域及海湾北部布设了约1 100枚水雷,致使美军两栖攻击舰"特里波利"号等三艘舰艇触雷后被炸毁,从而被迫放弃了在科威特沿海实施登陆作战的计划。

▲ 现代布雷舰可以实现大规模布雷,封锁出海口等重要位置

各国分布

当今世界拥有专用布雷舰的国家很少,其中包括瑞典、土耳其以及日本、俄罗斯等。瑞典现役拥有2级布雷舰、2级布雷艇,土耳其拥有2级布雷舰、1级布雷艇。

新知词典

第一次世界大战

第一次世界大战(简称"一战")发生于1914年7月28日—1918年11月11日。它是以德国、奥匈帝国、土耳其、保加利亚组成的同盟国和以英国、法国、日本、俄国、美国和中国组成的协约国之间的一场世界性战争。

一战的导火索是萨拉热窝事件。1914年6月28日,正值塞尔维亚国庆节,奥匈帝国皇太子斐迪南大公携夫人在萨拉热窝视察时,被一名塞尔维亚青年普林西普开枪打死。奥匈帝国以此为借口,在得到德国的支援后,于1914年7月28日向塞尔维亚开战,一战正式爆发。由于种种集体协定防御条约和复杂的国际同盟关系,短短数周之内,欧洲的主要国家都被卷入了战争。

其实,帝国主义经济发展不平衡导致的新旧殖民主义矛盾激化是导致一战的根本原因。一战最终以同盟国投降求和宣告结束。战后各国在巴黎凡尔赛宫召开了巴黎和平会议。会议签订了《凡尔赛和约》,讨论了战胜国的利益分配以及对战败国的惩治问题,尤其是对德国采取了严惩。

一战未能妥善处理好战后各国的问题,从而在某种程度上为后来更大规模的第二次世界大战埋下了祸根。

最早的登陆舰

登陆舰又称两栖舰艇,是为输送登陆士兵、武器装备及其补给品而专门制造的舰艇,其类型多种多样。登陆舰的最初形态是俄国黑海舰队于1916年使用的"埃尔皮迪福尔"舰船。第一次世界大战后期,英、美曾改装和建造了一批类似的舰船,这就是最早的登陆舰。

历史由来

▲ 第二次世界大战时期的登陆舰

第一次世界大战之前,登陆作战还只是用传统船只来进行。然而,1915年发生的灾难性的加利波利登陆战役表明,传统船只已经不能胜任近代登陆作战的要求,尤其是在机枪得到大量使用之后。随后,世界海军强国开始重视登陆舰的研究和建造。第二次世界大战期间,登陆舰已经开始大力发展和运用。

坦克登陆舰

坦克登陆舰是一种大型两栖舰艇,排水量为600~10 000吨,可运载坦克几辆至几十辆,以及士兵数百名。登陆舰的续航能力一般为200~6 000千米,航速为20~40千米/时。通过登陆舰,登陆部队可从出发地直抵登陆点滩头,中途无须换乘,大大简化和加快了登陆过程。在第二次世界大战时期的诺曼底登陆战役中,坦克登陆舰发挥了至关重要的作用。

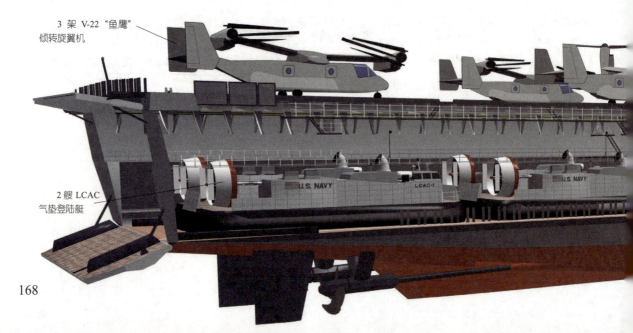

3架 V-22"鱼鹰"倾转旋翼机

2艘 LCAC 气垫登陆艇

探索之旅
诺曼底登陆

早在1941年9月，斯大林就向丘吉尔提出在欧洲开辟第二战场的要求。由于当时美国还未参战，英国无力组织这种大规模的登陆作战，所以不了了之。

1942年7月，苏德战场形势非常严峻，德军已攻进斯大林格勒，苏联再次向英美（美国已参战）提出同样的要求。直到1943年5月，英、美在华盛顿会议上通过了决议：1944年5月在欧洲大陆实施登陆，开辟第二战场。登陆目的是横渡英吉利海峡，在法国北部夺取一个战略性登陆场，为开辟欧洲第二战场并最终击败德国创造条件。

经过一番考察和研究，盟军将最终登陆地点选在诺曼底。1944年6月6日开始，盟军先后调集美国、英国和加拿大的288万兵力、17万辆战车、60万吨各类补给品渡过英吉利海峡。进攻诺曼底在登陆的前一天晚上展开，包括大规模的空中轰炸、空降兵空降作战以及海军军舰炮击，而两栖登陆作战则在第二天早上开始。

直到7月24日，战争双方约有24万人死亡，其中盟军伤亡12.2万人，德军伤亡和被俘11.4万人。1944年8月25日，巴黎获得解放，诺曼底登陆战役宣告结束。这次登陆是世界上规模最大的一次海上登陆作战，有效牵制了德军，使第二次世界大战战略态势发生了根本性变化。

▲ 1944年6月，霸王行动中的法国诺曼底美军滩头阵地

船坞登陆舰

船坞登陆舰是可承载两栖登陆船、两栖坦克和气垫船的舰船，满载排水量一般在万吨左右，航速为30~40千米/时，可载10~22艘各类登陆艇或20~80辆两栖车辆。有的船坞登陆舰还设有直升机平台，可运载直升机数架，以及实施机降登陆作战。船坞登陆舰上一般还装有一些防空武器，必要时可以对滩头进行射击。

▼ 美国海军新一代的两栖船坞登陆舰"圣安东尼奥"级剖视图

14辆远征战斗载具或两栖突击载具悍马机动车

海岸警卫

巡逻舰是海军舰艇中护卫舰以下一级的水面作战舰艇,具有扫雷、反潜、导弹或鱼雷突袭、近岸巡逻、巡河、情报搜集、缉私、救援等多种功能。许多国家甚至不用它配备于军队、准军事的海岸巡逻队或警察,而是把它用于查缉等日常勤务。

巡逻舰的特点

巡逻舰以小口径舰炮为主要武装,吨位小,航速高,机动灵活,排水量通常为数十吨至数百吨。巡逻舰的航行速度一般为30~40节,也有的可达50节,续航能力为900~5 500千米。巡逻舰可搭配的系统有搜索、探测、武器控制、通信导航、电子作战等。

▲ 巡逻舰

"阿米代尔"级巡逻舰

"阿米代尔"级巡逻舰长为57米,航速27节。该舰拥有许多独一无二的特点,包括无纸航海制图和可以在海上状况恶劣时吊放小艇的复杂吊柱。它可以执行多种任务,为澳大利亚的国家监管项目服务是它的主要职责之一。澳大利亚海军凭借这些巡逻舰执行安全监视,打击偷渡、走私、贩毒和其他非法入境的任务,这对于保卫澳大利亚的主权完整和国家安全具有非常重要的意义。

▲ "阿米代尔"级巡逻舰

"飓风"级巡逻舰

"飓风"级巡逻舰是美国海军所使用的一种近岸巡逻舰,主要任务是执行沿海巡逻及监视封锁。该级舰一共有 13 艘,大部分在 1992—1994 年间服役,其中 3 艘曾租借给美国海岸警卫队,用于执行各种各样的任务,包括搜救、拦截、登船检查前往美国港口的外国船只等。"飓风"级巡逻舰的设计寿命为 15 年,但就连最新的"龙卷风号"的服役年限也远远超过了 15 年。2012 年,大部分"飓风级"巡逻舰被派往波斯湾,以应付伊朗的潜在威胁。

▼ 停靠在码头的三艘"飓风"级巡逻舰

"皮里"号巡逻舰

"皮里"号巡逻舰舷号为 ACPB 87,舰长为 56.8 米,全铝制,在位于澳大利亚西部的奥斯塔船厂建造。它采用模块化的设计概念,可以迅速地经过改变之后,执行各种任务,包括监视、水面作战、反潜作战、反水雷/猎雷、布雷或污染监控等。

▶ "皮里"号巡逻舰

新知词典

美国海岸警卫队

美国海岸警卫队是美国负责沿海水域、航道执法、水上安全、遇难船只及飞机的救助、污染控制等任务的武装部队。它是美国五大武装力量之一,和平时期由国土安全部管理,如有需要,总统可下令部队移交美国海军部指挥。

第一任财政部长亚历山大·汉密尔顿被尊为美国海岸警卫队之父。1790 年,汉密尔顿要求国会提供一支 10 艘船只的舰队,以防走私和海盗行为,确保美国海域船只的进口税征集。这支舰队是美国海岸警卫队的前身。海岸警卫队先后参加过第一次世界大战和第二次世界大战,并发挥了重要作用。

如今的海岸警卫队已经是一支装备有大量现代化舰船和飞机的部队,拥有 36 000 名军官和征募人员。康涅狄格州新伦敦市的"美国海岸警卫队学院"是负责培养海岸警卫队军官的一所学校。申请入学的人员至少要有高中学历,年龄不得大于 22 周岁,未婚并且身体条件必须符合严格的体制标准。征募队员一开始要在新兵训练营进行为期 8 周的基本训练,包括交通、消防、急救、枪炮操作、军事训练、体育和航海技能等课程。

美国海岸警卫队总部位于华盛顿哥伦比亚特区,这也是其司令部所在地。最高首长通常由一名四星上将担任,由总统指定并由参议院认可,任期为四年。

▲ 美国海岸警卫队

军用快艇

在军舰大家族中,有一类军舰航速快、体积小、爆发性好、隐蔽性好,具有攻其不备、神出鬼没的作战能力,它们就是被人们称为"海上轻骑"的军用快艇。军用快艇是军用高速攻击艇的简称,俗称快艇,是海军的一种小型水面战斗舰艇。军用快艇种类繁多,形状多样,按所携载武器的种类可分为鱼雷艇、导弹艇、猎潜艇等。

鱼雷艇

鱼雷艇是一种以鱼雷为主要武器的小型高速水面战斗舰艇,主要在近岸海区协同其他军舰对敌大、中型水面舰实施鱼雷攻击,还可担负巡逻、警戒、反潜、布雷等其他任务。鱼雷艇具有体积小、舰速高、机动灵活、隐蔽性好、攻击威力大等特点,但适航性差,活动半径小,自卫能力弱。由于它造价低廉,制造容易,使用方便,加之现代鱼雷的性能不断提高,因此它的发展仍受到当今世界各国的重视。

▲ 鱼雷艇

现代鱼雷艇

现代鱼雷艇有滑行艇、半滑行艇、水翼艇3种船型,艇体采用合金钢、铝合金、木质和混合材料建造,满载排水量一般在40~150吨之间,少数大型鱼雷艇在200吨以上,舰速为40~50节。艇上除装备威力较大的鱼雷等水中兵器外,还装备有拖曳式声呐和射击指挥系统以及通信、导航、雷达、红外探测仪、微光探测仪等设备。

▲ 意大利鱼雷艇 MS36

导弹艇

导弹艇是一种以舰舰导弹为主要武器的小型高速水面战斗舰艇,主要用于近岸海区作战,也可用于巡逻、警戒。导弹艇的排水量一般在 50~500 吨之间,舰速 30~50 节。导弹艇具有吨位小、舰速高、机动灵活的优点,因为装有导弹武器,具有巨大的战斗威力,有"海洋轻骑兵"的美称,在现代海战中发挥着重要的作用。

▲挪威的"盾牌"级导弹艇

导弹艇的武器

导弹艇的主要武器是导弹,艇上装有 2~8 枚巡航式舰舰导弹,外形像飞机,弹体上有翅膀,尾部有尾翼,用来对付水面的军舰。有的导弹快艇还装备有舰空导弹,用来对付空中目标。导弹快艇上除了装备导弹武器外,还装有舰炮、鱼雷、水雷、深水炸弹以及搜索探测、武器控制、通信导航、电子对抗和指挥控制自动化系统。

▼导弹艇

猎潜艇

猎潜艇是以反潜武器为主要装备的小型水面战斗舰艇,主要用于在近海搜索和攻击潜艇,以及巡逻、警戒、护航和布雷等。它的体积小、吃水浅,机动灵活,不能构成潜艇上导弹和鱼雷攻击的目标,反而很容易找到机会消灭潜艇。因此一般情况下,潜艇碰上猎潜艇只有赶快躲避逃跑,否则就难以脱身了。

▲二战时期的美国 PC815 猎潜艇

探索之旅

世界上最早的导弹艇

1959 年,苏联列宁格勒-彼得洛夫斯基造船厂首先将"冥河"式舰对舰导弹安装在拆除了鱼雷发射管的 P6 级鱼雷艇上,改制成"蚊子"级导弹艇。这也是世界上最早的导弹快艇,它的满载排水量为 75 吨,航速 70 千米/时,主要武器装备有 1 座双联装 SS-N-2 冥河式反舰导弹发射器和 1 门双管 25 毫米半自动火炮。

在第三次中东战争中,埃及海军从"蚊子"级导弹快艇上发射了 3 枚"冥河"式导弹,击沉了排水量 1710 吨的以色列海军"埃拉特"号驱逐舰,首开舰舰导弹击沉水面舰艇的先河,给世界海军带来了巨大冲击。这也是海战史上第一次导弹战,显示了导弹艇具有小艇打大舰的作战效能。在这之后,导弹艇得到了广泛的运用,且战果显赫,为越来越多的国家所重视。现在,不仅中、小国家和发展中国家拥有导弹艇,一些海军强国也在大力发展导弹艇。

舰船的"物资仓库"

补给舰是航空母舰战斗群和其他舰船的"物资仓库",主要用来向它们供应正常执勤所需的燃油、弹药、食品、备件等各种物品,使其能够长时间停留在远离基地的海域进行活动,并随时执行指定任务。补给舰的武器装备一般很少,因此攻防能力比较薄弱。

补给方式

补给舰工作的方式一般有三种:纵向补给、横向补给和垂直补给。纵向补给指接受补给的舰船在前,补给舰在后,通过软管连接。纵向补给是最传统的补给方式,安全性高,但效率较低,现在已很少采用。横向补给指接受补给的舰船与补给舰并排着进行补给工作,效率高,但是安全性低,操控稍有不慎就会发生碰撞。垂直补给指从补给舰直升机平台上把补给品吊运至接受补给的舰船上,安全性和效率都较高,但是容易受到天气影响。

▲一架CH-46D"海骑士"直升机正在从"萨克拉门托"级综合补给船的直升机平台上把补给品吊运至航空母舰的直升机平台上。这种补给方式属于垂直补给

综合补给舰

综合补给舰最早由第二次世界大战前夕的德国发明,第二次世界大战之后,美国大量建造综合补给舰,其他国家的海军也纷纷效仿。综合补给舰结合了油船和军火船的功能,把多种补给物资集合在一艘船上,只需要一次对接补给就能完成多项物资的补给供应,大大提高了补给效率。综合补给舰通常以柴油机作为动力,满载排水量为15 000~30 000吨,最大航速为15~20节,设有直升机平台甚至机库,可携带1~3架直升机。

探索之旅

中途岛战役

偷袭珍珠港之后,日军发现自己并没有获得太平洋地区的制海权。日本海军指挥官三本五十六制定了一个更加疯狂的作战计划,企图集结日本所有的主力战舰,再次偷袭美国中途岛海军基地。

早在日军实施自己的计划之前,美军就已经破解了日军的作战计划,并且知道日军即将袭击的目标就是中途岛,而日军对美军获悉自己的作战计划却一无所知。

1942年6月4日,日军几乎动用了整个联合舰队,包括8艘航空母舰、23艘巡洋舰、65艘驱逐舰、11艘战列舰和21艘潜艇,对中途岛展开猛烈袭击。由于美军早已做好严密防守和应对策略,日军的作战计划完全被打乱,不仅没有取得多大成果,还损失了4艘航空母舰。从此,日本丧失了在太平洋地区大规模作战的能力。

中途岛战役是第二次世界大战中的一场重要战役,它扭转了珍珠港事件之后盟军节节败退的局面,为后来盟军的反攻奠定了基础。

▲日军的"加贺"号航空母舰被击沉

▲"威奇塔"级补给油船给航空母舰供应正常执勤所需的燃油

"威奇塔"级补给舰

美国海军一般给每个航母战斗编队配备一艘综合补给舰。自20世纪60年代研制出多种物品航行补给舰"萨克拉门托"号以来,美国海军共建造了两级综合补给舰,即"萨克拉门托"级和"威奇塔"级。"威奇塔"级补给舰用来向航母战斗编队或舰船供应正常执勤所需的燃油、航空燃油、弹药、食品、备件等各种补给品。

补给舰暴露目标

中途岛战役之前,美军在一艘沉没的日本潜艇的残骸中发现了日本海军的情报,由于破解不了其中"AF方位"所指的位置,于是用简单密码发送了一条欺骗性电报,提到中途岛缺乏淡水,需要淡水补给。几天后,美国的侦察机发现日本海军舰队中多了一条运输淡水的补给舰,从而确定"AF方位"就是中途岛。

▼美国的"供应"级快速战斗支援船的最大特点是其与作战舰艇基本相当的高速航行能力

海上"医院"

只要有战争，就会有人负伤，海上战争也不例外。和陆地战争不同的是，海上的医疗救援并不那么方便，因为海洋上不能建造医院，所以就有了医疗船。医疗船又称医护船和医院船，指具有医院机能，专门用来提供医护治疗的船只，通常为一国海军和政府拥有。

▲ "舒适"号医疗船

醒目的标志

医疗船具有十分醒目的标志。医疗船一般全身都是白色，在船舷等地方标有明显的红十字标志。作为一个专门治疗伤员的特种舰船，医疗船上没有装备任何武器，在战场上负伤的伤员都是通过直升机被运送到医疗船上的。

设施齐全

医疗船虽然是一艘浮动的船只，但与陆地上的医院比起来，设备一样都不少。在医疗船上，除了应有的医疗机构以外，还有供伤员修养和活动的场所，比如洗衣房、健身房、理发室、图书馆和酒吧等。

新知词典
海牙公约

海牙公约是1899年和1907年两次海牙和平会议通过的一系列公约、宣言等文件的总称。

19世纪末，世界列强为了争夺霸权，大规模扩军备战并纠结军事同盟。为了限制愈演愈烈的军备竞赛，世界主要大国于1899年和1907年先后在荷兰海牙召开会议，史称"第一次海牙会议"和"第二次海牙会议"。

两次会议签订了共13项公约和1项宣言，要求各缔约国应秉承和平解决国际争端、尽量避免诉诸武力的一般性原则，并确定以斡旋、调停、国际调查委员会和国际仲裁委员会的方式和途径来达到这一目的。此外，海牙公约还第一次正式确立了不宣而战属非法，规定了中立国及其人民在战争中的权利和义务，明确和完善了战斗员、战俘和伤病员的待遇情况。

尽管海牙公约中的每一条都包括"只有在所有交战国都是缔约国时方能适用"的条款，但由于公约包括的原则都是公认的国际惯例，因而适用于所有国家。

海牙公约为后来的战争法的形成和发展奠定了基础，对在战争中实行人道主义原则起到了重要的推动作用。

特殊的法律照顾

作为海战中的一种特殊船只，医疗船在法律上负有特殊的义务，同时也享有特殊的照顾。海牙公约对医疗船做出了如下规定：医疗船必须具有明显的标志；医疗船不允许携带任何武器；医疗船不得干预任何军事行动；医疗船必须无差别地向各国提供医疗照护；交战方有权登船检查医疗船是否违反上述行为；攻击医疗船属战争罪行。即使有这样的法律，但医疗船有时也难免遭受攻击，比如1945年，英国皇家空军就击沉了德意志号医疗船。

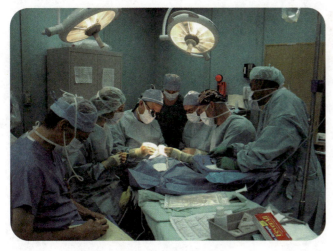
▲ 医疗船上的医护人员正为患者做手术

"仁慈"号医疗船

"仁慈"号医疗船是隶属美国海军的一艘医疗船。它为美军作战部队提供机动医疗保障，有可供大型军用直升机起降的甲板，船上有一间急救室和12个功能齐全的手术室，还有充足的医疗设备，包括X光室、CT室、验光室、实验室、药房、两间氧气生产车间和一个容量超过3 000个单位的血库，并且有洗消设备以防止可能受到的核生化武器攻击。

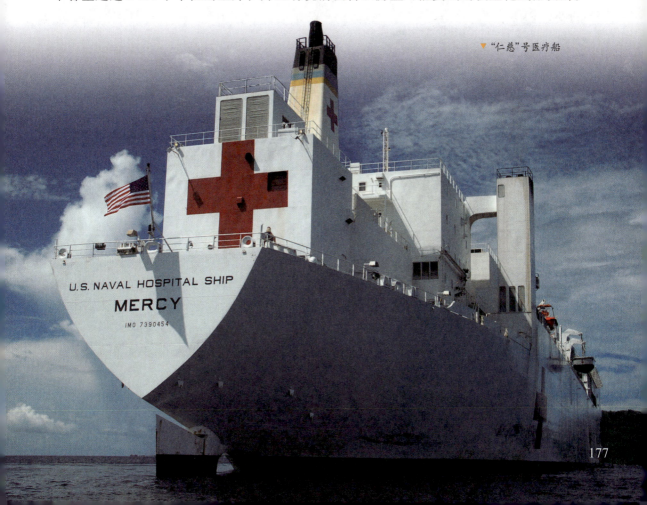
▼ "仁慈"号医疗船

潜艇的结构

除了水面舰艇外，军舰里还有一类重要的舰艇，那就是潜艇。潜艇与水面舰艇一样，也是由板材和骨架构成的，一般分为基本结构和专门结构。基本结构构成了潜艇的完整外形，专门结构则是为了适应特殊需要而专门设置的局部性结构。因为要适应水下航行的要求，潜艇也具有一些水面舰艇不具备的结构特点。

基本结构

基本结构是潜艇的基础，包括耐压结构和非耐压结构。耐压结构是在深水中直接承受外部高水压并保证艇体水密的结构，包括耐压艇体、耐压液舱和耐压指挥室等。非耐压结构由主压载水舱、燃油舱等水密结构和上层建筑、指挥室围壳等非水密结构组成。包围在耐压艇体外面，不承受深水压力的艇体称为非耐压艇体，主要用于构成潜艇平顺光滑的外形，以减少阻力，同时保护耐压艇体外部设备。

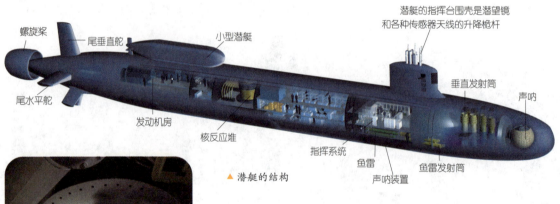

▲ 潜艇的结构

专门结构

潜艇的专门结构包括耐压艇体上的开口加强结构、非耐压艇体上的凸出物和凹穴结构、核反应堆防护屏蔽结构以及安装武器装备和机械设备的基座等，主要有人员出入舱口、逃生舱口、蓄电池和鱼雷装载舱口、导弹发射筒和鱼雷发射管开孔、声呐导流罩、稳定翼、锚孔等。

▲ 潜艇的人员出入舱口

现代潜艇的外形

现代潜艇的外形一般为水滴形、鲸形或拉长的水滴形。水滴形的潜艇具有阻力小、速度快、适合水下航行的特点，为现代潜艇所采用。有的国家既考虑潜艇的水下航行，又适当地照顾到水上航行的需要，采用了鲸形。还有的国家为了在潜艇上安装更多的设备和导弹武器，采用了在水滴形艇体中间插入一段圆柱体的做法，即采用了拉长的水滴形。

▲ 水滴形潜艇

▲ 鲸形潜艇

艇体结构

潜艇艇体的结构形式主要有单壳体结构、双壳体结构和单双混合壳体结构等。单壳体结构就是只有一层耐压壳体的结构，各种液舱和设备几乎全都布置在耐压壳体内；双壳体结构的耐压艇体被一层外壳完全包覆，在双层壳体之间布置耐压液舱、主压载水舱、燃油舱和设备等；单双混合壳体结构则是艇体部分为单壳体、部分为双壳体的结构。

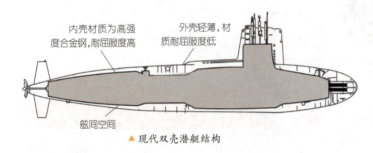

▲ 现代双壳潜艇结构

▲ 耐压指挥室

其他结构

潜艇的舰桥在耐压指挥室围壳顶部，是潜艇在水面航行时的露天指挥所。潜艇不设桅杆，装有专供安置雷达天线、通信天线、定向仪等的升降装置。水密门对潜艇至关重要，所以潜艇水密门比水面舰艇的水密门要求更高，潜艇球面舱壁上的水密门是圆形球面耐压门，而平面耐压舱壁上的门则是平面圆角矩形耐压门。

探索之旅

潜艇隐身装备

为了提高潜艇的生存能力，各海军大国十分重视潜艇隐身技术的发展。消声瓦就是随着现代吸声材料的发展而逐渐成熟起来的一种新型潜艇隐身装备，具有吸声、隔声、抑振等多种功能，能吸收艇体的自身噪声和辐射噪声，有效降低潜艇自噪声和声目标信号强度，是提高潜艇隐蔽性的有效装备。

消声瓦的起源可以追溯到第二次世界大战末期，当时德国海军节节败退，为了挽回败局，减少U形潜艇的损失数量，德国海军开始在部分潜艇的外壳上加装一层名为"阿里贝里奇"的合成橡胶防声材料。它利用声音进入时产生的气泡变形来吸收声能，在降低反射及艇内噪声方面有一定作用。

德国战败后，苏联和英国均获得了部分"阿里贝里奇"技术。在此基础上，苏联和英国开始分别发展各自的消声瓦技术，并最终形成风格各异，同时又有优良的吸声抑振效果的消声瓦系统。随着消声瓦的作用不断被实践证实，消声瓦现已被世界各海军强国广泛采用，成为现代先进潜艇的一项重要标志之一。

水下作战武器

潜艇是能潜入水下活动的舰艇,根据动力可分为常规潜艇和核潜艇。常规潜艇由柴油机作为动力源,由于柴油机工作需要大量氧气,因此只能在水面状态、半潜状态和通气管状态下航行。

▲ 1624年的伦敦,詹姆士一世国王和他的属下数千人一同观看德雷贝尔发明的潜艇

🔺 第一艘常规潜艇

1578年,英国人威廉·伯恩首次提出了潜艇的设计构想。40多年后,荷兰人科尼利斯·德雷贝尔制造出了世界上第一艘人力潜艇。这艘潜艇由木架构成,由12名水手划桨行进,艇外包有皮革,艇内有羊皮囊。向囊内注水后,艇就会下潜,如果把囊内的水排出艇外,艇就会浮上水面。

🔺 现代潜艇的鼻祖——"霍兰"号

1897年,美籍爱尔兰人约翰·霍兰设计建造了一艘15米长的潜艇,称"霍兰"号。该艇的特点是安装有双推进系统,既可以汽油发动机为动力,也可以电动机为动力。"霍兰"号是现代潜艇的鼻祖,现代潜艇就是在它的基础上发展起来的。

▲ 1898年,霍兰驾驶着他发明的潜艇从美国的帕特森航行到纽瓦克

名人小传
现代潜艇之父

19世纪中后期,潜艇还属于新鲜事物。在一所学校担任理科教员的约翰·霍兰渐渐对潜艇的设计和制造产生了兴趣。

1873年,32岁的霍兰辞去教师工作,到了美国。两年之后,他将自己建造潜艇的计划交给美国海军,却被断然拒绝,据说是因为美国海军还笼罩在三年前发生的"智慧鲸"号潜艇灾难中。

霍兰在挫折面前没有退步。很快,他得到由一批流亡美国的爱尔兰革命者组成的"芬尼亚社"的支持。经过三年的努力,霍兰制造出了第一艘潜艇,但是一潜入水下发动机就停止工作了。经过改进之后,霍兰于1881年又制造出第二艘潜艇,这艘潜艇不仅解决了纵向稳定的问题,还安装了一门气动发射炮,但并没有投入实战。

"芬尼亚社"急于拿霍兰制造的潜艇对英作战,对他的研究没有兴趣和耐心,后来不再资助他。霍兰不得不一边工作一边研究,后来又制造了好几艘潜艇,但都以失败告终。

直到1897年,年过半百的霍兰仍然坚持不懈,制造出了使他扬名后世的"霍兰"号潜艇。他也因此被称为"现代潜艇之父"。

用特殊合金"极光"制成的6叶螺旋桨、单轴推进

潜航深度240米

▲"基洛"级柴电动力攻击潜艇

双壳体结构可减少艇内噪声传播出去

"基洛"级潜艇

"基洛"级潜艇是一种新型的常规动力潜艇,是俄罗斯舰艇出口的一张王牌。它由苏联红宝石设计局在1974年开始设计,1981年服役。该级潜艇水下排水量3 000吨,最大潜深300米,自持力45天,舰首有6具533毫米鱼雷发射管,可携带鱼雷18枚,并有快速装雷系统。"基洛"级潜艇的一大优点是具有非常好的静音效果,素有"海底黑洞"之称。

U31潜艇

2003年4月7日,德国制造的U31潜艇在基尔港正式下水。该艇是世界上第一艘采用燃料电池驱动而不依赖空气动力装置的潜艇,艇长55.9米,宽7米,水面最大航速12节,水下最大航速21节。该艇由于改变了常规潜艇的动力系统,被认为是潜艇史上一个新的里程碑。

▲U31潜艇

特点及发展趋势

与核潜艇相比,常规潜艇潜航时间短,水下航速低,作战性能差。但是,常规潜艇具有良好的隐蔽性和机动性,建造周期较核潜艇更短,造价也低廉得多,便于战时大量生产。因此,即使在核潜艇迅猛发展的今天,常规潜艇仍是各国,特别是中小国家大力发展的海军主要装备。

核潜艇的诞生

核潜艇是核动力潜艇的简称,以核反应堆作为动力装置。目前,全世界公开宣称拥有核潜艇的国家只有六个,分别是美国、俄罗斯、英国、法国、中国和印度,其中美国和俄罗斯拥有的核潜艇数量最多。1954年1月24日,美国第一艘核潜艇"鹦鹉螺"号首次试航,宣告了核潜艇的诞生,也预示着潜艇发展进入一个新的时期。

▼"洛杉矶"级核潜艇是美国海军第五代攻击核潜艇,是当今美国海军潜艇部队的主要力量,也是世界上建造最多的一级核潜艇,共建了62艘

核潜艇的优势

第二次世界大战期间,潜艇暴露出了一个重大问题:潜艇在水下潜航的时间受到电池蓄电量的严格限制。也就是说,潜艇每次在水下航行一段时间后,必须浮出水面给蓄电池充电,而这个过程很容易使潜艇遭受空中敌军的攻击。核潜艇克服了这一弊端,它以核反应堆作为动力来源,可以在水下持续航行37万千米,几乎两三个月不用浮出水面。此外,核潜艇的发动机功率大幅提高,水下航速较传统潜艇也大大提高,作战能力更强。

分类

早期的核潜艇均以鱼雷作为武器,后来由于导弹的发展,出现了携带导弹的核潜艇。按照武器装备和执行任务的不同,核潜艇可以分为两大类:一类是攻击型核潜艇,以近程导弹和鱼雷为主要武器,用于攻击敌军的水上舰船和水下潜艇,同时负责护航及各种侦察任务;另一类是弹道导弹核潜艇,以中远程弹道导弹为主要武器,由于具有高度的隐蔽性和机动性,不容易被敌军发现,因而常常用来进行战略转移,故又称"战略核潜艇"。

▲"鹦鹉螺"号核潜艇

"鹦鹉螺"号核潜艇

原子弹爆炸成功之后,核能量震惊了全世界。1946年,以海曼·乔治·里科弗为首的一批科学家研制出了世界上第一艘核潜艇——"鹦鹉螺"号核潜艇。"鹦鹉螺"号长90米,排水量2 800吨,最大航速可达46.3千米/时,最大潜深150米。1954年1月24日,"鹦鹉螺"号首次试航,84小时潜航了1 300千米,是以往任何一艘常规潜艇最大航程的10倍左右。

发射"三叉戟"Ⅰ型导弹

艇壳采用了高强度钢,其下潜深度可达400米

▲ "俄亥俄"级潜艇

当代潜艇之王

1974年,美国开工建造第四代核潜艇,也是最先进的一代战略核潜艇——"俄亥俄"级潜艇。1981年11月,第一艘"俄亥俄"级潜艇正式服役,到1997年9月,美国已完成18艘"俄亥俄"级潜艇的建造计划。"俄亥俄"级潜艇长170.7米,宽12.8米,水下排水量18 750吨,最大航速为46.3千米/时。"俄亥俄"级潜艇可潜至300米深的海域,具有隐蔽性好、生存力强和攻击威力大等特点。建造完成后的18艘"俄亥俄"级潜艇分别归美国太平洋舰队和大西洋舰队指挥。

名人小传

"核潜艇之父"——里科弗

1900年1月27日,海曼·里科弗出生于波兰一个偏僻的村庄。6岁那年,他随父母移民美国。里科弗家境贫寒,18岁时,他以优异的成绩完成高中学业,但负担不起大学费用。在一位参议员的推荐下,里科弗得以进入安纳波利斯的美国海军军官学校学习。

里科弗珍惜来之不易的学习机会,大学四年里,他把全部精力都投入到学习和体育活动中。毕业之后,里科弗先后到海军研究生院和哥伦比亚大学工程学院深造,后来在美国海军部历任战列舰轮机长、扫雷舰舰长和潜艇艇长。

1939年,美国海军部接到一份研制核潜艇的报告。由于当时科技水平有限,以及不久后美国卷入第二次世界大战,这份报告被搁置一旁。二战结束后,这份报告再次引起美国海军的高度重视。已获海军上校军衔的里科弗争取到研制核潜艇的领导权,并前往田纳西州橡树岭的核研究中心学习核技术。在学习的过程中,里科弗向专家虚心请教,与小组成员认真讨论,很快掌握了核技术,为后来研制出世界上第一艘核潜艇奠定了坚实的基础。

▲ 海曼·里科弗

1986年7月,"核潜艇之父"里科弗离开人世。他一生勤奋好学,涉猎广泛,著有《教育与自由》《美国国民教育的失败》等书,因此也被认为是一名教育家。

水底深处的炸弹

深水炸弹简称"深弹",专门用来攻击隐藏在水下的敌方潜艇。深水炸弹诞生以前,攻击潜艇一般只能用火炮、鱼雷,或者在军舰前部安装"撞击器"。但是,这些手段仅仅对浮在水面的潜艇具有攻击性,当潜艇潜入水下时,这些手段就构不成任何威胁。潜艇似乎成为海战中的无敌武器,但同时也成为众矢之的,各个海军强国纷纷研制专门针对潜艇的攻击性武器,深水炸弹应运而生。

▲ 舰船上的深水炸弹

引爆原理

我们知道,水压与水深有关,水越深,水压就越大,深水炸弹正是根据这个原理制造出来的。深水炸弹主要由雷管、撞针、弹簧、主装药四部分组成。弹簧位于雷管和撞针中间,在深弹投入海中之前,可以通过调校弹簧来调节它的引爆深度。深弹投入海中后,受到的水压随着水深的增加越来越大,当下沉到一定深度时,水压会克服弹簧的弹性而把撞针向内压缩,从而激发雷管,进一步引爆主装药内的炸药。爆炸会产生强烈的冲击波,通过海水传导开来,对附近的潜艇造成重大破坏。

常见型号

瑞典的SAM204深弹是一种传统的深水炸弹,可设定不同的起爆深度。这种深弹可以消除冲击波影响,从而对任何方向上的惯性力都不反应。因此,该深弹对附近的爆炸不会感应起爆。英国的MKII深弹是一种航空深弹,可由反潜直升机和海上巡逻机进行运输和投放。其特点是能承受直升机飞行时产生的巨大震动,也能承受高速入水时的冲击。该深弹还装有现代化的引信和起爆器,保证在设定深度上精确起爆。意大利的MS500深弹兼有深弹和轻型鱼雷的优点,可在水深3 000米的海底引爆。该深弹最厉害的地方在于它具有在垂直方向上的自动定位能力,可以通过发射声波和接收反射声波探测出目标的方向和距离,从而确定最佳引爆位置。

▲ 美国海军与二战时的MKXI型深水炸弹

▲ 美国 MK 101 Lulu 型核深水炸弹

核深水炸弹

核深水炸弹是装有核爆炸装置的深水炸弹，它与普通深水炸弹的不同之处在于爆炸威力巨大，一般为千吨至万吨级 TNT 当量（TNT 当量指核爆炸所释放的能量相当于多少吨 TNT 炸药爆炸所释放的能量）。在攻击水下 100 米左右的目标时，一枚一万吨级的核深水炸弹在水下爆炸后，可将附近 1 000 米范围内的潜艇击沉，或使其遭到严重破坏。核深水炸弹通常由飞机或反潜直升机投放，也可由舰载反潜火箭发射。

历史及未来

在第二次世界大战中，损失的潜艇多半都是由深水炸弹击毁的。1982 年的马岛海战中，深水炸弹依然发挥了重要作用，击毁了阿根廷的"圣菲"号潜艇。后来，瑞典成功地用深水炸弹迫使来历不明的潜艇上浮。可以说，深水炸弹是历史上反潜的重要功臣。但是随着现代潜艇的机动性能和保护水平的提高，传统的深水炸弹已经不起作用了。世界各国都在竞相研发更有效的自导深弹：瑞典在深弹上安装自导装置；俄罗斯 1991 年已装备了 S3V 航空自导深弹；美国及西欧国家正在积极研制具有短航程的小型自导深弹。

▲ 深水炸弹爆炸炸起的水柱

探索之旅
马岛战争

马岛战争是英国和阿根廷为争夺马岛主权而爆发的一场海上战争。

20 世纪 80 年代初期，阿根廷发生严重的经济危机和大规模反政府运动。为了转移国民视线，阿根廷政府试图对一直声称具有主权的马岛采取军事行动。1982 年 4 月 2 日，阿根廷军队登陆并占领马岛。英国对阿根廷这一突然举动大为吃惊，立即派出一批军舰和飞机进行反击。

4 月 25 日凌晨，英军的"韦塞克斯"直升机在空中侦察时，发现阿军"圣菲"号潜艇的活动。随后，英军舰队展开猎杀行动，放飞了"黄蜂"和"卓越"两架直升机，一起杀向"圣菲"号。英军直升机投掷了一枚深水炸弹，导致"圣菲"号供电和通信系统遭到破坏。为了躲避敌军袭击，"圣菲"号迅速向海岸行驶。英军直升机猛追过来，先后发射 9 枚反舰导弹，其中 4 枚击中目标。下午 5 点左右，千疮百孔的"圣菲"号在毫无获救希望的情况下，向英军缴械投降。

阿根廷的一系列军事行动最终以失败告终。同年 6 月 14 日，阿根廷与英国签署了停战协议。英国重新控制了马岛。

水中爆炸性武器

水雷是布设在水中的一种爆炸性武器,它一般不带动力,漂浮或悬浮在设定的水域,由舰船碰撞或进入其作用范围而起爆,用于毁伤敌方舰船或阻碍其活动。与深水炸弹不同的是,水雷是预先施放在水中,由舰艇靠近或接触而引发的,这一点和地雷比较类似。水雷在进攻中可以封锁敌方港口或航道,限制敌方舰艇的行动;在防御中则可以保护本方航道和舰艇,为其开辟安全区。

水雷的分类

水雷的种类繁多,一般按其在水中位置的不同分为锚雷、漂雷和沉底雷。锚雷是靠雷锚和雷索固定在一定深度上的水雷,施放之后,雷索与躺在海底的重物保持连接,让水雷能够保持一定的深度与位置,不会受到潮流的变化而移动;漂雷浮在水面上,没有固定位置,施放之后会随着潮流而移动,不受人为的控制;沉底雷则直接沉没在水底,依靠自身的重力与地面的接触来维持部署的位置。

▲漂雷

▼锚雷

引爆机制

除了直接接触引起爆炸外,水雷还有多种引爆机制,包括压力引爆、声响引爆、磁性引爆、数目引爆、遥控引爆等。压力引爆依据船只通过时的压力变化来引起爆炸;声响引爆以船只经过时发出的声音信号作为引爆依据;磁性引爆通过判断船只经过时引起的磁场变化来决定是否引爆;数目引爆会记录侦测到的目标数目,直到累积的数量与预先设定相符合的时候才引爆;遥控引爆则利用有线或者是无线的方式,由岸上或者是船上的管制中心在适当的时机引爆。

优点和缺点

水雷的破坏力大，还有很好的隐蔽性，一般一枚大型水雷就能炸沉一艘中型军舰或重创一艘大型战舰。水雷的布设也简便，海军的水面舰艇、潜艇和航空兵，甚至商船和渔船都可以布放水雷。另外，水雷的造价低廉，能长时间构成对敌人的威胁。不过，水雷也有缺点：一是动作被动性，触发水雷要敌舰直接碰撞到水雷，非触发水雷也要敌舰航行至水雷引信的作用范围内才能引爆；二是受海区水文条件的影响很大。

▲ 美国 B-52 飞机在进行空投水雷的训练

新概念水雷

现在，各国海军都在运用高新技术加紧研制新概念水雷武器，如子母水雷、软体水雷、声呐浮标水雷等。子母水雷的雷体爆炸或被扫后，雷锭还可作为沉底水雷使用，这样，一枚水雷可进行两次攻击，并可根据引信的不同设定，攻击两种不同的目标；软体水雷则可以根据海底环境改变形状，从而给猎雷系统的探测与搜索带来麻烦。这些水雷不论是破坏力、攻击力、抗干扰性还是准确率，都有了进一步的提高。

▲ 水雷爆炸试验

探索之旅
中国的水雷历史

水雷是一种古老的水中兵器，是由中国人发明的。1558年明朝人唐顺之编纂的《武编》一书中，详细记载了一种"水底雷"的构造和布设方法，用于打击当时侵扰中国沿海的倭寇。这也是最早的人工控制、机械击发的锚雷。1590年，中国又发明了最早的漂雷——以燃香为定时引信的"水底龙王炮"。1599年，中国的王鸣鹤发明以绳索为碰线的"水底鸣雷"，1621年又改进为触线漂雷，这是世界上最早的触发漂雷。明朝嘉靖年间，我国东南沿海经常有倭寇船只侵袭。为了对付海盗的入侵，人们将火药装在木箱内，并用油灰粘缝，制成一种靠拉索发火的锚雷，专门打击敌船。

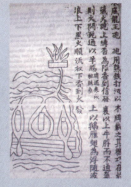

▲《火龙经》中记载的"水底龙王炮"书影

"水中导弹"

在海洋上，有一种兵器让所有的舰艇都不寒而栗，它就是在水中进行攻击的炮弹——鱼雷。鱼雷是一种具备自主行进能力的攻击性武器，它可以在水面或水面以下航行，用以攻击水面或水下目标。鱼雷也是多种军舰上必备的武器，在一定距离内，它有着很好的杀伤能力，不仅是威胁对方的王牌，也是保护自己的有力盾牌。现代鱼雷具有速度快、航程远、隐蔽性好、命中率高和破坏力大等特点，因此也有人将它称为"水中导弹"。

结构特点

鱼雷由雷体、战斗部、发动机、制导系统组成，雷体是由雷头、雷身、雷尾组成的鱼雷外壳。它的前部为雷头，装有炸药和引信；中部为雷身，装有导航及控制装置；后部为鱼尾，装有发动机和推进器等动力装置。

▶ 从潜艇上发射出的鱼雷

不同的分类

鱼雷按不同的标准有不同分类，按直径可分为轻型鱼雷、中型鱼雷、重型鱼雷三种。轻型鱼雷直径一般小于 400 毫米，适合于水面舰艇、直升机空投及火箭助飞发射，主要任务是反潜；重型鱼雷直径在 533 毫米以上，适合于舰、艇管装发射，它的航程远、爆炸威力大、用途广泛，是发展的重点。

▶ "阿利·伯克"级导弹驱逐舰鱼雷管发射出 Mark-46 Mod 5 轻型鱼雷

动力系统

鱼雷动力装置的性能决定着鱼雷的航速和航程。热动力鱼雷虽然在航速和航程方面都优于电动力鱼雷,但其技术难度大、研制周期长、噪声大、航迹明显,而且隐蔽性差。而电动力鱼雷可在大深度航行,噪声小、无航迹、隐蔽性好,造价也比较低廉。因此各国海军大都同时装备有热动力和电动力鱼雷,以发挥各自优势,提高作战能力。

▲ 美国 MK 48 型热动力鱼雷

▲ 火箭助飞鱼雷是结合了火箭发动机的鱼雷,可以先在空中飞行至接近敌舰位置后再潜入水中攻击。图为美国第一代火箭助飞鱼雷——阿斯洛克系统

制导技术

从鱼雷问世到第二次世界大战前所用的鱼雷都是无制导的直航鱼雷,第二次世界大战以后,各国相继研制了声自导鱼雷。目前,世界先进国家所设计的重型鱼雷大都采用了线导加声自导技术,大大提高了鱼雷的抗干扰和目标检测能力。随着光纤传输信息技术在通信领域内的成功应用,人们开始以光纤代替普通铜导线用于鱼雷的设计,美、法等国成功进行了光纤制导的海上试验。除了声自导、线导、光纤制导外,有些国家还采用了尾流自导技术,依靠测定敌方舰艇航行时在水中形成的尾流来判定目标。

发展趋势

由于鱼雷具有隐蔽性、大的水下爆炸威力和精确的制导能力,因而在水下的作战地位越来越高,它不仅是未来海战有效的反潜武器,而且也是打击水面舰船和航空母舰、破坏岸基设施的重要手段。世界各国都非常重视鱼雷武器的发展。未来鱼雷将朝着提高航速、航程,增加航行深度和发射深度,增强爆炸力,提高命中率等方向发展。

探索之旅
怀特黑德与鱼雷

1823 年,罗伯特·怀特黑德出生于英国一个普通家庭,自幼对机械表现出浓厚的兴趣。1840 年,怀特黑德从英国曼彻斯特机械学院工程系毕业。后来,他建立了一座钢铁厂,主要生产舰船的蒸汽机和发动机。

1866 年,怀特黑德与好友卢皮斯一起研制出第一枚鱼雷,取名"白头"鱼雷。"白头"鱼雷获得意想不到的成功,其在水下的爆炸威力比水面上要大得多。然而,"白头"鱼雷的成功并没有使怀特黑德获得大量订单。1873 年,他的公司宣告破产。

▲ 怀特黑德(右)和他的儿子(左)在测试鱼雷

怀特黑德并没有停止脚步,他在原公司的基础上重建了一个私人公司,主要生产鱼雷。由于之前制造的鱼雷射程短,稳定性不好,怀特黑德引进了奥地利人路德维格·奥布赖发明的方位角控制鱼雷陀螺仪技术,使鱼雷的射程从先前的 1 000 码增加到 7 000 码,并且发射后始终保持在一条直线上。这一改进使鱼雷的攻击能力大大增强,成为舰船和潜艇的克星。

1905 年 11 月 14 日,罗伯特·怀特黑德病死于英国,他的墓志铭上写着:他因鱼雷闻名于世。

舰载火炮

舰炮指安装在海军舰艇上的火炮，主要用于射击海上、岸上和空中目标。第二次世界大战结束之前，舰炮一直是军舰最主要的攻击火力。第二次世界大战之后，舰炮的地位逐渐被更先进的导弹取代，但是并没有完全从军舰上消失，只是口径和作用有所改变。

▼第二次世界大战时期，日本"大和"级战列舰的3座主炮称得上是舰炮史上的至尊

舰炮的历史

舰炮是海上作战最古老的舰载武器。自14世纪有海军舰船以来，舰炮经历了滑膛炮时代（14—19世纪）和线膛炮时代（19世纪至今）。第一次世界大战期间，水雷、鱼雷的出现并没有撼动舰炮作为海战中主要攻击性武器的地位。第二次世界大战时，以大口径舰炮为主要作战武器的战列舰被满载舰载机的航母取代，舰炮的地位也因此慢慢下降。

几种口径的舰炮

大口径舰炮的口径在130毫米以上，主要任务是轰击较远距离的岸上或海上目标。中口径舰炮的口径在76~130毫米之间，以76毫米口径舰炮居多，主要任务是抗击中低空来袭的飞机，也具有一定的反导能力。此外，这种口径的舰炮也可打击海上和岸上目标。小口径舰炮的口径一般在20~60毫米之间，是一种近程或对空防御武器系统，主要拦截来袭的导弹或抗击来袭的飞机，也具有一定的反导能力。

MK45型127毫米舰炮是美国海军大、中型水面舰艇上的标准装备

新知词典

第二次世界大战

第二次世界大战简称"二战",是 1939 年 9 月 1 日—1945 年 9 月 2 日发生的一场全球规模的战争,参战方为以德国、日本、意大利等法西斯国家为主的轴心国和以美国、苏联、中国、英国、法国等反法西斯国家为主的同盟国。战争牵涉 20 亿以上的人口,并最终造成 5 000 万~7 000 万人死亡。

▲ 敦刻尔克大撤退

二战的大致经过如下:1939 年 9 月 1 日,德国闪击波兰,随后对英国、法国、荷兰、比利时等欧洲国家发起进攻,并取得节节胜利。1941 年 6 月 22 日,德国撕毁《苏德互不侵犯条约》,开始入侵苏联,二战规模进一步扩大。亚洲战场方面,日本于 1941 年 12 月 7 日偷袭美国珍珠港,使一直保持中立的美国也卷入战争。1943 年 9 月 8 日,意大利宣布投降。1945 年 4 月 30 日,希特勒自杀。1945 年 9 月 2 日,日本无条件投降,二战宣告结束。

二战的原因非常复杂,但总体上可归于三点:1929—1933 年席卷西方资本主义国家的经济危机;法西斯的独裁统治;一战之后欧洲国家经济发展的极度不平衡。

二战改变了世界格局,直接促成了联合国的建立。战争之后,欧洲国家元气大伤,世界形成美国和苏联两大阵营之间的冷战局面,而亚洲和非洲的殖民地国家纷纷走向独立。

美国 MK 38 MOD 2 型 25 毫米自动舰炮

美国 MK 38 MOD 2 型 25 毫米自动舰炮采用雷达或光电/红外制导,在锁定目标后可自动进行跟踪。其中的集成式电力系统可支持自动和手动两种模式的作战方式,系统还集成了支持训练的接口模式。

发展趋势

随着新技术和新材料的广泛应用,逐渐形成了由雷达、跟踪仪、指挥仪等火控系统和舰炮组成的舰炮武器系统。制导炮弹的发明,脱壳穿甲弹、预制破片弹、近炸引信等的出现,又使舰炮武器系统兼有精确制导、覆盖面大和持续发射等优点,成为舰艇末端防御的主要手段之一。

MK 38 MOD 2 型 25 毫米火炮

舰艇上的导弹

装备在各类舰艇上的导弹，统称为舰载导弹。舰载导弹射程远，精度高，杀伤威力很大，现在已成为各类作战舰艇的主要武器装备，在海战中占有十分重要的地位。

▲ 舰载垂直发射系统发射"战斧"巡航导弹

舰对舰导弹

舰对舰导弹是从舰上发射攻击敌舰的一种战术导弹。这种导弹出现在 20 世纪 50 年代中期，但经过 10 年之后才逐渐受到广泛重视，并得到迅速发展。

舰对空导弹

舰对空导弹也是一种战术导弹。这种导弹也出现在 20 世纪 50 年代中期，其主要任务是拦击敌方的飞机和飞航式导弹。在国外，一般把舰对空导弹分成两类：面防御导弹和点防御导弹。

导弹

导弹是第二次世界大战之后发展起来的一种新型可控飞行武器。导弹装有动力装置和制导系统，可以在天空中高速飞行，把装着常规炸药甚至核炸药的弹头自动送向敌军目标，发生爆炸并造成破坏。

探索之旅
导弹的历史

1944 年 6 月 13 日，英国人民尚沉浸在诺曼底登陆的胜利中，伦敦上空突然飞过几个"屁股"喷火的怪物，随着几声强烈的爆炸，街道顿时变成一片火海。人们被这突如其来的一切惊呆了，这些怪物到底是什么？

▲ 布劳恩和他的 V-2 导弹模型

其实，这是德国最新研制的秘密武器——导弹。导弹是在火箭的基础上发展起来的。中国是火箭的发源地。公元 220 年的三国时期，魏国第一次在射出的箭支上装上了火把。公元 682 年，药王孙思邈在其著作《丹经》中第一个提出了配置火药的方法，随后，各类火箭纷纷涌现。古代中国人发明的火箭尽管非常原始，但其利用反作用力推进的基本原理却是近代火箭技术的基础。

1933 年，德国火箭专家多恩伯格和布劳恩一起领导的火箭研制组研制出一枚 A-4 弹道式火箭，初次试验以失败告终。但是经过一番改进之后，1942 年 10 月 13 日，他们把 A-4 火箭成功地送上天空。A-4 火箭后来改名为 V-2 导弹。两个月后，该研制组又研制出一枚 V-1 飞航式导弹。

1944 年，腹背受敌的德国为了扭转战局，亮出了最新研制的秘密武器 V-1、V-2 导弹，对英国首都伦敦展开袭击，但终究没能挽救覆灭的命运。

敢下五洋捉鳖

潜艇发射的弹道式导弹

潜艇发射的弹道式导弹是一种可携带核弹头的战略导弹。它和陆上用的战略导弹作战任务相同，即用来攻击敌方的导弹基地、军事和工业中心以及交通枢纽等战略目标。潜艇发射的弹道式导弹一般装在潜艇上的垂直发射管内，在发射时，压缩空气或蒸汽把导弹从发射管中推出，在离开水面25~30米的高度上，固体火箭发动机自动点火，然后沿着预定的弹道射向目标。

▲"弗吉尼亚"级核潜艇鱼雷发射舱正在水里发射MK 48型鱼雷

舰载导弹垂直发射系统

舰载导弹垂直发射系统通用性强，防空、反舰、对地等导弹都可以在这个平台上使用，所以可以节省舰艇空间，减小舰艇的雷达反射面积，对舰艇的隐身有极大的帮助。舰载导弹垂直发射系统可以攻击任何方向的目标，没有死角，反应速度快，使军舰作战效能大大提高，是现代军舰的发展趋势。

舰载导弹所在位置

导弹是以火箭发动机为动力来源的，它的这种性质决定了舰艇上导弹架的不同。垂直发射的导弹一般部署在导弹护卫舰上，主要用于对付远处和陆地目标，它的弹井设置在前甲板上，因为发射垂直导弹需要较大的空间。对空和对舰导弹比较灵活，可以根据舰艇的具体情况来合理安排位置，一般安排在舰艇侧部，这样可以及时发射。

▼"俄亥俄"级潜艇的舰载垂直发射系统

其他舰载武器

军舰最基本的用途是在海上执行战斗任务，因此武器是它的基本装备。军舰的武器装备是为完成各种不同的战斗任务而设置的。现代军舰武器种类繁多，除了前面提到过的导弹、舰炮、鱼雷、水雷、深水炸弹外，还包括舰载机、反水雷武器、电子战武器等，还有专门用于军舰近身防卫的、用来侦测与摧毁逼近的反舰导弹的近防武器系统。

舰载机

舰载机是以航空母舰和其他军舰为活动基地的海军飞机的统称，主要用于攻击敌空中、水面水下和地面目标，并执行预警、侦察、巡逻、护航、布雷、扫雷和垂直登陆等任务，是海战中夺取和巩固制空权、制海权的重要力量。舰载机按飞行原理可分为固定翼飞机和直升机，按用途分主要有歼击机、攻击机、反潜机、侦察机、预警机和电子对抗飞机等。

▶ 停靠在航母上的舰载机

▲ 美国 RMS 猎雷系统

反水雷武器

舰载反水雷武器是用来发现、扫除、消灭水雷的水中武器，包括各种扫雷具和猎雷武器。扫雷具可分为接触扫雷具和非接触扫雷具两种，优点是扫雷宽度大，但目前水雷战往往同时使用多种水雷，使扫雷愈加困难；猎雷武器是用来对水雷进行探测、定位、识别、消灭的反水雷武器，由猎雷声呐、导航定位、设备显示控制装置和灭雷具组成。它的优点是能准确清除各种类型水雷，并不受水雷引信种类和设定方式的限制，但是对大深度、大流速水域中的水雷清除有一定困难。

▲ 美国舰载电子战系统

电子战武器

电子战是指敌对双方争夺电磁频谱使用和控制权的军事斗争，包括电子侦察与反侦察、电子干扰与反干扰、电子欺骗与反欺骗、电子隐身与反隐身、电子摧毁与反摧毁等。军舰上的电子对抗主要是雷达对抗和声呐对抗。雷达对抗指采用专门的电子设备和器材对敌方雷达进行侦察和干扰，目的是获取敌方雷达的战术情报，阻碍雷达的正常工作；声呐对抗指侦察、干扰或诱骗对方声呐和声自导鱼雷，包括侦察声呐、水声干扰设备和水声诱饵等。

近防武器系统

近防武器系统是专门用于战舰近身防卫的武器系统，主要由雷达、电脑、多管快速开火的中、小型口径舰炮等组成，有些还装备有防空导弹。小口径的多管近防舰炮凭借高射速和对低空目标的射击效果，可有效弥补导弹对空防御和对海上目标射击的拦截死区，是舰艇低空防御必不可少的武器。目前，最为人熟知的一种近防武器系统是美国海军的"密集阵"近防武器系统。

新知词典 MK15"密集阵"武器系统

MK15"密集阵"近程防御武器系统是美国海军为解决军舰近程防空问题专门设计制造的六管20毫米口径自动旋转式火炮系统，也是目前世界上唯一能实行自动搜索、探测、评估、跟踪和攻击目标的近程防御武器系统。它采用搜索雷达、跟踪雷达和火炮三位一体的结构，全部作战功能都由高速计算机控制自动完成，不需要人工操作，反应速度极快。在全天候作战能力方面，"密集阵"具有多光谱控制与跟踪能力，不受气候影响。另外，整个武器系统除了炮位控制台与遥控台在舱外，其他设备都以模块形式装配在炮架上，具有体积小、质量轻的特点，可安装在各种型号的军舰上，如果作战时零部件损坏，还能现场更换，且有良好的通用性。

▼ 驱逐舰上的工作人员正在冲洗MK15"密集阵"武器系统

海上侦察设备

海上侦察是指使用舰艇、飞机在海面、水下和海空进行侦察的军事活动,主要分为水面舰艇侦察、潜艇侦察、海军航空兵侦察和两栖侦察。海上侦察的结果对于海上战争具有重要意义,可用于执行战略、战役、战术侦察等任务。

先进的技术装备

海上侦察常用的技术装备有舰艇警戒雷达,声呐,各种红外、微光、激光、电视等光电侦测设备,潜望镜等光学观察设备,红外搜潜仪,水声侦察仪,雷达侦察仪,磁力探测仪,以及电子侦察设备等。

▲ 法国海军"德普伊·德·洛梅"号电子侦察船装备全频通信系统,可侦听频率在30千赫到100吉赫之间的所有信号。它还有完善的电磁侦察系统,具备跟踪观测导弹武器发射的能力

侦察任务

海上侦察的主要任务如下:查明海上或有关海区的敌情;查明敌方兵力编成,舰艇、飞机的位置,运动要素,行动企图及其行动海域的设施;查明作战海区的地理、水文、气象等。海上侦察通常由海军组织实施,其基本行动方法是搜索和跟踪。

探索之旅
伯罗奔尼撒战争

伯罗奔尼撒战争是以雅典为首的提洛同盟和以斯巴达为首的伯罗奔尼撒同盟之间的一场战争。这场战争一直从公元前431年持续到公元前404年,被有些现代研究者形象地称为"古代世界大战"。

战争最早的起因在于一个叫米加腊的小城邦。提洛同盟是希波战争期间由希腊的自由城邦建立起来的一个同盟,后来逐渐退化,成为雅典维持和加强其在爱琴海地区霸权的工具。斯巴达领导下的伯罗奔尼撒同盟则是雅典霸权的对抗者。早在公元前460年,米加腊退出伯罗奔尼撒同盟,投奔雅典,引发了第一次战争,被认为是伯罗奔尼撒战争的前奏。

在伯罗奔尼撒战争的第一阶段,即公元前431—公元前421年,雅典的海军非常强大,但陆军却远远不如斯巴达,双方打成平手,最终形成和平谈判。公元前415年,战争进入一个新的阶段。斯巴达与希腊世界之外的波斯结盟,获得大量的黄金资助,逐渐建立起自己的海军,而雅典在军事和财政上却逐渐走向枯竭。公元前405年的羊河之战中,强大的雅典海军被打得惨败。斯巴达海军司令莱山德封锁雅典,迫使其投降。从此,雅典失去了希腊世界的霸主地位,代之以斯巴达的兴起。

伯罗奔尼撒战争不仅结束了雅典的霸权时代,而且也结束了以雅典为典范的希腊民主时代。伯罗奔尼撒战争之后,斯巴达开始在雅典引入寡头政治。

海上侦察的历史

海上侦察最早使用的工具是船舶。公元前405年,在雅典和斯巴达之间进行的伯罗奔尼撒战争中的赫勒斯滂海峡(今达达尼尔海峡)海战中,斯巴达舰队由其侦察船发现雅典舰队大部分水兵离舰登岸,于是及时发起进攻,从而取得了胜利。第一次世界大战期间,潜艇和飞机被应用于海上侦察,使海上侦察由海面扩展到水下和海空。

▲ 美国P8反潜机具有海上巡逻、侦察和反潜作战的能力

◀ 侦察潜艇也是一种十分重要的侦察装备,由于它在水下工作,因此隐蔽性更强

侦察船的发展

现代海上侦察,充分利用了科学技术的新成果,综合使用光学、电子、水声、磁探、热探等侦察手段,增大了侦察的距离和范围,能够综合处理侦察成果,提高情报的准确性和实效性。

▶ "鲍迪奇"号侦察船主要用于对海洋水文地理进行探测,以完善美军的世界海洋数据库资料,为海上力量的部署提供参考

清除水雷障碍

海湾战争之后,美国在《新时代的防务:海湾战争的经验教训》的研究报告中指出,多国部队排除地雷和水雷,特别是浅水水雷的能力不足。尽管与地雷和布雷装备相比,扫雷装备和技术还处于劣势地位,但也在不断发展中。目前,扫雷装备逐渐形成了机械扫雷、爆破扫雷、感应扫雷和综合扫雷为主的装备系列。

▼"鹦"级猎雷艇

分类

海上扫雷是反水雷斗争的一种手段。按扫雷兵器来分,有水面舰艇扫雷和直升机扫雷;按战术目的来分,有检查扫雷、导航扫雷和清除水雷障碍;按使用的扫雷具来分,有接触扫雷和非接触扫雷。

探索之旅
海湾战争

海湾战争是1990年8月2日—1991年2月28日期间,以美国为首的多国部队和伊拉克之间进行的一场局部战争。

第一次世界大战之前,科威特是伊拉克的一个自治省,那时伊拉克隶属于奥斯曼土耳其帝国。第一次世界大战期间,英国占领科威特并促成其独立,但始终没有得到伊拉克的承认。

20世纪80年代的两伊战争(即伊拉克与伊朗的战争)中,伊拉克欠下部分阿拉伯国家巨额债务,其中欠科威特140亿美元。为了偿还债务,伊拉克希望石油输出国组织一起减少石油产量,从而提高石油价格,以获得更多收入。然而,科威特不仅没有响应伊拉克的号召,反而提高了石油产量,希望以此为筹码来解决和伊拉克之间长期存在的边境争端。这一行为令伊拉克大为恼火。

▲ 美F-15E参加1991年"沙漠风暴"行动

1990年8月2日,伊拉克军队入侵科威特,并迅速占领所有战略要地。随后,联合国安理会召开会议,责令伊拉克从科威特撤军,但伊拉克不予理会。1991年1月16日,以美国为首的多国部队获得联合国授权之后,对科威特及伊拉克境内的伊军发起攻击。经过42天的空袭和陆战,伊拉克最终接受联合国决议,从科威特撤军。

在海湾战争中,美国投入了大量高科技武器。这次战争进一步加强了美国在海湾地区的政治、军事影响,从而为2003年的伊拉克战争埋下了伏笔。

扫雷舰艇

扫雷舰艇是探测并清除水中布雷和爆炸物，保证舰艇航行安全的辅助舰艇，其前身是水雷捕捞器。最早的扫雷舰艇是由渔船和老式舰艇改装而成的。第一次世界大战期间出现了专门建造的扫雷舰艇。扫雷舰艇通常采用无磁性或低磁性材料建造，并装有消磁装置，此外还装有各种降低杂音装置，以免引爆音响水雷。

▲ 扫雷直升机 HM-15 中队的 MH-53E "海龙"直升机准备拖带 MK-105 扫雷具。扫雷具在水面漂着，带着一根 450 英尺（1 英尺=0.304 米）的电缆，扫雷具上有一台小型涡轮发电机，电通到电缆上，来模拟一艘战舰的磁场信号以及音响信号，引爆磁感应和音响感应水雷

直升机扫雷

舰艇扫雷时，必须进入雷区工作，这对于舰艇和舰员都十分危险。因此，美国海军发展出了直升机扫雷。直升机扫雷通常由海军航空兵的直升机执行，即拖着一个扫雷水橇缓行，不仅可以把磁性雷吸上来，还可以把锚雷的雷索剪断让它们沉底。直升机扫雷主要是扫漂雷、锚雷、声控雷和磁性水雷，效率高，安全性好，深受各国海军的重视。

发展趋势

随着水雷武器的不断发展，扫雷设备也在不断更新。世界各国海军仍在不断探索速度快、效率高、对基地依赖小、可全天候作业的扫雷舰船和扫雷方法。遥控扫雷艇、猎雷舰和气垫扫雷艇等现代化扫雷装置也都在继续研究发展中，在未来的海战战场上，它们将显现出更大的威力。

▼ "复仇者"级扫雷舰

应对潜艇的威胁

潜艇诞生以来，由于良好的隐蔽性和机动性，对海战中的各种军舰都是一个重大威胁。为了有效应对潜艇的威胁，各国海军先后发展出了各种各样的反潜武器。海上反潜通常指利用反潜武器，对潜入一定海区的敌方潜艇进行搜索、封锁、限制或消灭的军事行动。

▲ 美国海军的地勤人员正在为 P3C 反潜机安装声呐浮标。图为位于机身上的圆孔式储存和发射声呐浮标的发射管

反潜原理

反潜武器一般是基于以下三项原理来进行反潜工作的：第一，利用雷达来发现浮在水面的潜艇或者潜艇的通气管或潜望镜；第二，利用异磁探测仪来发现潜航中的潜艇；第三，利用声呐浮标对异磁探测仪发现的目标潜艇进行精确定位，作用距离一般为几百米，通常一次性使用。

新知词典

声呐浮标

声呐浮标是用来探测水下目标的一种浮标式声呐器材，通常与浮标信号接收处理设备一起，共同组成声呐浮标系统，来探测潜艇的存在。

声呐浮标的种类很多，按装备对象分，有航空声呐浮标和锚系声呐浮标；按工作方式分，有被动式声呐浮标和主动式声呐浮标；按定向与否分，有定向声呐浮标和非定向声呐浮标。

声呐浮标投入水中后，会保持直立漂浮状态，伞状天线伸出海面，随后用于发射和接收信号的声呐基阵脱落，沉入预定工作深度的水中。一分钟左右之后，电源供电，浮标系统处于工作状态，向周围发射信号。声呐基阵接收到潜艇辐射噪声（被动式）或反射回来的信号（主动式）后，会通过声频放大、处理和调制形成超高频信号，然后由天线向空中传输，供反潜机上的浮标信号接收处理设备接收和监听。

非定向声呐浮标的基阵没有指向性，工作于被动方式的只能获知附近有潜艇存在，工作于主动方式的可测得潜艇的距离。定向声呐浮标的基阵具有指向性，并以一定速度进行水平扫描，方位罗盘和振荡器同时给出方位信息，工作于被动方式的可测得潜艇的方位，工作于主动方式的可同时测得潜艇的方位和距离。

反潜机布放声呐浮标之后，通过监听不同浮标发来的信号，就能知道水下潜艇的位置和运动情况。

反潜直升机

反潜直升机是专门用来搜索和攻击敌军潜艇的直升机，有岸基反潜直升机和舰载反潜直升机两种，主要用于岸基近距离反潜和海上编队外围反潜。反潜直升机的飞行速度一般为 200~300 千米/时，作战半径为 100~250 千米。通常情况下，反潜直升机上载有航空反潜鱼雷、深水炸弹等武器，并装有雷达、磁力探测仪和声呐浮标等设备，能在短时间内搜索大面积海域。

▲ P3 反潜机

P3 反潜机

P3 反潜机是美国洛克希德·马丁公司应美国海军的要求研制的海上巡逻和反潜飞机。该机是在"依列克特拉"民航机的基础上设计的,为正常式布局,悬臂式下单翼,传统铝合金结构,按破损安全原则设计,对机舱进行了增压。除装备美国海军外,该机还出口到加拿大、伊朗、澳大利亚、新西兰、日本、挪威、荷兰等国家。

▲ 美国海军 SH-60B 直升机正在投下一枚 MK-46 反潜鱼雷

反潜鱼雷

反潜鱼雷是专门用来攻击潜艇的自导鱼雷。最早的反潜鱼雷是美国人发明的,雷壳用陶瓷制成,采用声呐原理,使鱼雷自动瞄准目标。目前,各国海军装备的反潜鱼雷主要有两类:一类是重型潜(舰)载反潜、反舰鱼雷,另一类是轻型多用途反潜鱼雷。

反潜导弹

潜艇是水面战舰的克星,而反潜导弹是潜艇杀手。反潜导弹反应时间短,射程比反潜鱼雷要远得多。部署了反潜导弹的水面舰艇能在潜艇武器的攻击范围之外对潜艇形成打击。正因为这种巨大的优势,反潜导弹受到各国海军的青睐。

▲ 美国的 RUM-139 阿斯洛克反潜导弹

海上防空武器

为了抗击敌人空袭、掩护海上和驻泊点的海军兵力及岸上目标免遭空袭,海军常常需要采取一系列措施和战斗行动,称为海上防空。

任务和特点

海上防空的任务是对空中敌人实施侦察,并消灭来犯的敌机(包括固定翼飞机、直升机)、巡航导弹和其他空中目标。海上防空系统与陆地防空系统没有本质的区别,都是由防空系统和拦截武器两部分组成。但是,它们之间也存在一定差异:海上防空系统不是单独的,而是与反潜、反舰系统融为一体,由侦察机、预警机、对空对海搜索雷达、火控雷达及指挥控制和制导设备组成。

海上防空武器的分类

海上防空武器有两大类:一类是面防御武器,通常由舰载防空截击机和中远程防空导弹组成,承担整个舰队的防空任务;另一类是点防御武器,主要由各种舰炮和低空、近程舰空导弹组成,承担单舰自身防空任务。舰载点防御武器的任务通常不是单纯的防空,还承担对付反舰导弹的任务。

▲从巡洋舰上发射的防空导弹

▲英国皇家空军闪电式战斗机主要被用作点防御截击

新知词典

防空识别区

防空识别区指的是一国基于空防需要,单方面划定的空域,目的在于为军方及早发现、识别和实施空中拦截提供条件。

第二次世界大战之后,随着空中作战力量的发展,尤其是以高空高速为基本特征的二代战斗机的出现,传统的防空体系面临较大威胁。如果等到空中的飞行器逼近本国领空之后才出动战机拦截,时间就来不及,根本无法保证拦截成功。于是,在本国领空之外的公共空域划定防空识别区的方法应运而生。防空识别区是为最大限度地保证国家安全而设定的,完全是一国单方面的行为。

从设立区域来看,防空识别区通常以一国的领海基线、国境线、实际控制线为基准,达到该国预警机和预警雷达所能覆盖的最远距离。这个区域范围一般比领空和专属经济区的范围要大得多。据统计,防空识别区的外沿可以从海岸基线向外延伸几十甚至几百海里。

对于防空识别区的法律效力,各国有不同的认识。国际法的规定一般认为,飞行器只有在进入一国防空识别区之后,该国才有对飞行器进行定位、监视和管制的权利。通常情况下,飞行器进入一国防空识别区之后,需要向该国报告飞行计划等。但也有些国家强势规定:任何飞行器在飞入本国防空识别区之前,都要向该国报告飞行计划及目的。

2013年11月23日,中华人民共和国宣布划定东海防空识别区。

"标准"3型防空导弹

"标准"3型防空导弹是更先进的舰艇用防空导弹,它也是"宙斯盾"系统中最重要的防空武器。"标准"3型防空导弹的发射距离远,命中目标概率大,是远程防空力量的骨干。"标准"3型防空导弹还有一个本领,它可以利用自己射程远的优势,作为反卫星导弹使用,从而有效降低敌方的侦察能力。

▶ "标准"3型防空导弹装载在舰艇上,是重要的海上防空武器

"海麻雀"防空导弹

"海麻雀"防空导弹是美国研制的低空防御导弹,它可以在较近的距离内对来犯的低空目标进行防御。自从20世纪80年代以来,"海麻雀"防空导弹一直是美军重要舰艇上必备的防空武器。

▼ F15C正在发射"海麻雀"防空导弹

梦想无尽,再创美好未来:航海未来篇

21世纪是海洋的世纪,人类从未像今天这样,坚定地走向海洋、拥抱海洋、维护海洋、发展海洋。海洋已经成为人类第二大生存和发展空间,它不仅是国际贸易和大宗货物运输的主要通道,也是未来维护国家权益和安全的主要领域。今天,人类的科技发展日新月异,但海洋里还是有太多的未知领域有待探索。在海洋这个聚宝盆里,我们观赏、徜徉,但更要不断深度挖掘,充分运用海洋资源,为国家促发展,为人类谋福祉。

海水淡化

水是生命之源。以前,人们曾以为淡水是自然界取之不尽的能源,然而,工业化的蓬勃发展与人口的急剧增加无情地粉碎了这个神话。淡水危机甚至比粮食危机、石油危机还要来势汹汹,解决淡水资源问题已提到了人类的议事日程。在这种背景下,把海水转化为生产、生活用水的海水淡化技术得到空前迅猛的发展。如今,海水淡化的技术已经比较成熟。

▲ 海水淡化工厂

蒸馏法淡化海水

20世纪50年代以后,海水淡化作为一门现实的应用技术,得到了迅速发展。在已经开发的海水淡化技术中,蒸馏法、电渗析法、反渗透法都达到了工业规模的生产应用程度。蒸馏法淡化海水的方法比较简单。将海水不断加热,使海水一直保持沸腾状态,高温海水进入保持真空的蒸发室,瞬间急速蒸发变成水蒸气,水蒸气通过冷凝器冷却后便凝结成淡水。通常,冷却水蒸气是用冷的海水作为冷却剂,同时,水蒸气冷凝时放出大量的热又可以用来加热海水。

太阳能淡化法

用蒸馏法淡化海水,需要不断地给海水加热,这就要消耗大量的燃料,淡化海水的成本比较高。是否可以不用燃料就能淡化海水呢?在这种背景下,科学家又发明了利用太阳能作为海水蒸发的热源,把水蒸发后再冷却回收得到淡水的太阳能淡化法。还有利用电厂的低压蒸汽为热源的蒸馏法,通常称为热电造水。

探索之旅
科威特水塔

1953年,科威特建起了第一座日产455万升的海水淡化厂。目前,科威特拥有6座大型海水淡化厂,居民用水和工业用水完全自给,海水淡化量居世界之首。国家还建立了许多高大的水塔贮水,这些水塔成了科威特的象征。

科威特城全市有30多座锥形贮水塔,聪明的科威特人把贮水塔与旅游观光巧妙地结合起来,矗立在科威特城东北角的三座贮水塔建于1977年,其中两座主塔分别高187米和147米,另一个高113米,每个球形贮水塔能贮水约400万升,塔上还有旋转餐厅,是集贮水、旅游、观赏为一体的宏伟建筑。

▲ 科威特水塔

冷冻法和电渗析法

冷冻法和电渗析法也是常用的海水淡化方法。冷冻法就是降低海水的温度，使海水结成冰块，而让盐分留下来，再把冰融化，就可以得到淡水。据测算，冷冻法使海水淡化所需要的能量要比用蒸馏法使等量的海水淡化所消耗的能量少得多。电渗析法则是使用两种薄膜——阴离子交换膜和阳离子交换膜，通电以后，将水中的盐类分解成阴离子和阳离子，分别通过两种薄膜跑到一边，剩下来的就是没有盐分的淡水。

▲ 大型海水淡化厂

反渗透法

反渗透法是用一张特殊结构的渗透膜，它只让水通过而不让盐分溜走，这样一来，水和盐就分开了。反渗透法分离效果好，只要将一种半透膜分层安装在淡化器里，用压力泵不断地向淡化器内泵入海水，通过半透膜渗透出来的淡水汇集到出水口流出；通不过半透膜的咸水从另一个出水口流出，这样反渗透淡化器就可以连续工作了。不过，反渗透淡化海水的关键是选择一种理想的半透膜。这种半透膜要求有足够的强度，要求它的溶解度小和抗腐蚀性强，在海水中长期使用不溶解、不变质。制造这样的半透膜成本是很高的，现在还在进一步研究改进，以提高制造渗透膜的工艺水平，扩大生产规模。

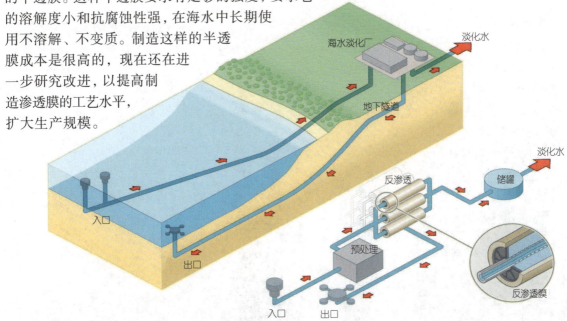

▲ 海水淡化技术(反渗透法)示意图

难以克服的难题

海水淡化的方法虽然有很多种，但成本和投资费用过高一直是一个难以克服的难题。因此，人类探索低成本淡化海水之路还相当艰辛。相信随着海水淡化技术的进步，人类最终必定能够找到廉价淡化海水的方法，摆脱淡水紧缺的威胁。

★ 翱翔圆梦科技知识普及丛书

海上油气开采

　　海洋中蕴藏着丰富的油气资源，但是人类要使用它们，就必须先通过一些平台来进行勘探和开采。海底油气的开采始于20世纪初，但在相当长时期内仅发现少量的海底油田，直到20世纪60年代后期海上石油的勘探和开采才获得突飞猛进的发展。现在全世界已有100多个国家和地区在近海进行油气勘探，几十个国家和地区在海上油气田进行开采，海上原油产量逐日增加。

海上勘探方法

　　海底石油的生产过程一般分为勘探和开采两个阶段。海上石油勘探原理和方法与陆地上的基本相同，分为两种：一种是从地质调查研究入手，主要通过地震、重力和磁力调查来寻找海底的油气资源；第二种是在此基础上，再运用专业的方法进一步探明油气藏的构造、含油面积和储量，并评估该油气藏的开采价值。

开采过程

　　海底石油的开采过程包括钻井、采油气、集中、处理、贮存及输送等环节。海上石油生产与陆地上不同，要求海上油气生产设备体积小、质量轻、高效可靠、自动化程度高、布置集中紧凑。海上钻井平台是进行石油开采的工作基地、大型结构物，在开发海洋油气资源方面发挥着非常重要的作用。在海上进行油气钻井施工时，几百吨重的钻机要有足够的支撑和放置的空间，同时还要有钻井人员生活居住的地方，海上石油钻井平台就担负起了这一重任。

▼ 海上石油钻井平台

自升式钻井平台

海上钻井平台主要分为自升式和半潜式两种。自升式钻井平台是能自行升降的钻井平台,由平台、桩腿和升降机构组成,平台能沿桩腿升降,一般没有自航能力。工作时,桩腿能下放插入海底,将平台抬起到离开海面的安全工作高度,并对桩腿进行预压,以保证遇到风暴时不会下陷。工作完成后将平台下降到海面,拔出桩腿,让整个平台漂浮在海面上,再由轮船拖到新的地方去工作。

▲ 自升式钻井平台

▲ 半潜式钻井平台

半潜式钻井平台

随着海上钻井的不断发展,人类把目光移向更深的海域。半潜式钻井平台就充分显示出它的优越性。半潜式钻井平台又称立柱稳定式钻井平台,上部为工作甲板,下部为两个下船体,用支撑立柱连接。工作时下船体潜入水中,甲板处于水上安全高度。与自升式钻井平台相比,半潜式钻井平台具有工作水深大、移动灵活等优点。

钻井新技术

科学在进步,时代在发展,海上钻井技术也在飞速发展,人们现在已向更深的海域进军,无论是钻井井深、钻井水深、钻井效率都有新的世界纪录出现。海上勘探与陆上勘探相比,技术要求更高、资金投入更多、风险因素也更大,但海洋中油气勘探的预期报酬也大,海上石油勘探的规模正在不断扩大。

探索之旅
油气开采和环境污染

海上油气开采会对海洋环境造成一定的污染,如海洋石油勘探过程中的人工地震往往会形成强大的冲击波,造成物理污染,对水生生物产生影响;井喷、试油、油轮碰撞、触礁、天然地震、冰情等所造成的采油平台倾覆、管线断裂等,都会产生大规模的溢油事故,污染海域。

为了防止污染,浅海油气勘探应尽量避开鱼汛期,或采取必要的防范措施;深海勘探应采用空气枪、电火花、水力脉冲等笼中爆炸法,只外泄小部分能量,尽量不危害海洋生物的生命。为了避免大规模的溢油事故,钻井平台更应该采取各种预防性措施。

跨海大桥

桥是一种很早就出现的建筑物，最开始建在陆地上，后来建造在水面上。跨海大桥是20世纪初开始出现的，是海上交通的重要组成部分。它飞架于海峡之上、海湾之间，打开了大陆与海岛、海岛与海岛之间的海上通道，成为一种全新的交通运输方式。这类桥梁的跨度一般都比较长，短则几千米，长则数十千米，所以对技术的要求非常高，是顶尖桥梁技术的体现。

最著名的跨海大桥

美国旧金山市的金门大桥不但工程雄伟、建造较早，也是最为著名的一座跨海大桥。由于此桥横跨旧金山湾湾口，而湾口是船舶进出海港的门户，旧金山湾湾口就是当年航海进入美国的金门，所以称为金门大桥。它建成于1937年，桥长2 000余米，两个主桥墩之间跨距1 200多米，桥塔高耸入云，达200米长的钢绳通过桥塔斜拉着桥面，桥面高出水面100多米。钢铁桥体油漆成橘红色，在云雾中若隐若现，变幻莫测，十分壮观，成为当地人引以为荣的美景。

▲ 金门大桥

中国的跨海大桥

随着中国经济实力的增强和海洋工程技术的进步，我国在近几十年内在沿海地区兴建了许多巨大的跨海工程。这些工程包括世界最长的跨海大桥——港珠澳大桥，横跨青岛胶州湾海域的青岛跨海大桥，横跨杭州湾海域的杭州湾跨海大桥，世界上最长、最宽的多塔斜拉桥——嘉绍大桥，全国桥梁抗震级别最高的大桥——清澜大桥，连接舟山群岛的舟山跨海大桥等。巨大海洋工程的修建将成为我国未来海洋开发的重要标志。

新知词典
港珠澳大桥

港珠澳大桥是连接香港、珠海和澳门的超大型跨海通道，全长近50千米，主体工程长度约35千米，是世界上最长的跨海大桥。大桥于2009年12月15日开工建设，2017年全面进入验收期，2018年元旦前夜大桥主体全线亮灯，标志着大桥具备通车条件。

港珠澳大桥东接香港特别行政区，西接广东省珠海市和澳门特别行政区，是国家高速公路网规划中珠江三角洲地区环线的组成部分和跨越伶仃洋海域的关键性工程，将形成连接珠江东西两岸的新的公路运输通道。它的建设大大缩短了穿越香港、珠海和澳门三地的时间，在促进港澳地区和珠江三角洲西岸地区的经济发展方面具有重要的意义。

▲ 杭州湾跨海大桥

影响大桥建设的因素

跨海大桥与一般的桥梁不同，除了海上的强风外，船舶撞击、海流冲刷以及工程控制水平、工程装备性能等都会对跨海大桥的建设和运营产生破坏性的影响。因此，在大型跨海工程建设中，为了减少各种内部致灾因素的影响，提高工程装备的作业性能和集成化的工程控制是至关重要的。

未来的跨海大桥

随着高强度钢、玻璃钢、铝合金、碳纤维等太空轻质材料的大量启用，桥梁建筑的主要材料将不断更新，跨海大桥的形式也将呈现出多样化发展格局。未来的跨海大桥一定会更加先进，不光是看长度、看跨度，更要看科技含量，包括材料、结构、工艺的创新发展，使之更安全、更便捷、更绿色、更环保。另外，未来的跨海大桥还会朝智能化的方向发展，大型基础设施将与物联网、大数据、人工智能等新技术结合起来，使桥梁更加安全可控。

▼ 现代跨海大桥

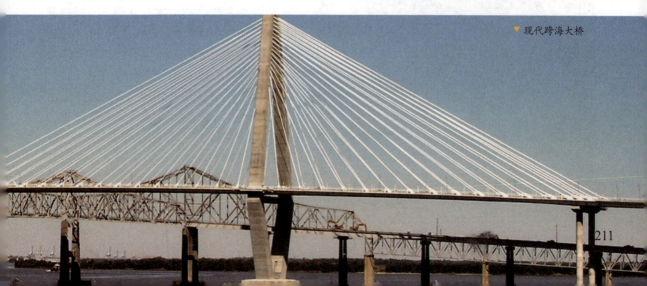

海底隧道

　　海底隧道是利用发达的科学技术,在海底铺设的地下通道。它是连接陆地之间的"地下通途",是供车辆、行人通行的交流通道。海底隧道不仅能有力地推动各地区之间的经济发展,对建立区域性一体化有着不可替代的作用,而且具有不占地、不妨碍航行、不影响生态环境的特点,是一种非常安全的全天候的海峡通道。目前,全世界已建成和计划建设的海底隧道有20多条,主要分布在日本、美国、西欧、中国等地区。

海底隧道的优点

　　海上交通易受天气变化、港口布局的影响,船舶运载,远不如铁路快捷方便。作为解决交通问题的一种有效方式,海底隧道大大方便了货物运输,促进了经济发展和科学文化交流。与跨海大桥相比,海底隧道具有五大优点:不破坏航运,不影响海域生态环境,利于环境保护;隧道两端不占地,不影响周边环境,工程造价低于桥梁,且隧道寿命较长;不受天气、大风、大雾的影响,可以全天候运营;具有很强的抵抗自然灾害(如地震)和突发事件的能力;隧道易于与两端交通接线,形成路网。

▲ 欧洲海底隧道内景

英吉利海峡隧道

　　从工程规模和现代化程度上看,当今世界最有代表性的跨海隧道工程,莫过于英吉利海峡隧道和日本青函隧道。英吉利海峡隧道是在20世纪建设的一条穿过英吉利海峡的海底隧道,它横贯多佛尔海峡,从英国的福克斯通到法国的桑加特,把英伦三岛与欧洲大陆连接起来。隧道由两条高速铁路隧道和一条维修服务隧道构成,全长53千米,海底部分37千米。往来于英、法两国的专用隧道列车——"欧洲之星"以130千米/时的速度在隧道里穿行,24分钟就可通过隧道。

▲ 英吉利海峡隧道

青函海底隧道

日本的青函隧道南起青森县今别町滨名，北至北海道知内町汤里，全长 53.85 千米，其中有 23.3 千米在海底，主隧道直径 11 米，高 9 米。青函隧道于 1964 年正式开工，1987 年通车。青函隧道建成后，就成了贯穿日本南北的大动脉，北海道与本州之间的交通不再受恶劣气候影响，运输能力也得到大大提高。

▲ 青函海底隧道

台湾海峡隧道

台湾海峡是我国台湾与福建海岸之间的海峡，属于东海海区，南通南海。海峡呈东北—西南走向，长约 370 千米，北窄南宽，北口宽约 200 千米，南口宽约 410 千米，最窄处在台湾白沙岬与福建海坛岛之间，约 130 千米。从 20 世纪 90 年代起，人们就开始计划在台湾海峡修建隧道，将台湾岛和大陆连接起来。虽然这个计划还在研讨阶段，但国家交通部已将它列入规划之中，相信在不远的将来，台湾海峡隧道就会建造起来。

▲ 海水中的管道

海底管道运输

海底管道运输是一种特殊的运输方式，在海洋空间开发利用中也很常见。海底管道主要用途是把海底开采的油气资源通过管道输送到陆地，或者是滨海城市和临海工厂通过管道把污水排入海中，也有淡水输送管道等。目前，我国的海底管道工程正在蓬勃发展中。

经典问答

海底隧道是怎样挖成的？

海底隧道的施工方法有两种：一种是在海底的地下采用钻机在海床上钻洞；另一种是沉埋管道，即将预制好的钢筋水泥管道敷设于海底，用特制的钢架将其固定在海床上。还有人提出悬浮式设想，即利用阿基米德原理，把特制的管道悬浮在海中加以固定。现代海底隧道的开凿会使用巨型掘岩钻机，从两端同时掘进。掘岩钻机的铲头坚硬而锋利，无坚不摧。钻孔直径与隧道设计直径相当，每掘进数十厘米，立即加工隧道内壁，一气呵成。

▲ 海底隧道

未来的船

随着科学技术的高速发展,科学家们也在不断地构想设计着更加先进的船舶,以适应未来更多的需要。这些设想中的先进船舶使用起来会越来越快捷,也越来越舒适安全。总的来说,未来的船舶都是朝着这几个目标发展的:能在水下航行、越来越快的速度、更低的能耗、更多的功能、更方便的设计和更先进的装备。

无人驾驶船

从20世纪60年代开始,自动化船舶就出现了。它的根本目的是减轻船员的体力劳动,保证船舶航行的安全,进一步向无人船舶方向发展。目前,美国、韩国等国家已经开始研制无人驾驶船。这种船的船身各部位都安装有摄像头,用以采集全景图像。操作人员只要稳坐在岸上的某处,通过稳定的通信系统接收传感器发回的实时数据,就能完成航行任务。也许在不久的将来,人类就将开启无人船的时代。

▲ 无人驾驶船

超导电磁船

超导电磁船是一种既没有螺旋桨又没有舵的现代船舶,它的底部布有超导电磁线圈,通电时会在船体四周产生强大的磁场,同时通电的电极板会使周围的海水带上电,从而产生一种电磁推力,推动船只向前行驶。超导电磁船有很多优点,它的速度快、推进效率高、控制性能好、航速高,而且噪声小、无污染、易于维修,适用于多种用途。现在,一种具有优异性能的军用超导潜艇也已问世。相信随着超导技术的不断完善,动力先进、隐身性好、攻击力强的小型高速超导潜艇也将成为未来海战兵器中一颗耀眼的新星。

▶ 美国"海影"号超导电磁船,它看上去阴森森的,像是抛在水面上的一座黑色"棺材"。它的水上部分在某个角度看很像F-117,而实际上,"海影"号是一艘小水线面双体船

隐身舰船

隐蔽性是未来军用舰艇发展的一项重要性能。隐身技术的应用自二战初期出现萌芽以来，到 20 世纪 80 年代产生了重大的突破，进入 90 年代，海战隐身武器的发展十分迅猛。除了小型舰艇外，大型舰艇的隐身也越来越受到重视。未来隐身航母采用尖削舰首、平坦的上层建筑，降低干舷高度，同时考虑红外隐身、声隐身等措施。与传统航母相比，未来的新型航母在设计与技术上将有历史性的突破。

▲ 美国"肯尼迪"号航母属于第二艘"福特"级最新型航空母舰。虽然舰体整体设计变化不大，但舰岛采用了全新设计，不仅融入了隐身化理念，而且舰体装备电磁弹射器，克服了蒸汽弹射器的所有缺点，并可弹射无人机

飞行潜艇

未来潜艇的设计可能借用飞机的飞行原理，既能将双侧机翼折叠起来潜水航行，也能伸展双翼在空中飞行。这种两用武器面临的挑战十分巨大：飞机为了能飞上天空，质量必须尽量轻；而潜艇为了对抗水压，必须有厚重的舱壁。飞机依靠机翼提供升力，而潜艇则通过调整浮力上升或下沉。要制造出既能入海又能上天的会飞的潜水艇，就要先解决这两个技术上的难题。过去美国和苏联都曾设计过潜水飞机，但从来没有进入实用阶段。

▲ 研制中的美国"鸬鹚"水下飞机

探索之旅
研制飞行潜艇

早在二战期间，苏联就曾试图研制飞行潜艇。20 世纪 60 年代，美国海军也曾进行过这种新型飞行潜艇的设计，但由于经费投入严重不足，最终只能作罢。从实际考虑，潜艇飞天几乎是不可能的，飞机潜水则比较可行。随着工程和材料技术的飞速进步，尤其是碳纤维和高能电池的发展，潜水飞机完全有可能成功。

2008 年 10 月，美国军方又准备斥资 30 亿美元，开始研制飞行潜艇。这种新型武器与在"007"电影中出现的那种可变形的潜艇极为类似。美国国防部高级研究计划局对这种"飞行潜艇"的要求是：可承载 8 名艇员，能够在 8 小时内完成 240 千米的空中飞行，能够在 185 千米的海面航行或在 35 千米的水下潜航。

建在海上的机场

相比汽车站和火车站，飞机场是一个庞然大物，却又往往是那些寸土寸金地区的必需配套设施。于是人们把目光投向大海，广袤的海洋是否会成为机场的摇篮呢？海上机场的建立在节约陆地资源，保护原有生态的同时，也为多维交通锦上添花。围海造田当然是一个可行的办法，在香港、大阪等地方，人们用填海的方式，扩展出了机场。除此之外，人们也在积极寻求更好的在海上建造机场的方法。

海上机场的发展

世界上最早的海上机场是日本在 1975 年建造的长崎海上机场。这个机场坐落在长崎海滨的箕岛东侧，一部分地基利用自然岛屿，一部分填海造成。后来，美国、英国等国也相继建造海上机场。目前，全世界共有十多个海上机场。这些机场大多都是在海岸边填海造地建成的，也有一些是完全建造在人工岛上的机场。海上机场的建立使飞机的运输及攻击具备了更广的范围。

▲ 夏威夷檀香山国际机场

▼ 海上机场

大阪关西国际机场

▲ 大阪关西国际机场

日本的大阪关西国际机场是全世界第一座百分之百填海造陆而成的人工岛机场,同时也是一座大型海上国际机场。机场坐落于大阪泉州海域,于1987年动工兴建,于1994年9月22日正式投入使用。机场的外形犹如一个超大飞机机身,屋顶则像绵延不断的浪波。国际旅客从机场的顶楼出发,可以看见建筑的整体架构,别有一番特色。但气候变化和不断上升的海平面也将给这个机场的存在构成非常现实的威胁,科学家断言,在大约50年时间内,这个机场就可能没入水下。

大连金州湾国际机场

2012年,中国开始建造国内第一个海上机场——大连金州湾国际机场。机场采取离岸填海建造人工岛的方式建设,拟规划填海造地面积20.87平方千米,建成后能起降世界最大客机空客A380,并成为世界最大的海上机场。机场规划建设两条跑道,还有一个20万平方米的候机楼,投入使用后能够满足每年近2 000万人次的使用需要。

▲ 浮动机场的设想很多来自于海上石油钻井平台

浮动机场的设想

围海造田有不少弊端,因此,人们开始设想将机场直接漂浮在海面上。这个灵感最初来源于航空母舰,如果将航母的发动机和下层结构移走,再把剩下的部分固定在海上的一个地方,扩建它,直到它能够承载中型客机的起降,不就是浮动机场了吗?它是一个巨大的浮动建筑,不是船,也不是岛。美国就曾提出过浮动机场的概念,但后来由于高昂的预算没有进行下去。相信随着科学技术的不断发展,人们总有一天能建造出真正漂浮在海面上的浮动机场。

探索之旅
中国大型海洋浮式结构物

近年来,中国大型海洋浮式结构物的关键技术研究已取得了一系列突破性进展,并被国家有关部门批准立项,列入即将实施的百项重大工程。其实,中国已在海上建立起大型的浮式结构物,也就是一个海上浮动的机场。这个浮式结构物由数个或数十个大型的漂浮模块构成,可以根据需要组装成总长2 400~3 200米的主体平台,将码头、浮动船坞、停机坪以及机场跑道等设施融为一体,再将一些风力发电设施安装在平台上,以保障整个结构物的能源供应,形成一个可移动的军民两用基地。它可以布设在小型海岛附近,作为陆地的延伸,扩大原来设施的功能和用途,也可以被赋予更大范围的功能,例如原来建设在海边或岛屿的机场,可以将新建跑道或原有跑道利用大型浮式结构物向海中扩展,从而加长跑道或增加跑道,当然也可以单独组建新的跑道。

人工岛屿

除了围海造田外,人们向大海要地的方式还包括人工岛屿。人工岛屿一般是预先修建周围护岸,再以沙石、垃圾填筑而成。它的用途很广泛,目前主要用作浅海石油勘探开采基地和接待大型油轮、矿石船的深水港等。随着世界人口的不断增长,人工岛屿的出现无疑为人类提供了更多的生存空间,它是比海上机场面积更大的海上设施,可以有效地节约陆地资源,使人类的生活空间不仅仅局限在固有的陆地上。

古老的人工岛

人工岛并不是一个新概念,中国明朝时期就有建造人工岛的文字记载。现在江苏省北部的滨海淤积平原上,还散布着很多十几米高的土墩台,就是过去为渔业、盐业和军事需要在潮间带海滩上修建的。这些土墩台按照不同的作用可分为渔墩、潮墩和烟墩等。渔墩是渔民在海上捕捞或养殖时作为贮存淡水、整理渔具和躲避暴雨的临时活动场所;潮墩为盐民作业时躲避大潮或风暴的墩台;烟墩则是包围海防的一种军事设施,上面设有烽火,遇到紧急情况时可点燃烽火发出警报。

现代人工岛的用途

现代人工岛的用途广泛,可以用于兴建停泊大型船舶的深水港、海上机场、大型电站或核电站、海上油气加工厂、海上金属冶炼厂、水产加工厂、废品处理厂和危险品仓库等。有些国家还在人工岛上建造海上公园,甚至新的海上城市,利用周边的海洋景观将人工岛打造成旅游胜地。

▲迪拜的世界群岛是仿世界地形而建的人工群岛

▲ 迪拜朱美拉棕榈岛

迪拜人工岛

迪拜棕榈岛是迪拜政府打造的一项大型人工岛屿项目，项目由即朱美拉棕榈岛、阿里山棕榈岛、代拉棕榈岛和世界岛等4个岛屿群组成。整个项目由一个像棕榈树干形状的人工岛、17个棕榈树形状的小岛以及围绕它们的环形防波岛三部分组成。迪拜政府希望将它打造成一个世界顶级的度假岛群，但由于遭遇经济危机、资金链断裂，棕榈岛项目却几乎成为一个烂尾工程。

垃圾人工岛的设想

海洋上漂浮的废旧塑料垃圾一直是令人头疼的问题。为了还世界一个干净的海洋，荷兰科学家提出了一个将海洋垃圾"变废为宝"的宏伟计划：他们提议从北太平洋中收集起44 000吨的塑料垃圾，然后用它们建造出一个人工"漂浮岛"。在科学家的设想中，这座由塑料垃圾建成的人工岛将依靠太阳能和海浪能提供能源，它上面将建有城市、海滩和"农场"，足可供50万人在这座漂浮的人工岛上安居乐业，过上自给自足的生活。这个设想真是非常新奇大胆，但或许总有一天，它也会变成现实。

探索之旅
马尔代夫垃圾岛

斯拉法胡位于马尔代夫首都马累西部不远处，曾经是一个礁湖。但这个岛屿现在却与垃圾联系在一起，掩埋在地下的垃圾数量绝对是一个惊人数字。面对斯拉法胡的形象大变，人们给它取了一个新名字：垃圾岛。将垃圾倾泻到斯拉法胡是为解决马累垃圾危机采取的一项紧急举措，当时，工人们在岛上挖掘出大量巨坑并用挖出的沙子建起环形防护带，他们将未加分类的垃圾扔进巨坑，而后再挖更多的巨坑，用挖出的沙子掩埋垃圾。埋在斯拉法胡地下的垃圾种类繁多，其中包括游泳圈、钥匙链、塑料杯、铅酸蓄电池和石棉。这些垃圾有些没有多大危害，有些则埋下破坏环境的隐患，引起一些环保组织的担忧。他们指出重金属可能污染地下水或者海洋，最终危及人类、珊瑚礁以及其他海洋生物的生存。

▲ 马尔代夫垃圾岛

水下机器人

未知的海底环境恶劣,人的潜水深度有限,所以水下机器人已成为开发海洋的重要工具。水下机器人就是无人遥控潜水器,它的出现与广泛使用,为人类进入海洋从事各种海洋产业活动提供了技术保证。不同类型的水下机器人可用于执行不同的任务,将被广泛应用于军队、海岸警卫、海事、海关、核电、水电、海洋石油、渔业、海上救助、管线探测和海洋科学研究等各个领域。

▲ 工作人员对水下机器人进行遥控作业

工作方式

水下机器人的工作方式是由水面母船上的工作人员,通过连接潜水器的电缆提供动力,操纵或控制潜水器,通过水下电视、声呐等专用设备进行观察,进行水下作业。新型潜水器则从简单的遥控式向监控式发展,即由母舰计算机和潜水器本体计算机实行递阶控制,它能对观测信息进行加工,建立环境和内部状态模型。

遥控潜水器

水下机器人主要有有缆遥控潜水器和无缆遥控潜水器两种。早期的水下机器人都是有缆遥控潜水器。这种遥控潜水器大多以钢管骨架构成,每一次执行任务都必须有一整套特殊的装备。它可以抵抗海上恶劣的环境,潜入水下焊接海底管道,或是搜寻管线破裂的地方。1953年,第一艘有缆遥控潜水器问世,到1974年的20年里,全世界共研制了20艘有缆遥控潜水器。在这之后,由于海洋油气业的迅速发展,无缆遥控潜水器也得到飞速发展。

▲ 有缆遥控潜水器

水下自动机器人

到 1990 年，无缆遥控潜水器研制成功。无缆遥控潜水器是一种能自主执行任务的自主潜水器，称为 AUV，也就是水下自动机器人。这种机器人可以自主运行，操作人员只要下达总任务，机器人就能识别和分析环境，自动规划行动，回避障碍，自主地完成指定任务。有些自动机器人还配备了特殊的动力装置，因此可以接连好几个月持续工作。美国研制的"深渊"潜水器就可以潜入 6 000 米深的海底，持续航行 100 千米远。它已经成功应用于科学研究工作，帮助人们搜寻失踪的船只及飞机。

▲ 操作人员在对一艘自主水下航行器的侧扫声呐图像进行监测

◀ 有些无缆遥控潜水器的外形像一个小型潜艇或鱼雷，可执行探索油田、海图，海洋学研究，排除水雷等任务

发展趋势

未来，水下机器人将向远程化、智能化发展。远程水下自动机器人涉及的关键技术包括能源技术、远程导航技术和实时通信技术。因此，许多研究机构都在开展上述关键技术的研究工作，以期获得突破性的进展。现阶段的水下自动机器人只能用于观察和测量，没有作业能力，而且智能水平也不高。将来的水下自动机器人将采用图像识别、人工智能技术、大容量的知识库系统，以及提高信息处理能力和精密的导航定位的随感能力。如果这些问题都解决了，那么水下机器人就能成为名副其实的海洋智能机器人。

探索之旅
中国的水下机器人

2009 年，中国水下机器人首次在北冰洋海域冰下调查。"大洋"1 号科学考察船首次使用水下机器人"海龙"2 号在东太平洋海隆"鸟巢"黑烟囱区观察到罕见的巨大黑烟囱，并用机械手准确抓获约 7 千克黑烟囱喷口的硫化物样品。这一发现标志着中国成为国际上少数能使用水下机器人开展洋中脊热液调查和取样研究的国家之一。

2015 年 3 月 19 日，中国自主建造的首艘深水多功能工程船——海洋石油 286 进行深水设备测试，首次用水下机器人将五星红旗插入近 3 000 米水深的南海海底。

海底实验室

海底实验室也称水下实验室或水下居住舱,是一种设于海底供科学工作者、潜水员休息、居住和工作的活动基地。海底实验室能在海洋开发、海洋工程、海洋考察以及海洋军事等活动中发挥重要作用。如果说,潜水器在海洋开发方面把人类的手臂延长到大洋海底的话,那么,水下实验室则是直接把人类自身移向大海深处。

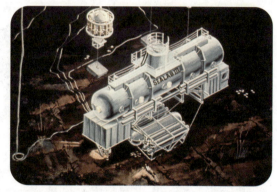

▲ 海底实验室

工作原理和作用

海底实验室通常配有水面补给系统、人员运载舱和工作室3部分,外部一般附有高压气瓶、压载水舱和固体压载物等,通过压载水舱注水或排水使实验室下潜或上浮。实验室的电力、呼吸气体、淡水和食物,都由陆上、补给船或补给浮标等补给站供应。通过海底实验室,人们可以进行海洋生物、海洋地质、海洋水文、物理、化学等方面的现场观测,也可通过它们勘探海底石油、天然气,建造水下工程设施,进行水下反潜警戒监测等。

▲ 美国"海中人"1号

出现和发展

海底实验室的设想是20世纪20年代提出的。1962年,美国"海中人"1号和法国"大陆架"1号水下实验室首次在地中海进行试验。初期的水下实验室固定于水下,依靠补给船的起重机吊放到海底。后来,水下实验室逐渐演变为可以通过压载水舱注、排水,做沉浮的垂直运动,并向作业水深大、自持力强和机动性能好的方向发展。苏联1977年1月下水的"底栖生物300"号作业深度已达300米,自持力14天,可容纳12名乘员。

▶ 1965年9月,美国海员在"海中人"2号水下栖息地内工作的情景

"宝瓶座"海底实验室

"宝瓶座"海底实验室位于美国佛罗里达州拉哥礁海海底,被放置在海面下20米深处。它的外观好像一艘潜水艇,科学家通常先乘船到它的上方海面,再换上潜水衣潜入海底。"宝瓶座"海底实验室可容纳6人居住,科学家主要在这里研究珊瑚、海草、鱼类等生物和水质等环境变化,并记录自身在海底生活的各种生理状况。通常情况下,科学家可在实验室连续住上数星期,所需食物和工具都被装在防水的罐子里由潜水员定期送往实验室。

▲"宝瓶座"海底实验室内的工作人员和外面的潜水员合影

难题和未来趋势

现在,海底实验室的运行仍面临着通信联络、保暖措施、安全减压等方面的难题。海底的压强是十分巨大的,海底实验室要下潜到海底,就需要尺度大、耐压强度高的特殊材料,这些材料的加工制造工艺也很有难度。海底实验室需要在海底停留很长时间,所以使用什么能源也是一个问题。此外,还要解决深海通信导航、实验室精确操作控制等难题。尽管如此,海底实验室仍有很大的发展前景,今后海底实验室的发展趋势是向作业深度大、自持力强和机动性好的方向发展。

探索之旅
中国的深海空间站计划

目前,中国已将在海底建造深海空间站列入计划中,希望未来能建成可容纳几十个人一起工作、生活的海底实验室。在计划中,未来的深海空间站可能是千吨级的,可以在海底停留半个月甚至几个月。这个深海空间站应该能携带多种作业工具,比如小型载人潜水器,科学家可以借助它们抵达更深的海底,完成研究任务后再乘潜水器返回。科学家还可以在其中培育和研究深海生物,发现深海矿产、油气资源,甚至寻找可以治病救人的深海生物基因用于制药。

海底的城市

多少世纪以来,我国民间一直流传着海底龙宫的神话。当然,动听的神话只是反映了古代劳动人民征服海洋的愿望,并非真有其事。但随着科学技术的发展,人们最终会展开对海洋的全面探索,并试图在海底建造城市。广阔无垠的大海蕴藏着无数的宝藏,海洋中丰富的资源也吸引着人们的目光。或许就在不远的将来,我们可以高兴地说,海底龙宫就要成为现实了。

海底房屋

1969年2月15日,4名美国海军科学家下潜到建筑在维尔京群岛的圣约翰附近的"泰克泰特"海底居住舱里生活。这4名美国科学家在海底居住舱内生活了两个月,得到了生理和心理两方面的多种数据,为实现久居海底生活提供了最有价值的实验。由于这次实验获得成功,在20世纪八九十年代里,各种不同类型、不同用途的海底居室相继问世。有的是专供科学家研究的,有的是专为海底旅游建筑的海底居住舱,有的新婚年轻人专门在海底举行婚礼,非常浪漫。

▲ 艺术家所绘的"泰克泰特"海底居住舱

抗压建筑

建造海底建筑,首先要解决的是抗海水压力的问题。海水的压力与海深是成正比的,海水越深,压力越大。没有一定的抗压能力,海底建筑只能是幻想。为了解决这个问题,不少科学家耗费了毕生的精力。现在,人们在海底修造了一些海底建筑,作为海底观察和科学实验用,这些海底建筑有拱形外壳,能把海水的压力均匀地传送到海底,增强了海底建筑的抗压能力。

▲ "康舍夫"水下观测站的外形似一个飞碟

探索之旅
构想中的海底城市

世界各国都有关于海底城市的构想，想要建造出供现代人类生存发展的水下建筑群落。但至今为止，这样的建筑群落还仅存在人类的幻想之中。

海底生物圈2号就是一个水下城市概念，由8个生活、工作与农场生物群落围绕中央1个大型生物群落而建，后者包含维持整座城市运行的所有必备设施。澳大利亚的"Syph"海洋城则是以水母为灵感打造的，它不是一个常规的建筑物，而是成为海洋生态系统的一部分。

更高强度的新材料

科学家设想，如果能发明更高强度而又耐腐蚀的新材料，在深海的海底修建建筑物将不再是幻想。有的科学家提出设想，这种海底建筑的外壳可以做成夹层，夹层中间充满压缩空气，既轻便又减少建筑物的质量，更主要的是，这些压缩空气和外面的海水压力相等或相仿，这样可以全部抵消海水所产生的巨大压力。

海底抗震

海底建筑物还要能应对海底地震的威胁。海洋中发生地震的次数要比陆地多得多，只是因为它上面一层厚厚的海水，地震所造成的能量经海水的缓冲，所以不容易被人察觉。但海底建筑却不能不考虑这个问题。不过，人们如果能修造抗海水巨大压力的海底建筑，那么相信这种材料在抗震方面也会卓有成效。科学家还设想利用海水监测地震波来预测地震，并在震中附近人为制造几次小地震，使地壳积累的能量通过小地震逐步释放，从而避免特别大的地震。

未来海底城市

近年来，人们对未来海底城市作了种种设想。由于海水的巨大压力，海底城市中心区将由许多抗压球体组成。一个球体好比陆上的一幢房子，几个或几十个球体联结起来，组成一个居民点，再由若干居民点组成一个城市中心区。水下城市的中心是车站，深潜器担负水中公共汽车的角色，供水下职工上下班之用。到那时，辽阔的海底将出现一个又一个海底城市，神话中的海龙王也不再是神话，人人都可以随时到海底生活。

▲ 未来海底城市想象图

濒危海洋动物

濒危动物指所有由于物种自身的原因或受到人类活动、自然灾害的影响，而有灭绝危险的野生动物物种。近年来，随着人类活动的加剧，许多海洋动物的数量都在逐渐减少，有些甚至已经灭绝。在海洋生态系统中，一些物种数量的减少，往往会对其他物种的生存产生影响，继而影响到整个海洋的生态平衡。因此，保护濒危海洋动物已经成为一项刻不容缓的重任。

鲸类

鲸是一种海洋哺乳动物，也是世界上最大的动物。它们身上有太多可以被人使用的价值，因此遭到了人们的捕杀。人们不仅吃鲸的肉，还用它们的脂肪来制造肥皂和蜡烛，用鲸须制造雨伞的伞骨。随着人们的广泛捕猎和人类活动造成的海洋环境恶化，鲸的数量大大减少，许多鲸类已濒临灭绝。鲸一旦灭绝，会造成海洋浮游生物和小型海洋生物的大量繁殖，使海水水质变坏，最后导致整个海洋生态平衡的破坏。因此，现在国际上已经明令禁止捕鲸。

▲一条被捕杀的鲸鱼

鲨鱼

鲨鱼可以说是海洋中真正的"杀手"，它有一口尖利的牙齿，捕获猎物又快又准。可这种凶猛的海洋动物却因为鱼翅遭到了人类的毒手。所谓鱼翅，就是鲨鱼鳍中的细丝状软骨，人们为了获得鱼翅，争相捕杀鲨鱼，如今部分鲨鱼已濒临灭绝。目前，有些国家已经通过了禁止捕鲨的法案，但对于公海上的捕猎行为却还无法约束。其实鱼翅并没有特别的营养价值，少吃鱼翅、保护鲨鱼，还需要更多的人去付诸努力。

鲨鱼鳍
▲鲨鱼因为人类的捕杀而濒临灭绝

经济物种

人类对海洋动物的捕杀活动，主要有对经济物种的直接捕捞以及伴随着这些捕捞产生的误捕与兼捕情况。在早期的海洋渔业捕捞中，没人考虑过度捕捞和资源养护问题，海洋捕捞活动迅猛发展扩大，终于导致了许多近海渔业资源的衰退，曾经常见的鱼种和海洋动物也不见影踪。长江鲥鱼、北大西洋鳕鱼、红珊瑚以及一些种类的鲨鱼等，都曾是或者目前仍是重要的经济物种，并一直受到人类的过度开发，成为濒危物种。海豚、海鸟以及海龟等物种则在围网作业、延绳钓等渔业活动中遭到误捕或兼捕，使得一些种类数量急剧减少，濒临灭绝。

▲ 过度捕捞使得海洋一些鱼类濒临灭绝

其他濒危动物

濒危海洋动物不仅包括鲸类、海豹、海牛等海洋哺乳动物，海龟等海洋爬行动物以及海洋鱼类，还包括依赖海洋而生的海鸟和海洋中五花八门的无脊椎动物，例如鹦鹉螺、部分珊瑚虫等。海洋生物因为其多样性而充满生机，如果这种多样性遭到了破坏，将会严重削弱海洋生态系统的稳定性，加速海洋生物的灭绝，最终造成"海洋荒漠"。

▲ 人类活动破坏了海洋生态系统的平衡，使物种的多样性面临危机

探索之旅
斯特拉大海牛的灭绝

斯特拉大海牛是一种巨大的海牛，也曾经是海洋里第二大的哺乳动物。它们性格温驯，喜欢栖息在河口附近的浅海水域里，吃食水生植物海藻等。它们曾无忧无虑地生活在大海里，却因为人类的到来遭遇了灭顶之灾。

1741年6月，一支探险队的船只遇险，斯特拉等幸存者漂流到了科曼多尔群岛。就在这时，斯特拉发现了沿海的大海牛。这是人类第一次发现这种大海牛，因此将它们命名为"斯特拉大海牛"。但伴随着发现而来的，就是无止境的捕杀。斯特拉等人不仅在岛上捕杀大海牛来充饥，还在得救时带回去许多大海牛的皮和肉。俄国的皮毛商人一下对斯特拉大海牛发生了兴趣，他们纷纷来到科曼多尔群岛，开始了无情的捕杀。在短短的二十几年时间里，斯特拉大海牛被捕杀一空，从地球上灭绝了。

▲ 大海牛

整治海洋污染

海洋不仅是生命的摇篮，而且还是一个拥有丰富资源的"聚宝盆"。可是随着社会经济的发展、人口的不断增长，在生产和生活过程中产生的废弃物也越来越多。这些废弃物绝大部分最终直接或间接地进入到了海洋。当这些废物和污水的排放量达到一定的限度，海洋便受到了污染。大量污染物不仅会使海洋水质变坏，使海洋生物受到损害，同时也阻碍了人们的海上活动，危害人类生命。

海洋污染物

海洋污染物是指由人类活动直接或间接进入海洋环境，并能产生有害影响的物质或能量。人们在海上和沿海地区排污可以污染海洋，而投弃在内陆地区的污物也能通过大气的搬运及河流的携带进入海洋。海洋污染物主要有石油及其产品、金属和酸碱、农药、放射性物质、有机废物和生活污水、热污染和固体废物这六大类。

▲ 排泄到海洋中的污水

海洋石油污染

海洋石油污染包括原油污染和从原油分馏成的汽油、煤油、柴油、润滑油、石蜡、沥青等的污染。这些污染物主要是在开采、运输、炼制及使用等过程中流失而直接排放或间接输送入海的，是当前海洋中最主要的污染物，具有量大、污染面积广的特点，不仅会影响水质，而且会对海洋生物产生有害影响，严重污染海鸟的栖息地，使它们无家可归。

▼ 石油污染使海鸟失去了飞行能力，生命受到严重威胁

重金属和化学污染

海洋重金属污染是指某些密度大的金属经各种途径进入海洋而造成的污染。重金属主要是指汞、铜、铅、锌、铬等元素,它们会导致海洋动物形态发生变化、失去繁殖能力或死亡。海洋化学污染通常是指由于化学物质进入环境后造成的环境污染。含汞、铜等化学元素的农药毒性很强,它们经雨水的冲刷、河流及大气的搬运最终进入海洋,会抑制海藻的光合作用,使海洋动物的繁殖力衰退,最终导致海洋生态失调。

▲ 被重金属污染的水流入海洋,破坏了海洋生态环境

海洋放射性污染

放射性元素是由核武器试验、核工业和核动力设施释放出来的人工放射性物质。目前,海洋中的放射性物质总量非常大。海洋生物将这些物质吸收后逐渐积累在器官中,很可能通过食物链作用传递给人类,对人体构成威胁。

▲ 2011年3月11日,日本大地震引发海啸,使得日本福岛核电站受到严重损毁,成千上万吨被高度污染的水流入海洋,造成严重的辐射污水外泄事故

污水和垃圾污染

工厂废水和生活污水的排放也是导致海洋污染的因素之一。当富含有机物的工业废水和生活污水进入海洋并达到一定程度的积累后,会导致浮游生物暴发性繁殖,从而引起赤潮等现象;塑料垃圾也会对海洋造成极大的危害。废弃渔网是海洋中主要的塑料垃圾,在洋流的作用下,它们绞在一起,成为海洋哺乳动物的"死亡陷阱",每年都会缠住数千只海洋哺乳动物而使其淹死。

▲ 海滩上的生活垃圾触目惊心

经典问答
海洋污染有什么特点?

由于海洋环境的特殊性,海洋污染有其自身的特点:首先是污染源广。除人类在海洋的活动外,人类在陆地和其他活动方面所产生的各种污染物,也将通过江河径流或通过大气扩散和雨雪等降水过程,最终汇入海洋。其次是持续性强。海洋是地球上地势最低的区域,一旦污染物进入海洋后,就很难再转移出去。再次是扩散范围广。全球海洋是相互连通的一个整体,一个海域出现的污染,往往会扩散到周边海域,甚至扩大到全球的大洋。最后是防治难,危害大。海洋污染有很长的积累过程,不易及时发现,一旦形成污染,需要长期治理才能消除影响,且造成的危害会波及各个方面。

保护海洋环境

海洋面积占地球表面积的70%以上，海水的热容量比空气大得多，因此海洋是一个能够调节气候的"调节器"。海洋还是一个"蓝色宝库"，大气中的水汽也主要来自海洋。此外，海洋里还有丰富的动植物资源，保持了地球生物的多样性。可如今，海洋已经无法承受日益加重的污染负担，它在不断向人类发出蓝色警告。如果海洋受到污染和破坏，那么人类生存所需的和谐环境也将不复存在。因此，我们要保护海洋环境。

海洋保护区

海洋污染的状况越来越严重，有鉴于此，世界各国划分了专属经济区，督导各国切实做好海洋环境保护工作。为了保护海洋环境和自然资源，一些沿海国家和地区还在海岸、河口、岛屿等地划出了专门的海洋保护区，包括海洋生态系统保护区、濒危珍稀物种保护区、自然历史遗迹保护区、特殊自然景观保护区以及海洋环境保护区等。建立海洋保护区主要有两方面的作用：一是可以形成海洋生物物种的基因库，二是保护区可以成为开展科学研究的天然实验室。

大堡礁保护区

位于澳大利亚东北部近海的大堡礁保护区是世界上最大的海洋生态系统保护区。它由2 900多个独立礁石和900多个岛屿组成，总面积约28万平方千米，比英国本土的面积还大。在这片海域生存着400多种珊瑚、1 500多种鱼类以及数万种软体动物、甲壳动物和其他生物。这里位于南半球低纬度地区，终年受南赤道暖流的影响，表层水温平均在20℃以上，夏季高达28℃，阳光充足，东南信风不断扰动海水，提供较多的养分，极有利于珊瑚的发育繁殖，因此附近海区也被称为"珊瑚海"。

▼大堡礁保护区风景

▲ 红树林生态保护区

海洋自净能力

海洋本身是有自净能力的，也就是说，海洋环境会通过自身的物理过程、化学过程和生物过程而使污染物质的浓度降低乃至消失。海洋自净能力是大自然赐予人类最宝贵的资源，我们要认识到它的规律，并加以合理利用，防治海洋污染。但海洋自净能力是有限的，当人们倾注的废料和污水超过其自净能力时，海洋污染就无法及时消除，最终带来无可挽回的损害。如何合理利用海洋的自净能力，保护和改善海洋环境，是海洋环境科学研究的一项重要课题。

▲ 海水自净使海洋生态圈达到平衡

中国的海洋保护

中国的海洋保护区建设，最早可追溯到 1963 年在渤海海域划定的蛇岛自然保护区。20 世纪末，海洋保护区建设大规模兴起，昌黎黄金海岸、山口红树林生态、大洲岛海洋生态、三亚珊瑚礁以及天津古海岸与湿地等海洋自然保护区相继建立。为进一步保护和改善海洋环境，促进经济和社会的可持续发展，保证海洋产业的有序发展，我国还建立了中国港监、中国渔政、中国海监等执法队伍，分别对海上交通、海洋渔业生产、海洋权利维护和海洋环境保护依法进行监督管理。

探索之旅
中国的海洋保护区

1989 年初，我国在国家海洋局统一组织下，进行调研、选点和建区论证工作，选划了昌黎黄金海岸、山口红树林生态、大洲岛海洋生态、三亚珊瑚礁、南麂列岛等五处海洋自然保护区，1990 年 9 月国务院批准为国家级海洋自然保护区。

昌黎黄金海岸自然保护区位于河北省东北部昌黎沿海，北起大蒲河口，南至滦河口，面积约为 300 平方千米。这是一个综合生态系统自然保护区，保护对象为沿岸自然景观及所在陆地海域的生态环境，有沙丘、沙堤、泻湖、林带、海水，还有文昌鱼等生物。